今なお止むことのない

奴隷制と人種差別から生まれた黒人音楽

圧政の歴史 サウンド・オブ・フリーダム

Blues, Gospel, Jazz, Hip-Hop

藤井 創
Hajime Fujii

ヒカルランド

目次

第一章　自由を奪われたアフリカ系アメリカ人たちは「音楽」で闘ってきた

第二章　ブルース、すべてがここから始まった

第五章　奴隷のアフリカ人たちは苛酷な現実をブルースとスピリチュアルで乗り越えた

第六章 人種差別主義者リンカーンによる奴隷解放

第七章 アメリカの最も暗く、吐き気のするようなリンチの時代

第八章　バスボイコット運動というアメリカ史上初の非暴力による抵抗運動

第九章　人種統合への血の滲むような闘い

第十章 「I Have a Dream」――キング牧師の夢と悪夢

第十一章　人種隔離政策の終わりは「超分離主義」の経済的人種隔離の始まり

第十二章　アフリカ系アメリカ人の経験を代表するマルコムXの壮絶な人生

第十三章　アメリカ社会の価値観はアフリカ系アメリカ人を自己憎悪させる

第十四章　マルコムXの金字塔的偉業！　むき出しの事実を語ったイスラム教徒

第十五章

ヒップホップ・ジェネレーションの光と陰——現代にまで至る奴隷制

第十六章

新しいリンチの時代——警察と法も味方にならない閉塞の時代へ

最終章　Still I Rise! 困難をしなやかに乗り越えて立ち上がる!

I am so glad because trouble don't last always

困難はいつまでも続くものではないから、　わたしはうれしい

（スピリチュアル）

カバーデザイン　重原隆
校正　麦秋アートセンター
本文仮名書体　文麗仮名（キャップス）

第一章

自由を奪われたアフリカ系アメリカ人たちは「音楽」で闘ってきた

わたしはわたしの母の娘なので、アフリカのドラム（鼓動）が今もわたしの胸の中でリズムを刻んでいる

メアリー・マクロード・ベスーン

アフリカ系アメリカ人の礼拝で飛び出すラップと飛び跳ね

一九九五年、カリフォルニア州のバークレーに住んでいた頃、わたしは、時々、アフリカ系アメリカ人の教会の礼拝に出席した。ある日曜日、若きリック牧師のエネルギッシュな説教も終わり、礼拝が終盤に差しかかったとき、突然、教会の若者たちが講壇に上がり、ドラムスを叩き、ラップに合わせて踊り始めた。

今日はリック牧師の誕生日。みんなで祝おうよ！
タラララッ、タラララッ
今日はリック牧師の誕生日、みんなで喜ぼうよ！
タラララッ、タラララッ

すると驚いたことに、それを見て喜んだリック牧師がぴょんぴょん飛び跳ねながら、クルクル回り出したのだ。神聖なる礼拝の場に突如飛び出したラップとダンスと飛び跳ねクルクル回り。みんなが立ち上がり、手拍子し、踊り、飛び跳ね、礼拝堂はたいへんな騒ぎになった。これは日本のゴルペス・ブームの火付け役となったウーピー・ゴールドバーグ主演の映画『Sister Act』（天使にラブ・ソングを…）の一場面ではない。

アフリカ系アメリカ人の教会で繰り広げられる日常的な光景なのだ。

日本でも飛び跳ね――アフリカ系アメリカ人の中で躍動するアフリカ魂

わたしが名古屋の金城学院大学に勤めていたときにも、この「飛び跳ねクルクル回り」を目撃した。

二〇〇六年、名古屋のいくつかのゴスペル・クワイア・グループが中心になって「ゴスペル・ミュージック・ワークショップ中部」を開催し、金城学院大学アニー・ランドルフ記念講堂でコンサートを行った。ゲストは、アメリカから招待したゴスペル・クワイアTPW（Thanksgiving, Praise and Worship＝感謝・賛美・礼拝）。TPWは南部アラバマ州のコテコテのブラック・ゴスペル・クワイア。もちろん、メンバー全員がアフリカ系アメリカ人だった。

リハーサルのときにそれは起きた。TPWのピアニストで、そのコンサートの指揮者のプリンスは、リハーサルが佳境に入ってきたとき、百人を超える日本人混成クワイアメンバーの前で気持ちがだんだん高揚してきたのか、最後にはぴょんぴょん飛び跳ねながらクルクル回り出したのだ。皆、度肝を抜かれた。

カリフォルニア州バークレーのアフリカ系アメリカ人の教会のリック牧師だけではなかった。アラバマ州からやって来たTPWのプリンスも、環境の全く違う日本で、しかも、わたしの職場、女子大学の記念講堂で、飛び跳ね、クルクル回りを始めたのだ！　アフリカ系アメリカ人との限られた関わりの中で二度も「飛び跳ねクルクル回り」を目撃するとは！

北米大陸における奴隷時代のアフリカ人の歌や音楽の実態を記録した『The Sounds of Slavery』に、アフリカ人たちの「飛び跳ね」が記録されている。奴隷のアフリカ人たちは、歌を歌うとき、手拍子し、足を踏み鳴らし、飛び跳ねながら、輪になって逆時計回りに回るのが常だった。アフリカ系アメリカ人の飛び跳ねは、奴隷のアフリカ人たちがアフリカ大陸から持ち込み、その子孫であるアフリカ系アメリカ人の体と魂の中に刻み込まれ、現在に至るまで受け継がれてきた躍動するDNAなのだ。

（The Sounds of Slavery: Discovering African

American History through Songs, Sermons, and Speech, Shane White and Graham White)

ホイットニー・ヒューストン――アンコールに賛美歌を歌うポップスの女王

アフリカ系アメリカ人の歌姫ホイットニー・ヒューストンは、一九九二年の映画『The Bodyguard』でケビン・コスナーと共演した。映画は大ヒットし、映画のサウンドトラック盤も全米ナンバーワンとなり、その後もロングランを続けた。

この映画のワンシーンで、ホイットニーは「Jesus Loves Me」（賛美歌「主、我を愛す」）を歌っている。この曲は、日本のプロテスタント教会で特に有名な賛美歌のクラシックだ。おそらくホイットニーはこの主演映画の中にどうしてもこの賛美歌を織り込みたかったのだろう。

彼女はコンサートのアンコールによくこの賛美歌を歌ったという。ポップス歌手のコンサートの中で何の違和感もなく歌われる賛美歌。それはホイットニーの全存在を表す歌なのだ。

ホイットニーの母親シシー・ヒューストンは、一九七〇年代に、エルビス・プレスリーのバックコーラスを務めたことで有名なスウィート・インスピレーションズの一員だった。シシーは、アレサ・フランクリン、マヘリア・ジャクソン、ウィルソン・ピケット、ジミー・ヘンドリックスなど錚々たるミュージシャンたちとも共演し、数枚のソロアルバムも発表している。一九九〇年代にリリースした二枚のゴスペル・アルバムではグラミー賞も受賞している。

リズム&ブルースとゴスペルの広い領域で活躍した母親の才能と敬虔な信仰を受け継ぎ、幼いときからアフリカ系アメリカ人の教会のクワイア席で育ち、日々賛美歌を聴き、日々賛美歌を歌い続けてきた「アフリカ系アメリカ人の日常」が、アメリカの歌姫ホイットニー・ヒューストンをつくり上げていったと言っても過言ではないだろう。そして、映画『The Bodyguard』で賛美歌「主、我を愛す」を歌ったとき、アフリカ系アメリカ人ホイットニー・ヒューストンの歌手としてのキャリアは頂点に達したのだ。

マライア・キャリー――
人種差別を受けてきた音楽界の重鎮

エルビス・プレスリーやビートルズに並ぶほど全米ナンバーワン・ヒット曲を連発したマライア・キャリーも、アフリカ系アメリカ人のDNAを受け継いだ歌姫だ。マライアのナンバーワン・ヒット曲の中に、一九九二年にリリースした「I'll Be There」がある。これはリードボーカルに若きマイケル・ジャクソンを擁したジャクソン5が一九七〇年にリリースして大ヒットした曲だった。

マライアは、母親がアイルランド系アメリカ人なので、一見すると白人のようにも見える。だが、ベネズエラ系アメリカ人とアフリカ系アメリカ人の間に生まれた父親を持つマライアは、アメリカの人種区分ではColored（有色人種）に属する。アメリカにおいては一滴でも有色人種の血が入っている人は、たとえその人の肌の色が真っ白でも、「有色人種」に類別されるのだ。

アフリカ系アメリカ人の父親を持つこどもとして、幼少期に人種差別を経験したマライア。バスの中で唾を吐きかけられたり、仲間はずれにされたり、Nワード（Nigger＝ニガー・黒んぼ：現代のアメリカでは使用が厳しく禁止されている差別用語）を浴びせかけられた。白人の友だちが自宅に遊びに来たとき、そこにいたマライアの父親が肌の色の黒いアフリカ系アメリカ人だったので、その友だちが恐怖のあまり泣き出してしまった経験などはマライアのトラウマになっている。人種差別を受けるたびに、自分の中にある純粋さが、一枚、また一枚と剝ぎ取られていったと彼女は語っている。マライアの息子も、アメリカの歌姫のこどもであるにもかかわらず、学校で友人からいじめられる経験をしている。マライアは、自分の幼少期だけでなく、母親となった今も、人種差別の刺さるような痛みを知っているのだ。

オペラ歌手であった母親の才能を受け継ぎながらも、アメリカ社会でアフリカ系アメリカ人として痛烈な人種差別を受けてきた人間として、マライアは必然的にジャクソン5をはじめとするアフリカ系アメリカ人のアーティストとその音楽に大きな影響を受けてきたのである。

アフリカ系アメリカ人の血を引くマライアは、ホイットニー・ヒューストンと同様、キリスト教の信仰を自然に自身のポップソングの中に織り込んでいる。マライアには「Fly like a Bird」というヒット曲がある。いきなり「(神は) 泣きながら夜を過ごす人にも、喜びの歌とともに朝を迎えさせてくださる」という旧約聖書の詩編三〇編（新共同訳聖書）の有名なことばの朗読で始まるこの曲は、旧約聖書の詩編一三九編のことばに基づいて作られている。暴虐と争いの世界を離れ、自分を無条件で受け入れてくれる天に向かって鳥のように飛んでいきたいとマライアの歌声は空高く神に向かって舞い上がるのだ。ポップソングというよりも賛美歌そのものである。

マライアのデビュー曲で、いきなりナンバーワン・ヒットとなった「Vision of Love」も、困難だった自分の人生を顧みて神に感謝する、神への祈りそのものだ。そして、誰もが聞いたことがある彼女のクリスマス・ソングの十八番「O Holy Night」は、アフリカ系アメリカ人のクワイアをバックコーラスに、イエス・キリストの誕生を祝うために、マライアの五オクターブとも言われる超高音の歌声が炸裂する、白眉《はくび》のゴスペルソングである。

日本人のクリスチャンは、教会ではおごそかに賛美歌を歌いながら、カラオケに行くと演歌をしみじみと歌い、J-POPを軽快に歌うというように、教会と生活の場で歌を歌い分けている。カラオケに行って賛美歌を歌う人はいないし、逆に教会の礼拝の場にラップは出てこない。しかし、マライアのようにアフリカ系アメリカ人にはその歌い分けはない。ポピュラー歌手がコンサートで賛美歌を歌ったり、彼女らの大ヒット曲が神に祈り願うキリスト教の信仰そのものであったり、教会の礼拝の中でラップが弾けたりするのだ。アフリカ系アメリカ人にとっては、賛美歌もゴスペルもラップもすべて「生活の場」で歌われる歌なのだ。

エミネム——「アフリカ系アメリカ人の語り」を手にした白人

アフリカ系アメリカ人の生活の場で歌われるラップ。白人でありながら、デトロイトのアフリカ系アメリカ人の住む地域に居住し、やがてラップのスターになったエミネムの自伝的映画『8 Mile』を観れば、アフリカ系アメリカ人の歌が「生活の歌」であることがよくわかる。

ロサンゼルス、シカゴ、フィラデルフィアなどに見られるように、現代のアメリカ社会には、都市の中心部の治安が悪化し、元々そこに住んでいた白人中産層が郊外に移転していく傾向がある。デトロイトも同様で、荒廃したダウンタウンや中心部にはアフリカ系アメリカ人や貧困層の住民が居住し、所謂「8マイル・ロード」を隔てて、郊外には白人富裕層が住む安全地帯が広がる。アメリカにおいては、現在でも白人の居住する地域にはアフリカ系アメリカ人は一％も住んでいない。それほどアメリカ社会において白人とアフリカ系アメリカ人は分断させられている。

エミネムはその「8マイル・ロード」の白人中産層が住む地域とは反対側、荒廃と貧困が露わになった地域に住み、アフリカ系アメリカ人に混じって生活し、アフリカ系アメリカ人とともに工場で働いた。その経験を抜きにしてラッパー・エミネムを語ることはできないだろう。ラップはアフリカ系アメリカ人の日常生活の場で交わされる彼ら独特のリズムをもった「アフリカ系アメリカ人の語り」そのものだ。エミネムは一般的な中産層の白人が経験したことがないような稀有《けう》な環境に身を置き、アフリカ系アメリカ人とともに苦しい生活を経験したがゆえに、アフリカ系アメリカ人の感性とアフリカ系アメリカ人の語り口を自分のものにしていくことができたのだ。

コーネル・ウェストが語るアフリカ系アメリカ人の苦難に満ちた旅路に伴う、音楽の力

アフリカ系アメリカ人研究の第一人者コーネル・ウェストは、アフリカ系アメリカ人の視点から『Race Matters』など、人種差別に関わる重要な著作を次々に発表してきた。そんなウェストの金字塔的な作品は、二〇〇一年に発表した音楽ＣＤ『Sketches of My Culture』だ。

ウェストは、冒頭の「The Journey」という曲で、アフリカ系アメリカ人の歴史を彼らの音楽の歴史を通して概観している。ウェストは、アフリカ系アメリカ人の音楽を、北米大陸における奴隷のアフリカ人たちの苦闘、嘆き、呻き、そしてサウンド・オブ・フリーダム、自由への叫びとして捉え、アフリカから連れて

こられたアフリカ系アメリカ人の先祖たちが、北米大陸の中でさまざまな形態をもった歌や音楽を通して、その苦難と悲惨を力と喜びに変えていったことを物語る。ウェストは、奴隷のアフリカ人とその子孫アフリカ系アメリカ人の音楽の系譜を大きく五つに分けて論じている。

それは、スピリチュアル、ブルース、ジャズ、リズム&ブルース、そしてヒップホップである。奴隷のアフリカ人は、束縛されたプランテーションでの生活の中、彼らがアフリカから持ち込んだ音楽性と聖書の物語を結びつけ、独自の音楽文化を創造した。それがスピリチュアルだ。

ブルースは、奴隷のアフリカ人たちが耐えがたい抑圧を克服するために創造した不屈の音楽だった。奴隷たちはその悲しみ、痛み、呻きを歌に乗せて、困難な日々を乗り越えていった。

奴隷のアフリカ人の子孫アフリカ系アメリカ人がヨーロッパの楽器を手に取ったとき、ジャズが生まれた。ルイ・アームストロング、デューク・エリントン、セロニアス・モンク、ジョン・コルトレーン、サラ・ヴォーン、ビリー・ホリデイら多くのアーティストが出現した。

ブルース、スピリチュアル、そしてジャズの影響を全身に受けてきたアフリカ系アメリカ人が生み出したリズム&ブルース。デレク・アレン、アレサ・フランクリン、マーヴィン・ゲイ、ルーサー・ヴァンドロス、カーティス・メイフィールド、彼らの甘美なサウンドが音楽界を席巻《せっけん》していった。

若者の世代が二十世紀末に生み出したのがヒップホップだ。アフリカ系アメリカ人のリズム感のある語りと詩歌を見事に結合させたのだ。

スピリチュアル、ブルース、ジャズ、リズム&ブルース、そしてヒップホップに代表されるこれらの巨大な音楽群の歴史は、奴隷のアフリカ人とその子孫アフリカ系アメリカ人の歴史そのものである。それが奴隷のアフリカ人とその子孫であるアフリカ系アメリカ人の「旅路」だったのだ。

最高の芸術、ラップをけなした白人の学長

かつて、ヒップホップ・ラップをめぐってコーネ

ル・ウェストは大騒動を起こしている。

『Sketches of My Culture』に収録したメッセージで、ヒップホップを二十世紀の最後の四半世紀が生み出した最高の芸術と語り、自らもラップ調の曲にボーカルで参加していたウェスト。しかし、CDをリリースした翌年、彼が教鞭《きょうべん》を執っていたハーバード大学の学長ローレンス・サマーズが、ウェストの研究室にやって来て、「ハーバード大学の教授たる者がラップのCDを出すなんて」とラップを下品で芸術性のないものであるかのようにこき下ろした。これに激怒したウェストは、ハーバード大学を即座に離れ、アフリカ系アメリカ人研究部門で学ぶ大学院生たちを引き連れて、プリンストン大学に移籍したのだ。アメリカの大学の博士課程においては、担当教授が他の大学に移った場合、その教授の下で学んでいた大学院生チームも一斉に移籍するのが習わしになっているため、院生たちも移籍することとなったのだ。

アフリカ系アメリカ人の歴史や音楽に理解のない白人の学長の心ない失言により、ハーバード大学はアフリカ系アメリカ人研究の看板教授と優秀な弟子たちを一気に失ったのである。この顚末はニューヨーク・タイムズなどさまざまなメディアで大きく報道された。

アフリカ系アメリカ人の音楽、特に、その苦難の歴史の中で彼らが生み出した最高到達点ヒップホップのもつ芸術性を理解しない大学。たとえそれが天下のハーバード大学であっても、もうそこにはいたくない。ウェストと研究生たちはハーバード大学の中に厳然と存在する人種差別に対して決然たる態度を示したのである。それこそがまさに「アフリカ系アメリカ人研究」をする者たちの真骨頂だったのだ。

アフリカ系アメリカ人は未だに得られていない自由を渇望して歌い続ける

スピリチュアル、ブルース、ジャズ、リズム&ブルース、そしてヒップホップ、これらアフリカ系アメリカ人が生み出してきた巨大な音楽群。苛酷な奴隷のプランテーションで、醜悪な人種隔離政策の現実の中、アフリカ系アメリカ人にとっての暗黒のリンチの時代、その白人による人種差別と暴力の歴史のさまざまな局面で、それら音楽群は彼らを「力ある存在」にしてきた。そして、彼らの苦難の歴史は、現代アメリカ社会においても決して過去のものではない。ウェストは、アフリカ系アメリカ人は二十一世紀を迎えても未だに本当の意味での自由を獲得できていないと言う。自由を獲得できていないがゆえに、自由を得るための闘いが継続されなければならないと言う。アフリカ系アメリカ人のコミュニティの中で「自由への闘いの物語」が今も創造され続け、歌い継がれていく、そこにアフリカ系アメリカ人の救いがあるとウェストは言う。アフリカ系アメリカ人の音楽の目的、目標、そしてそのパワーは、過去、現在、未来における彼らの自由への渇望、自由を獲得するための絶えざる闘いの中にあるのである。アフリカ系アメリカ人の音楽は、サウンド・オブ・フリーダム、自由への叫びである。アフリカ系アメリカ人たちは歌いながら闘ってきた。闘うために歌ってきた。歌うことで「持ちこたえて」きた。彼らはこれからも自由を獲得する闘いのために歌い続けていくだろう。

奴隷のアフリカ人とその子孫であるアフリカ系アメリカ人の歴史を、スピリチュアル、ブルース、ジャズ、リズム&ブルース、ヒップホップを軸とした彼らの巨大な音楽群の歴史として捉えたコーネル・ウェストの視点は、わたしにとって、目から鱗の体験だった。それまでのわたしは、大学でキング牧師についての講座やアフリカ系アメリカ人の歴史を中心としたアメリカ史を担当するなどアフリカ系アメリカ人の問題を精力的に学んでいた。だが、アフリカ系アメリカ人の音楽の歴史がアフリカ系アメリカ人の歴史そのものであり、アフリカ系アメリカ人の歴史がアフリカ系アメリカ人の音楽の歴史、ひいてはアメリカ社会全体の大衆音楽の歴史だという視点がなかった。アフリカ系アメリカ人研究の新しい視野が、俄然、目の前に広がった。アフリカ系アメリカ人の長きにわたる苦難の歴史と彼らの力ある音楽群の密接な関係、それをなるべく丁寧に描写していくことが、本書でのわたしの主要な論点である。

アフリカ系アメリカ人が歩んできた歴史、また今彼らが置かれている社会状況を知れば、アフリカ系アメリカ人の音楽がわかってくる。アフリカ系アメリカ人の音楽を聴き、その背景にある彼らの思いや願いを知ることは、アフリカ系アメリカ人の歴史や文化をより深く理解することに繋がる。本書では、ブルース、スピリチュアル、ゴスペル、ジャズ、リズム&ブルース、ヒップホップなど、アフリカ系アメリカ人が生み出した音楽を、彼らの北米大陸における苦難の歴史の系譜に織りまぜて描写していく。彼らの音楽に表れるアフリカ系アメリカ人特有の卓越した文化と宗教性を、奴隷制の時代、人種隔離とリンチの時代、公民権運動の時代、そして公民権法成立後のヒップホップ・ジェネレーションの時代に大別して素描し、Sound of Slavery（奴隷時代から始まった北米大陸における奴隷たちの音楽や語り）が、綿々と続く抑圧と差別の中で、繰り返し、繰り返し発せられるサウンド・オブ・フリーダム、自由を渇望する叫び声へと変貌し、アフリカ系アメリカ人を何度も何度も立ち上がらせてきた過程を検証していく。

第二章

ブルース、すべてがここから始まった

もし、あなたがブルースを知らないなら
あなたは音楽というものを知らない
マディ・ウォーターズ

アメリカ大衆音楽の根源をなすブルース――奴隷に与えられし「助け手」

二〇〇一年九月十一日の同時多発テロで大混乱となったニューヨーク・シティ。その年、わたしはニューヨークから電車で二時間のコネチカット州ニューヘイブンのエール大学神学部で客員教授としてサバティカル（研究休暇）を過ごしていた。翌年、友人の梶原寿《ひさし》さん（当時、名古屋学院大学教授）がニューヨーク・シティのユニオン神学校（Union Theological Seminary in the City of New York）に James Cone（ジェイムズ・H・コーン）教授を訪ねるということで、わたしも同行させていただいた。マーティン・ルーサー・キング・ジュニア牧師に関する著作・翻訳をライフワークとされていた梶原寿さんは、『Martin & Malcom & America』をはじめ、コーン教授のいくつかの著書を日本語に翻訳するなど、コーン教授とは旧知の仲だった。

コーン教授はユニオン神学校に隣接するアパートに笑顔でわたしたちを招き入れてくれた。彼はわたしたちに彼お気に入りの「ブルース・ルーム」を見せてくれた。アパート内の小ぢんまりした部屋。小さくて精巧なステレオとスピーカー、真ん中にリクライニングの椅子が一脚、脇に彼が愛聴しているアフリカ系アメリカ人のアーティストたちのＣＤがきれいに整頓されて数百枚積み上げられていた。それが彼の「聖域」だった。コーン教授は、ブルースに始まる黒人音楽の歴史を話してくれた。黒人の音楽の中には、過去から現在に至るまでの黒人の痛み、苦しみがいっぱい詰まっている。だから、黒人の音楽には力があるのだと。

このアメリカのあらゆるところで、黒人たちの流された血が神に向かって叫んでいる。

わたしは黒人の音楽に表現されている痛みについて思いをめぐらせる。なぜなら、奴隷制の時代から今日に至るまで、黒人の音楽は、彼らの流された尊い血によって創造されてきたものだからだ。

ブルース・ルーム。キング牧師とマルコムX、アフリカ系アメリカ人研究の一級の神学者コーン教授の根底にあるのはブルースだった。アフリカ系アメリカ人の人権擁護のために闘った神学者コーン教授も、あのブルース・ルームで、ブルースやジャズやゴスペルやリズム＆ブルースやヒップホップを聴いて、人知れず慰められ、力づけられていた一人のアフリカ系アメリカ人だったのである。

コーン教授によれば、アフリカ系アメリカ人の音楽のルーツはブルースにあると言う。ブルースは苦境の中の奴隷のアフリカ人とその子孫であるアフリカ系アメリカ人に神が与えた「助け手」であり、「治療薬」だった。

前述のように、コーネル・ウェストは、最初にスピ

画像１：ジェイムズ・Ｈ・コーン教授のブルース・ルーム

リチュアル、次にブルースという流れで奴隷のアフリカ人の音楽の流れを叙述しているが、時系列でいえば、最初に奴隷のアフリカ人がアフリカ大陸からアメリカ南部のプランテーションに持ち込んだのがブルースであり、そのブルースを基盤にキリスト教や聖書と結びついたスピリチュアルが生まれたと考えるのが妥当だろう。奴隷主たちは、奴隷たちを精神的に支配するためにキリスト教を利用し、「奴隷たる者よ、主（神）にあって主人に仕えなさい」と聖書のことばを説いた。奴隷のアフリカ人たちは、そのような押しつけられたキリスト教を拒絶しつつも、全体として聖書を「解放の書」として受け取り、「奴隷のアフリカ人を解放し、自由にするキリスト教」を自分たちのものにしていったのである。ここからブルースがキリスト教と結びついたスピリチュアルが生まれた。さらにブルースの影響下で西洋の楽器と結びついたジャズが立ち上がり、粗野なブルースに味付けされ、より洗練されたリズム&ブルースが一世を風靡した。それに平行するように大衆音楽のロックやポップスが立ち上がっていった。そして、ヒップホップが最先端の音楽、アフリカ系アメリカ人が二十世紀末に到達した最高の芸術として登場してきたのだ。

伝説のブルース・ギタリスト、ロバート・ジョンソン——奴隷の叫びをブルースに変えた英雄

一九七〇年代、レッド・ツェッペリンのジミー・ペイジ、ジェフ・ベックとともに世界三大ロック・ギタリストと評されていたのがイギリス人のエリック・クラプトンだ。だが、厳密に言えば、クラプトンはブルース・ギタリストだ。彼は、自分の音楽に最も大きな影響を与えた伝説のブルース・ギタリスト、ロバート・ジョンソンについて次のように語っている。

驚くべきことに、たった一人の男の（音楽）作品によって、わたしの人生すべてが突き動かされ、影響を受けてきた。彼の作品がわたしの音楽的基盤の要石になっていることを認めるが、それでもわたしは何かに取り憑かれているわけではない。むしろ、わたしがさまよっていると感じるときに、わたしの行く道を示してくれる道標だと思っている。わたしはロバート・ジョンソンについて話している。

ジョンソンの音楽を聴いたとき、わたしがそれまで聴いてきた音楽はすべてどこかのショーウインドーに飾られているお飾りのように陳腐に感じられた。彼の音楽を初めて聴いたとき、彼はあたかも彼だけのために、たぶん神に向かって歌っているようだった。

あまりの衝撃に、最初、彼の音楽はわたしをいたく怖がらせた。わたしは少しずつしか聴けなかった。それから、わたしは次第に彼の音楽に向き合う力を蓄え、もう少し聴けるようになった。わたしは彼の音楽から逃げることができなかった。最後には、彼の音楽はわたしへのご褒美となった。あれから何年も経った今も、彼の音楽は「わたしの旧友」のようであり、いつもわたしの頭から離れない、わたしが今まで聴いた最高級の音楽だ。わたしは彼の音楽の純粋さに敬服してきた。これからも敬服し続けるだろう。
(Clapton's upcoming Robert Johnson tribute album, 2004.2.3
https://forums.stevehoffman.tv/threads/claptons-upcoming-robert-johnson-tribute-album.28497/)

ロバート・ジョンソンのレコード制作に立ち会ったことのあるダン・ローも次のように語っている。

ジョンソンは特別だった。彼はまるで丸裸だった。レコードの収録セッションのとき、部屋にはメキシコ人が何人かいたが、ジョンソンは彼らの前では演奏することができなかった。彼はメキシコ人たちに背を向け、部屋の片隅で演奏した。自らの感情をむき出しにして演奏し、歌うときに、彼はどうして他人の前で演奏することができただろう。
(Eric Clapton on Robert Johnson
https://www.musicradar.com/news/eric-clapton-on-robert-johnson-blues)

一八六二年、白人のルーシー・マッキムが、父親ジェームス・ミラー・マッキム牧師と一緒に、サウス・カロライナ州のプランテーションを訪れたとき、ルーシーは「奴隷たちの歌の荒々しく、悲しい歪みは、奴隷である彼らの押しつぶされた希望、鋭敏な悲しみ、日々の生活の悲惨を物語っている」と感じたという。彼女は、奴隷たちのとげとげしく、常規を逸したトーンに驚き、奴隷たちのすさまじい情熱によって歌われる宗教的な歌がもはや歌というよりは悲鳴に近いものであると感じた。奴隷たちが彼らの苦痛や感情的なトラウマを激しい音で表現したとき、白人たちがそれを「荒々しく」「野蛮」で「無骨」な、「陰惨な遠吠え」、「恐ろしい騒音」と表現したことは驚くにあたらない。ルーシーの経験は、奴隷たちの歌を、常規を逸した叫び、悲鳴としてしか受けとめられなかった多くの白人たちの態度を代表している。

それに対して、アフリカの音楽に精通したカメルーンの音楽家Frances Bebey（フランシス・ベベイ）は、奴隷たちの発する荒々しく悲鳴のようなサウンドこそ、奴隷たちの最も核心的な音楽であると指摘する。

奴隷たちの故郷アフリカにおいては、ミュージシャンたちは耳に心地よい音を組み合わせようとはせず、音の媒体を通して、素朴に彼らの生活のすべての領域を表現しようとした。アフリカ人は日々の経験を生きた音に翻訳し、彼らの感情と願望を可能な限り自然に表現しようとするのだ。

（The Sounds of Slavery）

ロバート・ジョンソンは、まさにこの奴隷のアフリカ人のDNAを受け継いだブルース・ギタリスト、ボーカリストだった。彼は、耳障りのいい音やことばを

画像2：伝説のブルース・ギタリスト・ロバート・ジョンソンとエリック・クラプトン
www.mindbombrecords.com/eric-clapton-me-and-mr-johnson.html

発しなかった。二十世紀初頭、白人によるリンチが蔓延する醜悪な人種隔離政策の時代の真っただ中で、アフリカ系アメリカ人としての苦渋の日々を、生きたサウンドに翻訳し、素っ裸になって、自らの感情と願望をむき出しにしたのである。ショーウインドーに飾られたお飾りのような音楽とは正反対の、赤裸々で、大衆からそっぽを向いたような音楽、神に叫ぶような音楽、それがエリック・クラプトンを驚かせ、彼を圧倒したのである。それがブルースである。

ロバート・ジョンソンのブルースを受け継いだエリック・クラプトン

ミシシッピ州生まれで、一九三八年に二七歳の若さでこの世を去った伝説のブルース・ギタリスト、ロバート・ジョンソン。彼の影響を最も強く受けてきたアーティストの一人がエリック・クラプトンだ。十代のときにジョンソンの音楽を初めて聴いたクラプトンは、ジョンソンの音楽が彼の魂の奥底から発せられ、他の誰にも妥協しない、唯一無比なものだと直感した。ジョンソンは、十代の頃からクラプトンの人生に棲みついた。クラプトンは、四十年間、ロバート・ジョンソンのブルースを演奏し続けてきた。そして、二〇〇四年には、ロバート・ジョンソンの曲がぎっしり詰まったトリビュート・アルバム『Me & Mr. Johnson』を発表するに至るのである。

クラプトンは、ブルース界の大御所B・B・キングとの共演作『Riding with the King』を発表した他、何枚ものブルース・アルバムをリリースし、数多くのブルース・アーティストたちとライブ演奏を行っている。クラプトン自身も「今も、そしていつまでも、わたしはブルース・ギタリストである」と自らを表現する。彼は、ブルース・ギタリスト、ロバート・ジョンソンの正真正銘の弟子なのである。

バンド名「ローリング・ストーンズ」は、マディ・ウォーターズのヒット曲から

アフリカ系アメリカ人でブルース・ギタリストのマディ・ウォーターズが、シカゴのバーでライブ演奏している映像がある。するとそこにローリング・ストーンズのボーカルのミック・ジャガーとギタリストのキース・リチャーズが現れ、客席で飲み始めた。するとウォーターズは、ミック・ジャガーを呼び寄せ、飛び

入りの共演が始まった。「Baby, Please Don't Go.」。ウォーターズは次にキース・リチャーズを招き、なんとも濃厚なブルース・ジャムが始まった。このライブの模様は、二〇一二年、ローリング・ストーンズ結成五十周年を記念して、『Muddy Waters & The Rolling Stones Live at Checkerboard Lounge, Chicago, 1981』としてDVDとCDがリリースされている。

ブルースの大御所ウォーターズの前では、ミック・ジャガーもキース・リチャーズもこどものようなものである。いや、ウォーターズはローリング・ストーンズのゴッドファーザーのような存在だ。なぜなら、「ローリング・ストーンズ」というバンド名は、一九五〇年のマディ・ウォーターズのヒット曲「Rollin' Stone」から取られているからだ。

一九六一年、キース・リチャーズはミック・ジャガーと会った。ミックはチャック・ベリーのアルバムとマディ・ウォーターズの『ザ・ベスト・オブ・マディ・ウォーターズ』を手にしていた。ウォーターズの音楽を初めて聴いたキースは圧倒された。彼らは何度も聴いた。そして翌年の一九六二年、マディ・ウォーターズのヒット曲「ローリン・ストーン」に因《ちな》んで、永遠のロックバンド「ローリング・ストーンズ」が誕生したのである。

ローリング・ストーンズは、ミック・ジャガーをリードボーカルに息長く活動するシンプルなロックバンドだが、マディ・ウォーターズをはじめ、多くのブルース・アーティストの影響を受け、実際に彼らと共演し、ブルースのアルバムも数多くリリースしている。極めつけは二〇二三年にリリースされたブルース・アルバム『Hackney Diamonds』だ。彼らは最後の曲を「ローリング・ストーン・ブルース」で締《し》め括《くく》った。マディ・ウォーターズの「Rollin' Stone」とタイトル名が少し違うが全く同じ曲である。六十年の時空を超えて、彼らの出発点、彼らのバンド名となった曲へと原点回帰したのである。ここにローリング・ストーンズのブルース・バンドとしてのキャリアは極まった。

ギタリストのキース・リチャーズのことばが、ブルースの、そしてローリング・ストーンズの何たるかを言い表している。

ブルース

たぶん、それは、アメリカがこれまで世界に与えてきた最も重要なものだ
(https://www.flyingmonkeynh.com/events/jimmie-vaughan/)
もし、あなたがブルースを知らないなら
ギターを手に取って
ロックンロールやどんなポピュラー音楽を演奏しても何の意味もないさ

画像3：マディ・ウォーターズとミック・ジャガー
www.youtube.com/watch?v=z3Or7huOK7o

(https://www.brainyquote.com/quotes/keith_richards_392994)

一九六七年に創刊されたアメリカのポップカルチャー情報誌『Rolling Stone』の雑誌名も、マディ・ウォーターズの「Rollin' Stone」から取られたと言われている。ローリング・ストーン誌は毎年、ベストアルバムやベストシングルを独自の視点で発表するなど、アメリカと世界の音楽シーンをリードしており、その土台にブルースの大御所マディ・ウォーターズがどっしりと座っているというわけだ。

マディ・ウォーターズを飲んで
レッド・ツェッペリンのブルース魂が爆発した

一九六九年にファーストアルバム『Led Zeppelin』をリリースしたレッド・ツェッペリン。言わずと知れたロックバンドの最高峰。ファーストアルバムは、ブルース色の濃い、最もレッド・ツェッペリンらしい最強アルバムだが、それに続いて、『Led Zeppelin II』、『Led Zeppelin IV』、『Physical Graffiti』など、ロック界に燦然と輝くアルバムを発表してきた。

ギタリストのジミー・ペイジは、レッド・ツェッペリンの前身とも言えるヤードバーズのメンバーだった。ヤードバーズでは、ジミー・ペイジの前のギタリストはジェフ・ベック。その前がエリック・クラプトン。すごいメンバーが揃っていたものだ。一九六〇年代、シカゴのブルース・アーティストのマディ・ウォータ一ズ、ハウリン・ウルフ、サニー・ボーイ・ウィリアムソンⅡらが、イギリスに公演に訪れたときは、ヤードバーズがバックバンドを務めていたようだ。エリック・クラプトン、ジェフ・ベック、そしてジミー・ペイジは、その時代にマディ・ウォーターズをはじめとするアメリカのブルース・アーティストの巨人たちから有形無形の教えを受け、アフリカ系アメリカ人のブルースの迫力を肌で感じたに違いない。

一九六七年、ジミー・ペイジがギタリストだったヤードバーズが発表したアルバム『Little Games』の中には「Drinking Muddy Water」という曲が収録されている。まさにマディ・ウォーターズを飲んで、飲んで、飲みまくって、そこで蓄積されたブルース魂が、やがてレッド・ツェッペリンの中で爆発していくのだ。

レッド・ツェッペリンのファーストアルバムの中の一曲「You Shook Me」は、一九六一年に、ブルース・ギタリストのアール・フッカーが演奏し、マディ・ウォーターズが歌ったブルースだった。セカンドアルバムからシングルカットされて全米四位の大ヒットとなった「Whole Lotta Love」は、ブルース・ミュージシャンのウィリー・ディクソンが書いた「You Need Love」と酷似していて、裁判の結果、レッド・ツェッペリンが敗訴している。「You Need Love」も一九六二年にマディ・ウォーターズがレコーディングしたブルースだった。レッド・ツェッペリンの最高にカッコいい「胸いっぱいの愛を」の陰にマディ・ウォーターズがいた。

「The Lemon Song」も、ブルースシンガー、ハウリン・ウルフの「Killing Floor」をベースにしたブルースだった。ボーカルのロバート・プラントは、一九六八年から一九六九年にかけてのレッド・ツェッペリンのライブ公演を「Killing Floor Live」と呼んでいる。

『Physical Graffiti』の「Trumpled Under Foot」は、伝説のブルース・ギタリスト、ロバート・ジョンソンの「Terraplane Blues」に触発されたもので、「In My Time of Dying」は、一九二八年、ブラインド・ウィーリー・ジョンソンがレコーディングした「Jesus Make Up My Dying Bed」が元歌だった。これは初期のスピリチュアルで、奴隷のアフリカ人によって歌われていた曲だった。自分がこの世を去るときは、イエスさまがわたしの死の床を用意してくれるからわたしは安心して天国に行ける、と死の間際に自分の全存在がイエスの腕に抱かれる安らぎが歌われている。

レッド・ツェッペリンが、一九七五年リリースのこのアルバムで、スピリチュアル（奴隷のアフリカ人の信仰の歌）を取り上げ、ここまで重厚なブルースロックとして演奏していることに驚かされる。

レッド・ツェッペリンの一連のアルバムが「American Blues Songbook」とも呼ばれているように、レッド・ツェッペリンは、アフリカ系アメリカ人のブルースの影響を非常に強く受けており、数多くのブルースナンバーからヒントを得たり、コピーしたりしながら、自分たちのロックのスタイルを創り上げていったのだ。アフリカ系アメリカ人のブルースという重厚な土台の上にレッド・ツェッペリンは立っており、彼らの師匠は、言うまでもなく、ブルースの大御所マディ・ウォーターズだったのだ。

ロッド・スチュワートもマディに感謝

マディ・ウォーターズは、イギリスの歌手ロッド・スチュワートの師匠でもあった。

一九六三年、ロッド・スチュワートがイギリスのブルース・バンド、フーチー・クーチー・メンのライブを観に行った帰り、駅のホームでハーモニカを吹きながら、マディ・ウォーターズの歌を歌っていた。ロッド・スチュワートは、偶然そこにいたフーチー・クーチー・メンのリーダー、ロング・ジョン・ボルドリーに見出され、バックアップ・シンガーに抜擢《ばってき》されたのだ。ボルドリーは、イギリスの草分け的なブルースシンガー。バンド名の「フーチー・クーチー・メン」は、一九五四年、マディ・ウォーターズが歌って大ヒットした「Hoocie Coocie Man」が背景にあるのだろう。「ローリング・ストーンズ」ならまだしも、あの時代にバンド名をよく「フーチー・クーチー・メン」としたものだ。マディ・ウォーターズの「フーチー・クーチー・マン」の意味は誰にもわからないが、アフリカ系アメリカ人のスラングで「女たらしの男」「女をいかせる男」のようなニュアンスがあるようだ。そうなると、あの時代、紳士の国イギリスで「おれたちゃ、女をいかせる男たちブルース・バンドだ」というぶっ飛んだバンド名をつけたことになる。そんなマディ・ウォーターズ大好き人間たちが集まったブルース・バンドにロッド・スチュワートが加わったのだ。ロッド・スチュワートは、自分を見出してくれたロング・ジョン・ボルドリーのギターを今でも大切に自宅に保管している。

ちなみに、「フーチー・クーチー・メン」が「Bluesology」にバンド名を変えた一九六六年には、キーボードにエルトン・ディーンが加わっている。エルトン・ディーンは、リーダーのロング・ジョン・ボールドリーからJohn の名前をもらってエルトン・ジョン（Elton John）に改名している。その後、大スターになっていくエルトン・ジョンも、コテコテのブルースバンドからスタートし、イギリスのブルースシンガーの第一人者ボルドリー大好き人間だったのだ。

ロッド・スチュワートは、その後、ジェフ・ベック・グループを経て、フェイセズのライブ活動で躍動。ソロになってからは、ブルースシンガーだったときとはひと味違った、洗練された渋いポップス歌手として活躍中だ。

そんなロッド・スチュワートが、一九九五年にリリースしたアルバム『A Spanner in the Works』の中で「Muddy, Sam and Otis」を歌っている。ロッド・スチュワートは、サム・クックの「キューピッド」やマディ・ウォーターズの「フーチー・クーチー・マン」を取り上げ、彼らの驚きの音楽に感謝している。

ひとりの青年の人生を変える、ぶっ飛んだ音楽が大西洋を越えてやってきた。イギリスの名もない若者をブルースに目覚めさせ、「ブルースを歌い、ブルースに弾けるロッド・スチュワート」につくり上げていったのは、他でもないマディ・ウォーターズだったのだ。

チャック・ベリー——
ビートルズもコピーしまくった元祖ロックンロール

ビートルズ、特にジョン・レノンが、チャック・ベリーの影響を強く受けていることはよく知られている。

アフリカ系アメリカ人のチャック・ベリーは、アメリカにおけるロックミュージックの草分け的存在だ。

下積み時代のチャック・ベリーは、ジャズ・シンガーのナット・キング・コールや、ブルースのマディ・ウォーターズ、カントリーのハンク・ウィリアムズなどさまざまなジャンルの曲を演奏していた。

一九五五年、マディ・ウォーターズに見出され、シカゴのチェス・レコードからデビュー。シングルの「Maybellene」がいきなり全米五位のヒットとなり、その後もヒット曲を連発した。彼の代表作「Jonny B. Goode」を知らない人はいないだろう。リズム&ブルース、カントリー・ミュージック、そしてシカゴブルースを融合させた彼の斬新な音楽と派手なパフォーマンスがロックンロールと呼ばれるようになったのだ。ジョン・レノンは「ロックンロールということばを他のことばに置き換えるとすれば、それはチャック・ベリーだ」と語っている。

ビートルズは、チャック・ベリーの「Roll Over Beethoven」を一九六三年のアルバム『With the Beatles』に、「Rock and Roll Music」を一九六四年のアルバム『Beatles for Sale』に収録している。また、前記二曲を含む十五曲ものチャック・ベリーの曲をライブショーで歌っている。「I Saw Her Standing There」や「Back in the USSR」も、チャック・ベリーの曲が背景にあると言われている。

ジョン・レノンは、一九七五年にリリースしたソロアルバム『Rock'n Roll』で、チャック・ベリーの「Sweet Little Sixteen」と「You Can't Catch Me」をカバーしている。「You Can't Catch Me」といえば、ビートルズの「Come Together」だ。「Come Together」はビートルズの何たるかを象徴している。ジョン・レノンは、「Come Together」の中にチャック・ベリーの「You Can't Catch Me」の一節をコピーし、歌詞の中に「マディ・ウォーター」という言葉をそれとなく忍ばせたのだ。ビートルズが解散間近の時期に発表した代表的なシングルでさえ、チャック・ベリーとマディ・ウォーターズの影響下にあったのだ。

ビートルズの師匠がチャック・ベリーだとすると、チャック・ベリーの師匠はマディ・ウォーターズだ。一九六〇年代に一世を風靡《ふうび》し、今なお根強い人気を誇るビートルズもまた、チャック・ベリーを経由して、アフリカ系アメリカ人のブルースの巨匠マディ・ウォーターズという土台の上に立っているのである。

差別や偏見を凌ぎ、ロックはイギリスから逆輸入された

一九六〇年代から一九七〇年代にかけて起こった、アメリカ音楽界への British Invasion（イギリスの文化的・音楽的侵略）。ビートルズ、ローリング・ストーンズ、レッド・ツェッペリン、エリック・クラプトン（クリーム）、ロッド・スチュワート＆フェイセズ、ピンク・フロイド、イエス、ディープ・パープル、キング・クリムゾンなど、みなイギリス人のアーティストやバンドだ。それには理由があった。

一九五〇年代から一九六〇年代半ばは、アメリカではまだ人種隔離政策の真っただ中の時代。白人には、アフリカ系アメリカ人の公民権運動、人種隔離政策撤廃の動きに対する激しい敵意があった。音楽も人種隔離されていて、人種統合されたステージで歌ったアフリカ系アメリカ人の歌手が逮捕されることもあった。アメリカの白人アーティストがアフリカ系アメリカ人アーティストと一緒に演奏することなど考えられなかった時代だ。

アメリカの白人アーティストたちが人種隔離政策の高い壁に阻まれている間に、その間隙を縫うように、イギリスの白人アーティストたちがアフリカ系アメリカ人のブルース、リズム＆ブルース、ジャズの巨人たちと直接出会う機会を得たのだ。アフリカ系アメリカ人のブルースやジャズのアーティストたちは、アメリカのように直接的な人種差別のないイギリスや他のヨーロッパ諸国では気持ちよく演奏し、白人アーティストたちと安心して交流を深めることができた。イギリスでは、白人アーティストたちは、アメリカの大多数の白人が抱いていたようなアフリカ系アメリカ人に対する差別意識や偏見なしに、アフリカ系アメリカ人の魂がぎっしり詰まった彼らの音楽を吸収する恩恵に与《あずか》ることができたのだ。

アフリカ系アメリカ人でジャズ・サックス奏者のソニー・ロリンズが一九六三年、公演のため来日した際、開口一番こう言った。

> わたしは国外ではアーティストとして認められていますが、アメリカではただのニガー（黒んぼ）として扱われています。

こうしてアメリカへの怒濤の「イギリスの音楽的侵略」が始まった。ビートルズやローリング・ストーンズ、レッド・ツェッペリンの音楽にアメリカ人たちは熱狂し、泣いて喜んだ。だが、皮肉なことに、それはアメリカの白人たちが差別し、忌み嫌い、ニガー（黒ん坊）と呼んで軽蔑していたアフリカ系アメリカ人たちが生み出した最高にカッコいい音楽のイギリスからの逆輸入に他ならなかった。

エルビス・プレスリーの大ヒット曲「ハウンド・ドッグ」はブルースだった

一九五六年に「Heartbreak Hotel」の大ヒットを皮切りに、次々とヒット曲を飛ばしたエルビス・プレスリーは、言わずと知れたアメリカを代表するキング・オブ・ロックンロールである。

一九五六年と一九五七年の二年間だけで九曲のナンバーワン・ヒットを記録したエルビス。特に一九五六年のシングル盤A面「Hound Dog」が十週間、B面「Don't be Cruel」が十一週間全米一位を独走するという空前の大ヒットとなった。特筆すべきは、「Hound Dog」が、エルビスのオリジナルではなく、ブルースシンガー、ビッグ・ママ・ソーントンの代表曲だったことだ。

ソーントンは、一九二六年生まれのアフリカ系アメリカ人。アメリカの草分け的ブルースシンガー・ソングライターで、一九五三年に「Hound Dog」を発表し、ミリオンセラーを記録していた。「Hound Dog」と言えばビッグ・ママ・ソーントンの歌である。これにより、一九五〇年代、彼女は最も偉大な「ブルース・シャウター」の一人に数えられていた。このブルース・シャウターが十八番にしていたブルースを、エルビスはロックンロールにアレンジして大ヒットさせたのだ。ソーントンの「Hound Dog」はブルース、エルビスの「Hound Dog」はロックンロールである。全く違う曲に聴こえる。

また、「Don't be Cruel」も、他のヒット曲「Return to Sender」、「All Shook Up」とともに、アフリカ系アメリカ人のソングライター、オーティス・ブラックウェルが書いたものだった。エルビスがブルースやリズム&ブルースなど、アフリカ系アメリカ人の音楽の影響を強く受けながら、それらを自分のものにし、誰もが驚く「新しい音楽」であるロックンロールへと発展させていったのである。

エド・サリバン・ショーで賛美歌を披露するエルビス

エルビス・プレスリーは、デビューから二年でキング・オブ・ロックンロールとしてのピークを迎える。彼の最高潮の年といってもよい一九五七年、エルビスは、三回目で最後のエド・サリバン・ショーに出演した。

エルビスは、一連のロックンロールのヒット曲を披露した後、最後に、賛美歌「Peace in the Valley」（谷間の静けさ）を白人四人組カルテットのバックコーラスを従えてアカペラで歌った。エルビスが、信仰深い母のために、また自分のキリスト教信仰を公に示したいがために、この賛美歌を歌うことを希望したのだ。

当時、人口一億七千万人のアメリカで、五千万人を超える視聴者を誇り、視聴率八〇%の超人気番組エド・サリバン・ショー。プロデューサーは、ポップソングの番組でエルビスが賛美歌を歌うことに難色を示したが、司会者のエド・サリバンがエルビスを支持し、ようやく実現したと言われている。

「Peace in the Valley」（谷間の静けさ）は、地上での苦しみの日々を終え、やがて天国で神の御手に抱かれるキリスト者の安らぎを歌っている。腰を振りながらロックンロールを歌うエルビスの衝撃的な姿が、当時の倫理基準ではセクシーすぎて卑猥だということで、番組はエルビスの上半身しか映さなかったと言われている。そんなエルビスが同じ番組で、あえてゴスペル（賛美歌）を歌ったことは、エルビスのセンセーショナルな腰ふりに負けず劣らず、全米中の視聴者に鮮烈な印象を与えただろう。

「Peace in the Valley」は、アフリカ系アメリカ人でブルースやゴスペルの作曲を手がけるトーマス・A・ドーシーが、一九三九年に、ゴスペルの女王マヘリア・ジャクソンのために書いたゴスペルソングで、一九五一年、レッド・フォーリー&サンシャイン・ボーイズが歌い、ミリオンセラーとなっている。そして、エド・サリバン・ショーでエルビスが歌った影響もあり、今では最もよく知られたゴスペルソングの一つとなっている。

画像4：エド・サリバン・ショーで「Peace in the Valley」を歌うエルビス・プレスリー
www.youtube.com/watch?v=EKHVtJcG3ls

エルビス・プレスリー――ゴスペル・シンガーの筆頭

エド・サリバン・ショーで、賛美歌「Peace in the Valley」を歌ったエルビス・プレスリー。次々とロックンロールのヒット曲を飛ばし、多くの映画にも主演として登場し、歌って踊ったエルビスだが、彼はそれと並行して、他の誰よりも多くゴスペル（賛美歌）のアルバムをリリースした。インターネットで「ゴスペルソング」と検索すると、エルビスの名前と彼が歌ったゴスペルソングが数多くヒットする。エルビスが亡くなった後、彼はロックシンガーというよりむしろ、ゴスペル・シンガーとしてより広く認知されている。『Elvis Presley: Gospel Music of Elvis Presley』（DVD）を見れば、そのことがよくわかるだろう。

もはや伝説となった「How Great Thou Art」（賛美歌「輝く日を仰ぐとき」）のライブ・パフォーマンス。エルビスが受賞した三回のグラミー賞はすべてゴスペル部門からだった。一九六七年に「How Great Thou Art」で受賞、一九七二年にアルバム『He Touched Me』で、一九七四年に再び「How Great Thou Art」で受賞している。「How Great Thou Art」といえばエルビス・プレスリー、エルビス・プレスリーといえば「How Great Thou Art」。つまり、「How Great Thou Art」は、エルビス・プレスリーの代名詞なのだ。大自然を創造された神の偉大さと再び来られる再臨のイエスを迎える喜びを熱唱するエルビスの姿は、アメリカの音楽史の中に燦然と輝いている。

「How Great Thou Art」は、今でもアメリカのプロテスタント教会で抜群の人気の賛美歌だ。日本の教会の賛美歌集にも「輝く日を仰ぐとき」として収められており、礼拝でよく歌われている。エルビスは、そんな賛美歌をロック・ポップスのコンサートの中で、彼の十八番（Best Performance）として歌い続けたのだ。

エルビスは広義のゴスペルソングを世界へ普及させた第一人者

エルビスは、白人四人組による「ゴスペル・カルテット」によるゴスペルブームの火付け役となった。「ゴスペル」ということばは、新約聖書の「Gospel According to Matthew」（マタイによる福音書）など、四つの福音書に因んでいる。ゴスペルは「福音」「良い知らせ」という意味なので、ゴスペル音楽は「イエス・キリストの良い知らせ（救い）を喜び、楽しみ、伝える音楽」ということになる。

「ゴスペル音楽」の概念は幅広い。狭義には、「ブラック・ゴスペル」、つまり、アフリカ系アメリカ人によるキリスト教の信仰に基づいた宗教音楽を指す。奴隷のアフリカ人とその子孫から受け継がれたブルースやスピリチュアル（霊歌）を基盤に、アフリカ系アメリカ人が自分たちの苦しみ、悲しみ、喜びを神に向かって歌う。アフリカ系アメリカ人の教会に行くと、礼拝堂の講壇の上にクワイアが陣取り、その力強い賛美と踊りで礼拝をリードする。アフリカ系アメリカ人の教会ではクワイアがないと礼拝が成り立たない。それがブラック・ゴスペルだ。

一方、アメリカのプロテスタント教会で歌われる賛美歌（Hymn）は広義のゴスペルソングと言える。昨今は、アメリカの白人のプロテスタント教会など、アフリカ系アメリカ人でない人たちの歌うPraise Song・Worship Songなど、伝統的な教会の楽器オルガンではなく、ギターやキーボード、ドラムスなどを使い、現代的なアレンジでキリスト教の神を称える歌も広義の「ゴスペル」と呼ばれる。エルビスの歌った「Peace in the Valley」も広義のゴスペルソングに含まれる。

アフリカ系アメリカ人の労働者階級の多く住む、テネシー州メンフィスで育ったエルビス。彼自身も、高校卒業後、トラックの運転手をしたこともある労働者階級の青年だった。そんなエルビスは、ブラック・ゴスペルの影響を受けつつ、White Southern Gospel（南部の白人ゴスペル）の洗礼を受けていた。メンフィスで開かれていた「ゴスペル・ショー」を楽しみに観に行っていたエルビスは、そこでショーに出演していたJ・D・サムナーと出会っている。そして、サムナーとの出会いがエルビスの将来を大きく左右することになる。

デビュー後に、エルビスの背後には必ず白人四人組の「ゴスペル・カルテット」が存在した。スターダムにのし上がる前から、エルビスは、J・D・サムナー&スタンプスの花形バス、サムナーのしびれる低音の虜になっていった。サムナーがエルビスのアイドルだったのだ。このJ・D・サムナー&スタンプスをはじめ、ジ・インペリアルズ、ブラックウッド・ブラザーズ・カルテット、ステイツメンなど、多くの白人ゴスペル・カルテットがエルビスのバックコーラスを務めた。エド・サリバン・ショーで「Peace in the Valley」を歌ったときも、エルビスは、バックコーラスに白人の四人組ゴスペル・カルテット、ザ・ジョーダネアーズを従えていた。ゴスペル・カルテットたちは、エルビスのバックコーラスを務めるだけでなく、精力的にゴスペル・コンサートを開き、独自にゴスペル・アルバムをリリースして人気を博した。

ブラック・ゴスペルとは違った、白人四人組ゴスペル・カルテットによるゴスペルブームが一世を風靡した背後にエルビス・プレスリーがいた。エルビスは、南部で人気を集めていた白人ゴスペル・カルテットを一躍全国区に押し上げ、広義のゴスペル音楽の普及に誰よりも大きく貢献したエンターテイナーと言えるだろう。

エルビス・プレスリーは『監獄ロック』の主演を務めた。そのロケの間、共演していたゴスペル・カルテットの面々は、エルビスとピアノを囲んで夜遅くまでゴスペルを歌い、コーラスを楽しむゴスペル大会につき合わされて大変だったと述懐している。

毎晩、エルビスが求めたものは、数人の友人とピアノのある場所、そこに集まってゴスペルソングを弾き、歌い、ハーモニーを楽しみ、自らの心と魂に潤いを与えることだった。ゴスペルは、エルビスが最初に聴いた音楽。生まれたときから生涯を通して彼の心に刻まれ、彼は毎晩そこに帰っていったのだ。ゴスペルを歌わない生活、ゴスペル・カルテットなしの生活は、エルビスには考えられなかっただろう。

一九九三年、わたしはテネシー州メンフィスにあるエルビス・プレスリーの大邸宅グレイスランドを訪ねた。地下のリビングルームにはテレビが三台並べて設置されていた。エルビスは三つの違う番組を一度に見ていたという面白い逸話があった。

印象的だったのは、彼のベッドルームの脇に一台のレコードプレーヤーがあり、その上に一枚のＬＰレコードが置かれていたことだ。それは、Ｊ・Ｄ・サムナー＆スタンプスがエルビスにプレゼントした世界に一枚しかない特注アルバムだった。エルビスは彼らのゴスペルソングを聴きながら夜を過ごしたという。一九七七年、エルビスの葬式のときも、Ｊ・Ｄ・サムナー＆スタンプスが参列し、故人エルビスのためにゴスペルソングを歌っている。

生涯をゴスペルのために捧げたゴスペル・シンガー、エルビス・プレスリー。最後は、彼のアイドルだったＪ・Ｄ・サムナーのしびれる低音が響くゴスペルソングに優しく抱かれるようにして天国へと凱旋していったのだ。

「神よ、そばにいてください」から「スタンド・バイ・ミー」へ——あのラブソングの原型はリンチを受ける黒人の信仰

リズム＆ブルース歌手ベン・Ｅ・キングの「Stand By Me」を聴いたことがない人はいないだろう。一九六一年にリリースされたこの曲は、オーティス・レディング、ジョン・レノン、エルビス・プレスリーを含め、実に四百以上のアーティストやグループによってカバーされている。また映画『Stand By Me』の主題歌としても有名だ。

「スタンド・バイミー」の歌詞の一部は、旧約聖書の詩編四六編の中にある天変地異の表現から取られている。

神はわたしたちの避けどころ、わたしたちの砦
苦難のとき、必ずそこにいまして助けてくださる
わたしたちは決して恐れない
山々が揺らいで海の中に移るとも、
海の水が騒ぎ、沸き返り、その高ぶるさまに山々

が震えるとも

このことからも、この曲がキリスト教信仰を根底にもつ歌であることがわかる。

この曲の原型になっているのは、一九〇五年に、アフリカ系アメリカ人のゴスペル・シンガー、チャールズ・アルバート・ティンドレーが発表したゴスペルソング「Stand By Me」である。リンチが多発する人種隔離政策のただ中で、さまざまな苦難に遭うとき、「神よ、そばにいてください」と歌っている曲だ。また、一九五九年に、リズム&ブルースの貴公子サム・クックが作曲して歌った「Stand By Me Father」にも感化されている。サム・クックの曲においてもFatherは「父なる神」を意味し、さまざまな困難のとき、神に向かって「Stand By Me、神よ、そばにいてください」と歌っている。

このようにアフリカ系アメリカ人のゴスペル、そしてリズム&ブルースを基盤にした信仰の歌だった「Stand By Me」は、それらに触発されたベン・E・キングによって、愛する者に「そばにいてほしい」と訴えるリズム&ブルースのラブソングに生まれ変わったのだ。

スティーヴィー・ワンダーとサー・デューク――アフリカ系アメリカ人の音楽は白人に類型化され得ない

アフリカ系アメリカ人でリズム&ブルース歌手のスティーヴィー・ワンダーは、一九七六年、『Songs in the Key of Life』をリリースした。二枚のLPと四曲が入ったEPという変則的なアルバムだが、粒ぞろいの曲がびっしり詰まっていて、全米で十三週間連続ナンバーワンの大ヒットとなった。今でも二枚組のポップスのアルバムでこれを超えるアルバムはないのではないかと思う。

このアルバムからシングルカットされ、全米一位になった曲に「Sir Duke」がある。スティーヴィー・ワンダーは、この曲で音楽の持つ楽しさを歌いながら、そのすばらしさを教えてくれた「音楽の先駆者」たちに感謝している。

彼に大きな影響を与えた音楽の先駆者は、カウント・ベイシー、グレン・ミラー、サッチモ＝ルイ・アームストロング、エラ・フィッツジェラルドだった。リズム&ブルース歌手のスティーヴィー・ワンダーにとって、彼に音楽のすばらしさを教えてくれた「音楽の先駆者」は、意外にも錚々たるジャズ・ミュージシャンたちだったのだ。そして、彼にとって、音楽の王様はSir Duke、ジャズ界の巨匠ディーク・エリントンなのだ。グレン・ミラーを除いて、みなアフリカ系アメリカ人のミュージシャンだ。

アフリカ系アメリカ人の音楽を一つのジャンルに類型化することはできない。ニーナ・シモンは「ジャズは、アフリカ系アメリカ人を定義するための白人の用語です。わたしの音楽は〝ブラック・クラシカル・ミュージック〟です」と表現している。アフリカ系アメリカ人のニーナ・シモンは、ピアノで西洋クラシック音楽を弾き、ブルース、ジャズ、ゴスペル、リズム&ブルースを歌う多才なミュージシャンだ。アフリカ系アメリカ人のレイ・チャールズも、リズム&ブルース、ブルース、ゴスペルのジャンルをクロスオーバーするダイナミックなミュージシャンだった。

ゴスペルの女王、アフリカ系アメリカ人のマヘリア・ジャクソンは、「音楽の王様」デューク・エリントンから、自分たちと共演し、レコードを出さないかと誘われたことがある。マヘリア・ジャクソンはその申し入れを断ったが、もし共演していたら、彼女も「ジャズの女王」と言われていたかもしれない。

ブルース、ゴスペル、ジャズ、ソウル、リズム&ブルース、ロック。さまざまな音楽のジャンルがあるが、それらは白人によって類型化され、商業化されたジャンル分けにすぎない。リズム&ブルースのスティーヴィー・ワンダーがジャズの巨人たちの影響を受け、ニーナ・シモンやレイ・チャールズが、一つのジャンルの型にはまらないで、ブルース、リズム&ブルース、ゴスペルなどアフリカ系アメリカ人の音楽をクロスオーバーするのだ。そこにアフリカ系アメリカ人の音楽のダイナミズムがある。

サイモン&ガーファンクル「明日に架ける橋」の背景にあるゴスペル

サイモン&ガーファンクルが一九七〇年に発表した「Bridge Over Troubled Water」（明日に架ける橋）は、シングル、アルバムとも、大ヒットを記録した七十年代の名曲だ。ピアノの静かな演奏に乗ってアート・ガーファンクルの天使のような歌声が、苦しみを抱えて生きる多くの人々を慰めてきた。この曲のアレンジだけを見ると、これは洗練されたポピュラーソングである。だが、実は「Bridge Over Troubled Water」はゴスペルソングなのである。

この曲を作ったポール・サイモンは、ユダヤ系アメリカ人だが、アフリカ系アメリカ人のゴスペルグループ、スワン・シルバートーンズに傾倒していた。彼らのアルバムの中に「Oh Mary Don't You Weep」という聖書に基づいた曲がある。その中に、“bridge over deep water”という表現があるが、ポール・サイモンは、その部分にヒントを得て「Bridge Over Troubled Water」を完成させたのである。

アパルトヘイトによる人種差別の激しかった南アフリカ共和国でも「明日に架ける橋」は有名だった。だが、有名だったのはサイモン&ガーファンクルの「明日に架ける橋」ではなく、アフリカ系アメリカ人のアレサ・フランクリンが歌う「明日に架ける橋」だった。リズム&ブルースの大御所アレサ・フランクリンのゴスペル調にアレンジされた「明日に架ける橋」は、南アフリカ共和国の人々に愛され、アパルトヘイトの苦境にあえぐ人々を慰め、その醜悪《しゅうあく》な人種隔離政策を打破しようとする人々を鼓舞したのである。

一九七〇年代を代表するポピュラーソング「明日に架ける橋」。この名曲はアフリカ系アメリカ人のゴスペルグループ、スワン・シルバートーンズの影響を受けたポール・サイモンが“bridge over deep water”という歌詞に触発されて生まれ、ゴスペル音楽が背景に

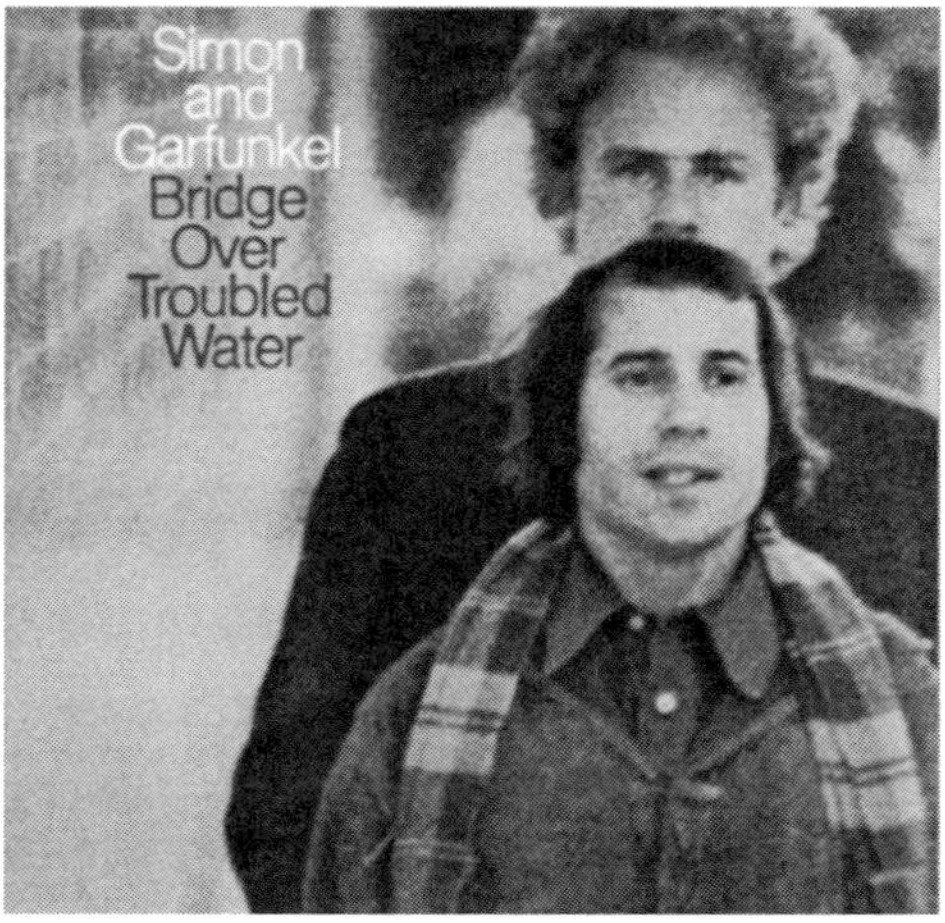

画像5：サイモン&ガーファンクル「明日に架ける橋」
https://www.last.fm/music/Simon+&+Garfunkel/Bridge+Over+Troubled+Water/+images/7e933f0b361549e2a80b6e51e37aab6a

画像6：スワン・シルバートーンズ
https://theswansilvertones.bandcamp.com/album/come-to-jesus

あることを知らない全世界の音楽ファンに愛された。さらに、アパルトヘイトの南アフリカ共和国においては、再び「ゴスペルソング」に変貌して、差別と闘う人々を力づけたのである。

南アフリカ共和国では、「明日に架ける橋」は学校で生徒の愛唱歌となっており、また、賛美歌として教会で日常的に歌われている。「明日に架ける橋」は、その成り立ちにおいても、歌詞の内容においても、その歌われ方、聴かれ方においても、ゴスペルソングに他ならない。

（「世紀を刻んだ歌　明日に架ける橋」NHK 2006.12.17）

ロックグループU2とゴスペル——影響の逆流

ロックンロールは、アフリカ系アメリカ人の音楽の進化の流れから言うと、ブルースやゴスペル、ジャズ、リズム&ブルースの影響を受けて生まれてきたものだ。だが、ロックからゴスペルが生まれるという逆の流れも起きている。

アイルランドのロックグループU2が、一九八七年、アルバム『THE JOSHUA TREE』をリリースし、シングルカットされた「I still haven't found what I'm looking for」が全米一位のヒットとなった。翌一九八八年、U2は『Rattle and Hum』というライブ・ドキュメンタリーDVDを発表し、その中に「I still haven't found what I'm looking for」がオリジナルと違ったアレンジで収録されている。

U2のオリジナルの「I still haven't found what I'm looking for」を聴いたニューヨーク・シティのハーレムにあるアフリカ系アメリカ人の教会のゴスペル・ク

ワイアがU2との共演を希望し、ハーレムの教会でそれが実現したのだ。歌詞の内容が神を探し求めるキリスト教の信仰そのものだったからだ。

モノトーンの映像で映し出されるハーレムのアフリカ系アメリカ人の教会の礼拝堂。U2のボーカリスト、ボノが歌い始め、クワイアがそれに応答する。コール&レスポンス、それはゴスペルソングそのものだった。ロックバンドのヒットナンバーが、ハーレムのアフリカ系アメリカ人教会のクワイアによってゴスペルソングに生まれ変わったのだ。

奴隷のアフリカ人が白人のために歌ったのがカントリー・ミュージックだった

アメリカ南部の文化に根ざしたカントリー・ミュージックは伝統的に白人の音楽として位置づけられ、実際に活躍するカントリー・ミュージシャンの大多数は白人だ。だが、カントリー・ミュージックは、実のところ奴隷のアフリカ人のブルースに起源を持つ。奴隷のアフリカ人たちがプランテーションで苦しみを乗り越えるために自分のために歌った歌が「ブルース」と呼ばれ、奴隷のアフリカ人が白人のために歌い、演奏した音楽が「カントリー」と呼ばれるようになったと言われている。

前述の『The Sounds of Slavery』に、奴隷のアフリカ人たちがプランテーションでフィドルやバンジョーを演奏していたことが記録されている。カントリー・ミュージックの主要楽器の一つであるフィドルは、大陸に入植したヨーロッパ系移民が持ち込み、プランテーションの奴隷たちにも伝わり、彼らの主要な楽器となった。バンジョーは、西アフリカに起源を持ち、アフリカ人たちが奴隷として連れてこられたときにアフリカから持ち込まれたと言われている。現在使われているバンジョーは、西アフリカのセネガルで演奏されていた楽器Akonting（エコンティン）から進化したもので、元々は瓢箪《ひょうたん》から作られていた。「Old Plantation」という題の古い絵画（一八世紀後半）があり、奴隷のアフリカ人が瓢箪で作られたバンジョーを演奏している様子が描かれている。一八四〇年代には、バンジョーは奴隷のアフリカ人だけが使っていた楽器で、白人が演奏するのを耳にする者はいなかったと言われている。

画像７：バンジョーを弾く奴隷のアフリカ人
encyclopediavirginia.org/4333hpr-b5deaccd6d628b6/

おれは七年間年老いた主人を笑い者にし、
監督を三年間笑い者にしてきた
おれにバンジョーを貸してくれ
それであなたを楽しませてあげるよ
（奴隷のアフリカ人）

アメリカにおいて、白人とアフリカ系アメリカ人が分断されてきたように、同じ奴隷のブルースにルーツをもつ音楽が、白人のカントリー・ミュージックとアフリカ系アメリカ人のブルースに枝分かれし、それぞれ独自の発展を遂げながら今日に至っているのである。

ブラック・ミュージックの恩恵を受けながら、アフリカ系アメリカ人を差別する矛盾

シンガー・ソングライター、ブルーノ・マーズが、アメリカの音楽とは「ブラック・ミュージックだ」と語っている。

ブラック・ミュージックというと、それはつまりロックだし、ジャズだし、リズム&ブルースだし、レゲエ、ファンク、ドゥー・ワップ、ヒップホップ、モータウンだということを理解しないとね。ぼくはプエルトリコ出身だが、サルサだって母なる大地アフリカから来たものさ。だから、ぼくの中ではブラック・ミュージックがアメリカの音楽のすべてを意味するんだ。それがアメリカのカッコいいところさ。

アフリカ系アメリカ人の音楽のルーツはブルースで

ある。ブルースは奴隷のアフリカ人たちの叫びだった。奴隷たちはブルースを歌って生き延びてきた。そのブルースの上に、その奴隷のアフリカ人の「呻き」の上に、アメリカのすべての音楽が乗っかっている。ブルースを基盤にすべての大衆音楽が成り立っている。スピリチュアル（霊歌／奴隷のアメリカ人の賛美歌）とそこから派生したゴスペル（奴隷解放後のアフリカ系アメリカ人の教会の賛美歌）はもちろん、カントリー・ミュージック、ジャズ、リズム&ブルース、ロック、ヒップホップ、広くポップス全般もすべてブルースを母としている。エリック・クラプトンも、ローリング・ストーンズも、レッド・ツェッペリンも、エルビス・プレスリーも、ビートルズも、サイモン&ガーファンクルも、マライア・キャリーも、レイ・チャールズも、スティーヴィー・ワンダーも、エラ・フィッツジェラルドも、デューク・エリントンも、みなその子や孫たちだ。ブルースから始まるアフリカ系アメリカ人の巨大な音楽群の影響を受けていない人は一人もいない。

　アメリカのポップ・ミュージックとはブラック・ミュージックである。アフリカ系アメリカ人の音楽が、今アメリカ人が耳にするすべての大衆音楽の屋台骨なのである。奴隷のアフリカ人とその子孫であるアフリカ系アメリカ人の四百年に亘《わた》る苦難の歴史とその苦闘の中で生み出されてきたサウンド・オブ・フリーダム、自由への叫び、それがブラック・ミュージックだ。わたしたちは今、その恩恵に与って、アメリカの大衆音楽を楽しむことができるのだ。それが「アメリカのカッコいい」ところだ。

だが、ここに大きな問題点がある。

　一般的に言って、わたしたちは、アフリカ系アメリカ人の文化を楽しみながら、（その文化を創ってきた）アフリカ系アメリカ人を憎悪する世界に生きている。

（セシル・エメケ）

アメリカ人は、アメリカの大衆音楽を楽しんでいる。その土台となっているアフリカ系アメリカ人の歌とサウンドをこよなく愛している。だがアメリカ人は、そのブルース、スピリチュアル、ゴスペル、カントリー、ジャズ、リズム&ブルース、ヒップホップの生みの親、アフリカ系アメリカ人を差別し、憎悪しているのだ。アフリカ系アメリカ人を差別し、嫌悪し、彼らに暴力をふるいながら、アフリカ系アメリカ人が創造した音楽に酔いしれているのだ。これがアメリカ社会の抜き差しならない深淵である。ここから、わたしたちは奴隷のアフリカ人とその子孫であるアフリカ系アメリカ人と共に、そのアメリカの深淵に分け入っていく。

第三章

ヨーロッパ系移民の来訪とアメリカ先住民の悲劇――「野蛮人」はどちらか？

彼らは、聖書と彼らの宗教をもってやってきた。彼らはわたしたちの土地を盗み、わたしたちの霊性を打ち砕き、そして、「おまえたちは（わたしたちの）神に救われていることを感謝すべきだ」と言うのだ。

（先住民 ポンティアック）

コロンブスの来訪――美しく調和した先住民の世界を踏みにじる暴虐

わたしたちは、奴隷のアフリカ人とその子孫であるアフリカ系アメリカ人の北米大陸における歴史に分け入る前に、アメリカ先住民の歴史に触れておく必要がある。アメリカ大陸において、先住民がヨーロッパ系移民にどのように扱われたかが、奴隷のアフリカ人とその子孫であるアフリカ系アメリカ人の運命と密接に繋がってくるからだ。

アメリカの歴史学者ハワード・ジンは『A People's History of the United States』を著し、アメリカ先住民、奴隷のアフリカ人とアフリカ系アメリカ人、メキシカン、女性、フィリピン人など、People（民衆＝マイノリティ・社会的弱者）の視点からアメリカの歴史を検証している。

ジンは、アメリカ先住民を扱った章で、先住民とヨーロッパ系移民の最初の出会いに着目している。ジョン・ウェイン主演の映画『駅馬車』に象徴されるように、アメリカの西部劇では、アメリカ先住民は白人に襲いかかり、弓矢を放ち、白人の頭の皮を剝ぐ恐ろしい野蛮人として登場する。しかし、ジンは、先住民を野蛮人として描くステレオタイプのイメージとは正反対の、先住民の平和的な様子を記している。

ヨーロッパ人は空っぽの荒れ野に移住してきたわけではなかった。そこにはヨーロッパのように人口が密集している地域もあり、文化は複雑で、人間関係はヨーロッパに比べてより平等主義的で、男性、女性、こども、自然が、おそらく世界のどの地域よりも美しく調和していた。

自然と人々が調和した平和的な世界。コロンブスを迎えたときの先住民たちの姿にそれが表れている。

コロンブスの一行がバハマ諸島に漂着したとき、武器を持たず、武器というものさえ知らない先住民は食べ物と水と贈り物を携えて彼らを歓迎した。先住民には目を見張るばかりの親切心と分かち合いの精神があった。

しかし、コロンブスは、そのような先住民の厚意を踏みにじるかのように、アメリカにおける最初の軍隊の基地を建設し、すぐさま先住民を砂金取りの奴隷として酷使し始め、ノルマを果たせなかった者の手首を切り落としていった。これがヨーロッパ系移民とアメリカ先住民との最初の出会いであり、その後の両者の関係を象徴する出来事となった。この「暴力的な始まり」は、それ以降の五世紀の流れを決定づけるものとなったのである。

ピューリタン牧師「地を従わせよ！」——先住民と自然へ暴力をふるう「西洋キリスト教文明」

北米大陸に上陸したヨーロッパ系移民は、「地を従わせよ」（旧約聖書の創世記一章にある神のことば）とのピューリタンの牧師の号令の下、丘の上の町、国々を照らす真の光、Manifest Destiny（マニフェスト・デスティニー＝明白なる天命）の全権委任者となり、未開の先住民族にキリスト教の祝福をもたらす神の使者として西進していった。ピューリタンは、イギリス国教会やカトリック教会から独立し、清純な生活を理想とするプロテスタント教会で、アメリカ合衆国建設の基礎をつくった人々である。彼らの宗教思想であるピューリタニズムは、一七七六年に独立した十三州のほぼすべてにおける信仰的な基盤となった。

一六二〇年、信仰の自由を求めて、イギリスからアメリカに渡った百二名のピューリタンたちは「ピルグリム・ファーザーズ」と呼ばれた。彼らは現在のマサチューセッツ州プリマスに上陸し、ニューイングランド開拓の基礎をつくった。だが、彼らは慣れない未開の地で極寒の冬を迎え、その半数が死亡するという地獄を味わった。そのような瀕死のピューリタンを助けたのが先住民スクワントだった。スクワントの物語に見られるように、先住民は総じてヨーロッパ系移民に友好的であった。現在、アメリカで最も重要な国民の祝日である感謝祭は、そのような先住民の助けを得て自立しつつあったヨーロッパ系移民たちが、感謝をもって先住民たちと食事をともにしたことに由来している。

しかし、実際には、先住民とヨーロッパ系移民の間には常に紛争が起きていた。紛争はヨーロッパ系移民が先住民に対して何らかの不正を行ったことから始まっている。多くの先住民首長が大統領に面会を求め、平和共存を訴えたが、ついに共存することはできなかった。それどころか、先住民の最大の敵となったジャクソン大統領に代表されるように、ヨーロッパ系移民は先住民を排除、駆逐する政策に終始した。それに併せて、未開の森林を極端なまでに伐採し、先住民と共存共栄していたバッファローの大量虐殺という暴挙にも手を染めた。

こうして、二十世紀を前に、数百万人いたアメリカ先住民は三九万人になり、六千万頭いたバッファローはわずか五百頭と絶滅状態になっていた。ヨーロッパ系移民は神の名によって地を従わせた。それは先住民の大量殺戮と徹底的な自然環境の破壊に他ならなかった。大量に虐殺したバッファローの頭蓋骨を十メートルも積み上げた小山の上で、勝ち誇ったようにポーズを取る白人男性の姿、これが「西洋キリスト教文明」である。

（Earth and the American Dream, Direct Cinema Limited, 1992）

彼ら（ヨーロッパ系移民）は、
建物の中に入って彼らの神と対話する。

わたしたちは自然の世界に出て行く。

そこで創造主がわたしたちに語りかけてくれる。

先住民は「自分たちは自然から見られている」と自然の中に創造主を見、自然と共存してきた。だが、そこに「地を従わせよ」「地を服従させることが神の摂理（意志）なのだ」とヨーロッパ系移民が殴り込んできたのだ。ヨーロッパ系移民がアメリカに持ち込んだキリスト教が、自然と共存する宗教ではなく、自然と対峙し、自然を支配し、自然から収奪し、自然を破壊する宗教性をもっていたこと、そして、異民族（有色人種）を徹底的に排除、駆逐する暴力性をもっていたことを忘れてはならない。先住民に対する排他性、暴力性は、その後のアメリカの歴史の中で、奴隷のアフリカ人とその子孫であるアフリカ系アメリカ人の上に重くのしかかってくるのである。

画像８：バッファローの骨の上で勝ち誇るヨーロッパ系移民
ドキュメンタリー「Earth and the American Dream」から

アメリカ先住民の首を戦利品として飾る

一八三〇年代、白人の侵入と戦った先住民セミノール族の血をひくオセオラは、ジャクソン軍に捕らえられ、サウスカロライナ州チャールストンに送られた。オセオラはそこで死んだが、「首がないまま葬られた」と記録されている。

オセオラが捕らえられていたときに、フレデリック・ウィードンという白人医師がしばしば彼の看護をしていた。オセオラが死んだとき、ウィードンは自分の手術用ノコギリでオセオラの首を切断し、自分の故郷にHuman Trophy（戦利品）として持ち帰ったのだ。「おれが、白人の敵、先住民の酋長オセオラの首を取ったぞ」とばかりに、ウィードンは自分が経営する薬剤店のショーウインドーに自慢げにオセオラの首を展示した。自分の息子が悪さをしたとき、ウィードンは息子のベッドにオセオラの首をくくりつけてお仕置きした。オセオラの首の横で眠る息子は、何と言う恐怖の夜を過ごしたことだろう。

誇らしげな戦利品として、またこどもを躾ける恐怖の道具として、先住民の首を弄《もてあそ》ぶ白人。このフレデリック・ウィードンの姿に、ヨーロッパ移民の先住民に対する態度が凝縮されている。

(Memoir of a Race Traitor, Mab Segrest)

アメリカ先住民は、今でも「アメリカ国民」ではない

アメリカの歴史において、先住民が統計に初めて顔を出すのは一八六〇年からである。つまり、先住民はそれまでは統計上は存在していなかったことになる。当時、人種は「白人」、「黒人」、「インディアン」、「エスキモー」、および「アリューシャン人」に分類され、先住民人口は四万人と記録されている。

現在、アメリカ政府は、先住民に二八六箇所のReservation（居留地）を提供しているが、これは排斥政策の産物である。なぜなら、先住民は、形式的には「国内従属国家」(Domestic Dependent Nations) としてアメリカ合衆国と「条約」を結び、その元々の「領土」を差し出すのと引き換えに、居留地内では「主権」を確保しているからだ。現在も残っている「条約」の数は三百を超える。合衆国憲法第一条第八節三項で、依然として先住民との「通商」が諸外国と同じように連邦議会での議決権限に含まれている。これにより先住民は、アメリカ市民として税金を払う義務がないが、先住民一人当たりの年間所得は一万三千ドル（全国平均二万二千ドル）と低く、アメリカ社会における絶対的弱者であり続けている。しかも、アメリカ政府が先住民にあてがった居留地の多くには決まって危険なウラン鉱山や核施設などがあり、放射性物質による健康被害も指摘されている。

現在のアメリカ合衆国の五十州のうち、二七の州名が先住民に由来している。アメリカはそれらの土地から先住民を駆逐しつつ、名前だけは自分たちのものにしたのだ。そして今も先住民をアメリカ社会から排除し続けている。

先住民とヨーロッパ系移民、どちらが「野蛮人」だったか

先住民が未だにアメリカ国民として扱われていない事実に驚くが、現代のメディアにおいても先住民差別は続いている。

大ヒット映画『バック・トゥーザ・フューチャー』では、パート3にて一八八五年の開拓時代にタイムスリップし、そこに先住民が登場するが、奇声をあげて白人の主人公のタイムマシンを追いかける野蛮人として面白おかしく描かれている。そして主人公のマーティは「インディアン！」と叫び、怯えながら逃げるのだ。まさに古典的な西部劇の野蛮な「インディアン」そのままである。

そのような先住民のステレオタイプのイメージを打破しようとする動きが始まったのは一九九〇年代に入ってからだ。一九九〇年のケビン・コスナー主演の映画『Dances with Wolves』と一九九五年のディズニー映画『Pocahontas』がその代表だと言える。『Dances with Wolves』では、偶然、先住民に助けられ、そのコミュニティで生活することになった白人男性の目を通して、先住民に対するヨーロッパ系移民たちの冷酷さと暴力性が浮き彫りにされる。『Pocahontas』では、ヨーロッパ系移民たちが先住民のことを「サベージ」（野蛮人）と罵るのに対して、先住民たちが逆に白人たちのことを「サベージ」「サベージ」と言い返している。

歴史学者ハワード・ジンは、コロンブスと先住民の歴史を叙述する中で、Cruel（残忍な）、Honest（正直な）、Greedy（貪欲な）、Generous（親切な）などのことばを持ち出し、これらのことばがコロンブスと先住民のどちらに当てはまるかを読者に問うている。

アメリカの歴史を振り返るとき、果たして先住民とヨーロッパ系移民のどちらが「正直で親切」だったのか、どちらが「残忍で貪欲」だったのか、その答えは明白であろう。

第四章

奴隷制民主主義――先住民と奴隷を除いた「独立宣言」の惨状

わたしたちはアメリカ人ではない。

わたしたちは、たまたまアメリカにいる（強制連行された）アフリカ人だ。

わたしたちは、プリマス・ロックに上陸しなかった。

プリマス・ロック（民主主義の名の下の奴隷制）が、わたしたちアフリカ人の上に重くのしかかってきたのだ。


（マルコムX）

「西洋文明の始まり」で犠牲になったアフリカ人奴隷の惨状

アメリカで奴隷貿易が始まる一六一九年までに、アフリカ人はすでに百万人以上が捕獲され、南アメリカやカリブ海地域に輸送されていた。アフリカ大陸奥地で捕獲され、奴隷船に連行されるまでの数百マイルで五分の二が死亡し、「屠《と》殺場《さつじょう》」と呼ばれた奴隷船で大西洋を渡る間にさらに三分の一が死亡したという記録がある。仮にアフリカ大陸で百人のアフリカ人が捕獲されたとした場合、生きて北米大陸に辿り着くことのできたアフリカ人はわずか四十人ということになる。無理もない。床から天井までがわずか三十数センチ、寝返りも打てない空間にすし詰め状態にされ、長期間船に揺られる苦しみはわたしたちの想像をはるかに超える。重い病気になった者は容赦なく海に棄てられた。まさに屠殺場だ。しかも、北米大陸に辿り着くことのできたアフリカ人女性の大半は妊娠させられていたという。アメリカに着くまでの扱われ方がこれほどまでに残酷なものなら、奴隷のアフリカ人たちのその後の境遇の苛酷さは想像に余りある。

このような冷酷な仕方で、一八〇〇年までに、さらに一千万人から一千五百万人のアフリカ人がアメリカに連行されたと言われている。捕獲されたアフリカ人の五人に三人がアメリカに生きて辿り着けなかったと仮定すると、わたしたちが「西洋文明の始まり」と呼ぶこれらの世紀に、アフリカは、実に五千万人を死または奴隷として失ったことになる。

今日、アフリカでは千六百もの言語が使用されているが、北米大陸には、およそ千百の言語が使用されている地域からアフリカ人が連れてこられたと推定されている。アフリカの広範囲の地域でさまざまな言語と豊かな文化をもって生活していたアフリカ人たちが奴隷貿易の犠牲になったのである。

ヨーロッパ系移民が先住民を奴隷化できなかった理由に、先住民の地の利がある。先住民は長く北米大陸に居住してきた人々なので、奴隷化を拒否し、部族で助け合いながら大陸の奥地に逃げたり、場合によっては戦うこともできただろう。しかし、アフリカ大陸から連れてこられたアフリカ人たちは、家族から引き離され、孤立し、未知のアメリカ大陸ではどこに逃げたらよいかもわからず、奴隷として生きる以外に方法はなかった。ヨーロッパ系移民たちは、先住民を排除、駆逐しつつ、そこにアフリカ人奴隷を次々に投入していったのである。

相容れないはずの「民主主義」と「奴隷制」が手をつないで並走する国、アメリカ

北米大陸における奴隷売買は、一六一九年、オランダ船がバージニア州ジェームズタウンに寄港し、二十人のアフリカ人奴隷を売ったのが最初だと言われている。興味深いのは、その翌年の一六二〇年、ピルグリム・ファーザーズがプリマス植民地を建設し、それがアメリカ民主主義の始まりと言われていることである。つまり、アメリカの歴史は、ヨーロッパ系白人のための民主主義とヨーロッパ系白人が捕獲してきたアフリカ人の奴隷制の二重構造として進展していったのだ。アメリカの歴史は「奴隷制民主主義」国家の歴史なのだ。

アメリカの独立記念日であるフォース・オブ・ジュライを知らない人はいない。今でもこの日にはアメリカ各地でパレードが行われ、花火があがる。一七七六年七月二日、トーマス・ジェファーソンらが起草した「独立宣言」が大陸会議で決議、その二日後の七月四日に採択され、アメリカ合衆国の独立記念日となったのだ。

独立宣言は、イギリス国王ジョージ三世の北米植民地に対する悪政を批判し、その悪業を細かに列挙し、国王への忠誠を拒否して、イギリスからの独立を宣言する流れになっている。これは十三植民地が全会一致で決定した宣言であり、植民地内の去就に迷う人々を結集させる意図があり、革命権を主張するものであった。

イギリス国王への批判の中に奴隷売買問題がある。独立宣言は「人間性に反する残酷な戦いをしかけ、遠隔地の人々を攻撃し、捕らえて北半球に運び、奴隷とした」と語り、イギリスとジョージ三世の奴隷売買を犯罪的行為として断罪した。

アフリカ系アメリカ人などマイノリティの視点からアメリカの歴史を見たとき、独立記念日は欺瞞に満ちている。「独立宣言」は、イギリスの奴隷売買を厳しく批判しながら、自国内には奴隷制を温存する矛盾を内包していた。「すべての人間は平等に造られ、創造主によって一定の奪うことのできない権利を与えられており、その中には生命、自由および幸福の追求が含まれる」と宣言しながら、その平等と自由及び幸福を追求する権利を有するのはヨーロッパ系移民たちだけであり、先住民や奴隷などマイノリティは除外されていた。先住民は各州の人口から除外され、奴隷のアフリカ人は「五分の三」人と数えられ、人間扱いされなかった。これがアメリカの奴隷制民主主義だった。

フレデリック・ダグラスの批判——民主主義を標榜しながら、今もなお奴隷制は続いている

一八五二年七月五日、フレデリック・ダグラスは、ニューヨーク州ローチェスターでの演説で、奴隷にとって「フォース・オブ・ジュライ」がいかに欺瞞に満ちているかを痛烈に語っている。

アメリカの奴隷にとって七月四日とは何だろうか。わたしはこう答える。それは、奴隷が、一年

の他のすべての日にもまして、自分が巨大な不正と残忍さの犠牲にされていることが明らかにされる日だと。奴隷にとって、アメリカの祝典は偽物だ。アメリカが誇りとする自由は邪悪な自由であり、アメリカ国家の偉大さは膨れ上がった虚栄であり、アメリカの歓喜の叫びは空虚で冷酷だ。イギリスという専制君主に対するアメリカの弾劾は厚顔無恥なものだ。アメリカの自由と平等の叫びは中身のない嘲りだ。アメリカの祈りと賛美、説教と感謝、宗教的なパレードと儀式は、奴隷にとって、単なる大言壮語、詐欺、欺瞞、不敬、偽善でしかなく、この野蛮人の国の恥さらしとなる様々な犯罪を覆い隠す薄いベールなのだ。今現在、アメリカ合衆国ほど、ぞっとするような血なまぐさい犯罪行為をしている国は他にはない。

七月四日はあなたがたのものだが、わたしのものではない。あなたがたが狂喜するとき、わたしは嘆きに沈む。国家の喜びの歓声が渦巻く背後から、何百万人もの奴隷の深い呻きが聞こえてくる。この特別な祝日に、神と、押し潰され、血を流す奴隷たちと共に、踏みにじられた奴隷たちの名の下に、足枷《あしかせ》をはめられた自由の名の下に、無視され踏みつけられた合衆国憲法と聖書の名のもとに、奴隷制というアメリカの大罪、アメリカの恥を継続しようとするすべての企てを問いただし、弾劾する。

ダグラスは、一八一七年頃、メリーランド州に奴隷として生まれたが、一八三八年に逃亡し、自由人となった。この一八五二年の演説に見られるように、彼は「奴隷制廃止論者」として、奴隷制を批判し、奴隷制廃止のために闘った十九世紀の代表的人物である。一八六三年にはリンカーン大統領と会って、アフリカ系アメリカ人の参政権について議論している。

独立宣言が発布されたとき、奴隷のアフリカ人たちはアメリカ国民が享受する恩恵から除外されていた。それから七十五年経った今でも、この民主主義の国アメリカで奴隷のアフリカ人たちが奴隷のアフリカ人のままだとは何たることか。ダグラスは、独立宣言で民主主義を標榜しながら、その後も臆面もなく奴隷制を温存してきたアメリカの欺瞞を鋭く批判したのだ。

奴隷州と自由州のせめぎ合い、ミズーリ協定

アメリカにおける奴隷制問題の複雑さを感じさせる出来事に、一八二〇年の「ミズーリ協定」がある。

当時のアメリカは、奴隷州、自由州がそれぞれ十一州ずつで構成されていたが、そこにミズーリ州が二十三番目の州として加盟することになった。最終的にはミズーリ州は奴隷州となるのだが、そうなると奴隷州が自由州を上回り、奴隷制に関してアメリカ全体のバランスが崩れ、国が混乱することが危惧された。そこでアメリカは、ミズーリ州を奴隷州とする代わりに、マサチューセッツ州を分断して、新たにメイン州を作り、メイン州を自由州とすることで均衡を保つことにしたのである。奴隷制の問題がなければメイン州は存在しなかったことになる。アメリカの歴史は奴隷制問題を抜きにしては考えられないのである。

アメリカ経済の中心地、南部の微動だにしない盤石の奴隷制社会

民主主義国家を標榜するアメリカが奴隷制を推進していった背景には経済的な理由が大きい。一七九〇年には、南部の綿花生産高は年間わずか千トンだったが、一八六〇年には百万トンに達していた。それと比例するように奴隷の数も膨れ上がっていった。

奴隷の輸入は、一八〇八年に「奴隷貿易禁止法」が制定されて禁止となったが、綿花増産に起因する奴隷の密輸はその後も続いた。一八一六年から一八四〇年にかけて、先住民五部族の駆逐が行われ、その空いた土地にアフリカ人奴隷が百万人投入され、プランテーションが拡大していった。南部において、一七九〇年には五十万人だったアフリカ人奴隷は、一八六〇年までに四百万人に達した。白人の人口も一千万人を超え、プランターと呼ばれる二十人以上の奴隷を所有する農業経営者が五万人を超えた。しかし、そのうち、奴隷を百人以上所有する大プランターはわずか千七百人で、彼ら少数のエリートが南部における政治的権力を独占していた。アメリカ経済を潤す綿花栽培とその労働力としてのアフリカ人奴隷。アメリカ建国から百年、南部では奴隷制を前提とした社会体制がしっかりと根付いていた。

ハワード・ジンは「このような堅固に守られた制度

を終わらせるのは、全面的な奴隷の反乱か、全面的な戦争のどちらかが必要だっただろう」と述べている。戦争によってしか終わらせることのできないほど強固なシステム、それが南部の奴隷制だったのだ。

わたしは彼らが語るのを聞いたような気がした
この道にはライオンが待っていると
わたしはもうここにはいたくない
イエスのもとに逃れ、危険を避けよ！
イエスはわたしの親しい友人
最後までわたしを助けてくれるだろう
わたしはもうここにはいたくない

（スピリチュアル）

一日二十時間の過酷な奴隷の労働

朝四時に最初のベルが鳴らされる予定だが、三時半にベルを鳴らす奴隷主。奴隷たちは四時までに野良仕事に出る準備をしなければならなかった。ある奴隷主は、暗くなった後も畑を照らし、奴隷たちは深夜になるまで仕事をしなければならなかった。女性たちは野良仕事の後、次の日の朝食とランチの準備をしなければならなかった。このプランテーションの場合、奴隷の睡眠時間は三時間程度ということになる。

一日中働いているんだ
夜になっても
そして、夜明け前から起こされるんだ
（合唱）
いつになったら、神さまは、
わたしの叫び声を聞いてくださり

アフリカの子孫を
自由の身にしてくださるのだろうか

（スピリチュアル）

引き裂かれ、絶叫する家族

労役に加え、奴隷のアフリカ人にとって最大の恐怖が自分の家族が引き裂かれることだった。いつその大きな不幸が自分たちに降りかかってくるかわからなかった。だが、その日が必ずやってくることを知っていた。その日をじっと耐えるしかなかった。

アフリカからアメリカへ連れて来られた
哀れな奴隷たちを見よ
あなたも一緒に行かないか
わたしは奪われ、ジョージア州に売られた
さあ、ヨベルの年を称えよう

離ればなれに売られた妻や夫を見よ
彼らのこどもたちの絶叫する声が
わたしを悲しませる

もっといい日がやってくることもあるだろう
あなたも一緒に行かないか
もっといい日がやってくることもあるさ
さあ、ヨベルの年を称えよう

（スピリチュアル）

〈ヨベルの年とは、旧約聖書レビ記二五章に記された「五十年に一度やってくる解放の年」のこと〉

赤ん坊は母親の乳房からもぎ取られ、売られていった。母、父、妹、兄が何の前触れもなく売られていくときの絶叫。もう二度と会うことはできなかった。奴隷たちは羊のように売られていった。力づくでこどもたちが親から引き離され、いなくなってしまう、それが奴隷たちの歴史だった。

奴隷主が奴隷から唯一奪えないサウンド・オブ・フリーダム

日が暮れ、一日の苦役が終わった後の数時間、時間は奴隷たちのものとなった。いくつかの小さな集まりが奴隷小屋の外にでき、物語が聞こえてくる。夕食の後、奴隷たちは輪を作り、寝るまで話し込んだ。土曜日になると、それが歌になり、バンジョーやバイオリンの伴奏がつくようになる。奴隷たちには歌があり、音楽があった。非人間的に扱われてきた奴隷たちが人間性を取り戻す、生き生きとしたサウンド。それは「奴隷のアフリカ人がサウンドの主」になるときだった。そして、それは奴隷主が奴隷から唯一取り去ることのできないものだった。奴隷たちがサウンドの主になるとき、彼らは束の間の「自由」を経験することができたのだ。それは奴隷たちのサウンド・オブ・フリーダム（＝自由への叫び）だった。

そのサウンドにおいて、奴隷のアフリカ人の文化の特殊性、卓越性が顕著となる。「サウンドの主」となった奴隷たちは、現代アメリカにおいても「サウンドの主」だ。なぜなら、現代アメリカのすべての大衆音楽は、奴隷のアフリカ人とその子孫であるアフリカ系アメリカ人が生み出したサウンドを土台としているからだ。アフリカから持ち込んだ音楽性を継承しながら、奴隷たちは、独自の歌を創作し、歌った。奴隷制の経験という試練、苦難から派生してきた歌、ブルースだ。奴隷の掘建て小屋から聞こえてくるサウンドがブルースとなり、スピリチュアルとなり、やがてカントリー、ジャズ、ゴスペル、リズム＆ブルース、ロック、ヒップホップなどアメリカのすべての大衆音楽と繋がっていくようになると、いったい誰が想像し得ただろうか。

ワークソング――歌うことへの抑えきれない願望

一日中続くプランテーションでの労役。そうした苛酷な環境下にもかかわらず、奴隷たちには歌があった。奴隷たちが労役を耐えるための一つの方法、それが歌うことだった。

運河掘りは奴隷にとって最も危険で骨の折れる労役だった。多くの奴隷たちが湿地の中で死んでいった。夜、彼らは故郷の歌を歌い始める。故郷アフリカに向かって顔を向けながら、湿地の中を、水を切って進みながら、彼ら自身を取り戻すまで歌い続けた。奴隷のアフリカ人は、苦痛からの慰めを故郷の音楽の中に見出していたのである。

奴隷たちは、仕事を単なる静かで、孤独な労役とは考えていなかった。労役の最中、歌が共にあったからだ。八人の奴隷の漕ぎ手がコーラスを作り、ピッチに合わせてお互いにユニゾンでチャントを始めた。奴隷たちは彼らの仕事のビートに合わせて仕事をこなした。奴隷たちはボートを漕ぐときに歌を歌っただけでなく、タバコを植える時、綿花を摘む時、斧を使う時、洗濯する時、またさまざまな他の仕事をする時、歌を歌った。ある奴隷は「わたしたちは綿花を摘んでは歌い、歌っては摘んだ」と語っている。

こうしたワークソングは南部のプランテーションではほとんど制限することができなかった。港や数千の船や荷物置場には、奴隷たちによる力強い歌声が響き渡った。タバコオーナーは、奴隷の少年たちに歌うことを奨励した。歌いながらのほうが、彼らがよく働いたからだ。

仕事をしながら歌った奴隷たちは、家にいても、道を歩いていても、独りでも歌を歌った。どこにいて、何をしても、奴隷たちは歌っていた。奴隷が嬉しければ、その嬉しさは歌によって伝えられ、悲しければ、その悲しさは歌によって表現された。

歌うことへの抑えきれない奴隷たちの願望の根底にあるのは、歌と音楽が日々の生活の中で一体化していた西アフリカの伝統だと言われている。

キリスト教と聖書は奴隷を隷属化するための都合のよい道具だった

ヨーロッパ系移民たちは、自分たちの宗教と文化を広げるために、アメリカ先住民を征服し、アフリカ人を奴隷化することは正当化されると信じていた。そして、奴隷のアフリカ人がキリスト教へ改宗することがアフリカ人の奴隷化を正当化するものと考えた。奴隷のアフリカ人を服従させる道具、それが聖書だった。

聖書の中には、奴隷主にとってまことに都合のよいことばがあった。

「召使いたち、心からおそれ敬って主人に仕えなさい。善良で寛大な主人にだけでなく、無慈悲な主人にもそうしなさい」

(新約聖書　ペトロの手紙一・二章十八節)

「奴隷たち、キリストに従うように、恐れおののき、真心を込めて、肉による主人に仕えなさい」

(新約聖書　エフェソの信徒への手紙六章五節)

奴隷主が奴隷のアフリカ人の前に持ち出してきた宗教は、奴隷たちをコントロールするための精神的な枠組みとして押しつけられた「上からのキリスト教」だった。鎖と足枷は、アフリカ人を身体的に奴隷化するために用いられ、聖書は、アフリカ人を精神的に奴隷化するために用いられたのだ。

Anglican Church（聖公会）の宣教師は、洗礼を受ける際、奴隷に以下のような誓いを要求した。

> あなたは神と会衆の前で宣言する。あなたは洗礼を受けるとき、聖なるバプティズム（洗礼）を、あなたの奴隷の義務と従順からあなたを自由にするものと考えてはならない。あなたの生活は奴隷主のおかげだからだ。ただ、洗礼はあなたの魂に平安を与え、イエス・キリストの教会のメンバーとして神の恵みと祝福に与《あずか》るために授けられるのだ。

イエス・キリストによって救われたキリスト教の共同体はみな平等なはずだ。「奴隷も自由人もなく、男も女もない。あなたがたはキリスト・イエスにあって一つだからです」（新約聖書　ガラテヤの信徒への手紙三章二八節）。だが、アメリカにおいては、そのイエス・キリストの共同体のただ中に「主人と奴隷」の関係が温存される人種差別体制が厳然と存在したのである。

一九世紀半ばには、チャールズ・ジョーンズが『Making a Negro Christian : The Religious Instruction of the Negroes in the United States』という本を出版している。

「ニグロ（奴隷）をクリスチャンにするための教え」。ジョーンズは、三つのプランテーションを有する農園主で、牧師でもあった。この本は、奴隷主が奴隷をキリスト教徒化し、従順に手なずける宗教システムを効果的に活用するための教科書として、南部に広く流布していたようだ。奴隷主たちが奴隷制をより確固たるものにしていくために力を注いだのが、奴隷のキリスト教徒化、奴隷の精神的支配だった。

奴隷のアフリカ人のキリスト教への改宗は、自由意志ではなく、強制力を伴うものだった。ウィッピング・ポスト（Whipping Post ＝鞭打ちポスト）という柱がある。キリスト教に心を開かない奴隷のアフリカ人たちは、その柱に縛りつけられ、キリストへの愛と信仰を告白するまで鞭打たれたと言われている。誰も鞭打たれ、身体に激しい損傷を受けたり、半殺しにされたりしたくないので、「ご主人様、わたしはキリストさまを信じます」と言っただろう。

奴隷主はみな冷酷だったが、クリスチャンでない奴隷主はまだましだった。しかし、柱に縛りつけ、鞭打ちしてまでキリスト教への改宗を強要するクリスチャンの奴隷主は最悪だった。

当時、ウィッピング・ポストは珍しいものではなかった。それぞれ形状は違うものの、アメリカ南部のどの町にも設置され、奴隷のアフリカ人を鞭打って懲らしめるために用いられた。些細な過ちを犯したり、少しでも反抗心を見せたりした奴隷は残酷な鞭打ちの餌食となった。役場など町の中心部に設置された鞭打ち柱。これは身体的な懲罰だけでなく、奴隷たちに恐怖を植えつけて、彼らを精神的に支配し、服従させる役割を果たした。

ウィッピング・ポストを告発したオールマン・ブラザーズ・バンド

一九六九年、オールマン・ブラザーズ・バンドがデビューアルバム『The Allman Brothers Band』をリリースした。アメリカ南部の泥臭いブルースの影響を受けた「サザン・ロック」の代表的バンドだ。そのアルバムの中に、そのものズバリ「Whipping Post」という曲がある。

オールマン・ブラザーズ・バンドは、比喩的にウィッピング・ポストに縛りつけられて鞭打たれるような悲惨な思いを歌っているのだが、南部フロリダ出身の彼らにとって、奴隷を縛りつけ鞭打ったウィッピング・ポストは決して遠い過去のものではなく、彼らのデビューアルバムの一曲となるほど身近なものだったのだろう。彼らが意図していたかどうかはともかく、この曲は、アメリカ南部に広がっていたウィッピング・ポストの存在を世に知らしめ、婉曲的に、その残忍さと人種差別の醜悪さを告発することになったのだ。

画像9　1910年、デラウェア州のウィッピング・ポストに縛りつけられるアフリカ系アメリカ人
rarehistoricalphotos.com/whipping-post-photos/

洗礼による殺人を神は赦すか

ガーナで生まれ、後にアメリカのアラマバ州で育った作家ヤア・ジャシが二〇一六年に『Homegoing: A novel』（本訳書名『奇跡の大地』）を出版した。内容は次のようなものだ。

十八世紀、ガーナで生まれた二人の異母姉妹。一人はイギリス人の奴隷商人と結婚し、ガーナの奴隷貿易の牙城、ケープコースト城で豊かな生活をする。もう一人の姉妹は、捕獲され、同じケープコースト城に監禁された後、アフリカのゴールドコーストから、ミシシッピ州のプランテーションへ奴隷として売られていく。南北戦争を経て、ニューヨークのハーレムへ。そこで、七世代を経て、二人の子孫が出会うという壮大なストーリーだ。

本物語の中に、アフリカに派遣されていたMissionary（宣教師）の話が出てくる。この白人の男性宣教師は、現地の女性アクアを改宗させようとやっきになる。彼女のアフリカの風習や生き方を批判し、罪を悔い改めて、キリスト教に改宗するように迫る。アクアは母親アベナのことを知らなかったが、宣教師によると、アクアが生まれた後、死んだということだった。ある日、宣教師がアクアに、アベナの話をし始めた。

おまえの母、アベナは、悔い改めなかった
彼女は（結婚していないのに）妊娠して、
わたしの前にやってきた
彼女の罪だ

それでも、彼女は悔い改めなかった
罪の中でおまえを産んだことを

おまえが生まれた後、
わたしはアベナを川へ連れていって、
バプテスマ（洗礼）を授けようとした
彼女は抵抗した
わたしは力づくで連れていった
彼女は森を通って川まで行くとき、
もがいて抵抗した
わたしが彼女の顔を水の中に沈めたとき、
彼女はもがいた
（川で行う洗礼は、罪に死に、命に蘇る象徴として、洗礼を授ける牧師が、洗礼者の顔を一旦水の中に沈め、浮き上がらせる儀式）
彼女は、もがいて、もがいて、もがいて、
動かなくなった
わたしはただ彼女を悔い改めさせたかっただけだ
悔い改めさせたかっただけだ

（アクア）母の死体はどこにあるの？
彼女の死体を森で焼いた
彼女の持ち物と一緒に焼いた
神はわたしを赦してくださる！
神はわたしを赦してくださる！

力づくの洗礼。洗礼による殺人。神は宣教師を赦してくださるのだろうか。もしそうであれば、宣教師の神は、アフリカ人にとってもはや神ではなく、悪魔である。そんな悪魔の申し子のような宣教師たちによって、いったい何人のアフリカ人が犠牲になったのだろうか。奴隷商人たちと連動して、アフリカに宣教師を送り、アフリカ人を精神的に支配、隷属させようとした白人キリスト教の狂気が垣間見える。アフリカにおいて、現地のアフリカ人が宣教師の強制的な教えを拒否したように、アメリカにおいても、奴隷のアフリカ人は白人の牧師や奴隷主のキリスト教化のための強制的な教えを嫌悪し、拒絶していくのだ。

パウロ書簡を読まない理由——押しつけられたキリスト教への激しい反発

ボストン大学やハワード大学などで教鞭を執ったアフリカ系アメリカ人の偉大な神学者、ハワード・サーマン博士が、少年時代の祖母との交流について語っている。

少年時代、わたしの世話をしてくれた祖母は、南北戦争が終わるまで、奴隷としてフロリダのプランテーションで働いていた。わたしの仕事は彼女に本を読んであげることだった。祖母は読み書きができなかった。週に二～三回、わたしは祖母のために聖書を大きな声で朗読した。信仰深い祖母はそれを何よりの楽しみにしていた。祖母は、旧約聖書の詩編やイザヤ書、新約聖書の「福音書」が好きで、何度も読んであげた。でも、パウロ書簡（新約聖書の中の使徒パウロが書いたといわれる複数の手紙）だけは決してわたしに読ませなかった。

大学生になった頃、わたしは祖母に「なぜ、ぼくにパウロ書簡だけは読ませなかったの」と聞いてみた。そのときの祖母の返答をわたしは忘れることができない。

わたしが奴隷だったとき、農園主の雇った白人牧師がときどき奴隷を集めて礼拝をしたのよ。その白人の牧師は、少なくとも、年三～四回、パウロ書簡の中の一節「奴隷たち、キリストに従うように、恐れおののき、真心を込めて、肉による主人に仕えなさい」をわたしたちの前で読んだわ。そして、わたしたちが奴隷であることが神の意志であり、わたしたちが良い、幸せな奴隷なら、神はわたしたちを祝福してくださると説教したのよ。わたしはそのとき、もし将来奴隷から解放され、字が読めるようになっても、二度とパウロ書簡を読むまいと神に誓ったのよ。

(Jesus and the Disinherited, Howard Thurman)

「パウロ書簡」とは、使徒パウロが書いたいくつかの手紙で、新約聖書の半分を占める。そこには「奴隷たるものよ、主にあって主人に仕えなさい」など、奴隷制を肯定するような記述が含まれている。字の読めない多くの奴隷は、解放された暁には自分で聖書を読みたいと念願していた。しかし、同じ聖書でも、「パウロ書簡」だけは死んでも読まない。押しつけられた聖書のことばは絶対に読まない。ハワード・サーマンの祖母の激しい怒りは、当時の奴隷のアフリカ人たちの白人キリスト教に対する態度を代表している。

奴隷からの解放を促す、「下からのキリスト教」

白人農園主からの強制的なキリスト教徒化に対して激しい反発をしたにもかかわらず、奴隷のアフリカ人たちはキリスト教を信じるようになっていった。それは聖書を自分たちのものにしていったからだ。奴隷のプランテーションに白人農園主が持ち込んだ聖書には「奴隷たる者よ、キリストに従うように、主人に仕えなさい」と奴隷に対して主人への服従を促すような箇所がいくつかあったが、逆に、奴隷の解放、自由への希望を抱かせる箇所も豊富にあったのだ。

旧約聖書の「出エジプト記」がそれにあたる。聖書によると、神の民イスラエルは強国エジプトの前に奴隷とされ、四百年もの間、苛酷な奴隷生活を強いられた。だが、神は、神の使者モーセを派遣し、イスラエル民族のExodus（出エジプト）を成し遂げ、イスラエル民族は奴隷の縄目から解放されるのだ。これは旧約聖書において、神がイスラエルにもたらした最大の救いである。このイスラエル民族の出エジプトの壮大なストーリーは、聖書に書かれている通りではないにしろ、何らかの歴史的事実に基づいている。ユダヤ人（イスラエル民族）は、今でも毎年、最も重要な宗教行事として「過越《すぎこし》の祭《まつ》り」を行い、遠い昔、奴隷だった先祖たちがエジプトから解放された救いの出来事を思い起こし、神に感謝するのだ。今でも「出エジプト」が全世界に住むユダヤ人の共通のアイデンティティなのである。

奴隷のアフリカ人たちにとって、これほどすばらしい心躍るストーリーはなかった。奴隷のアフリカ人たちは、奴隷のイスラエル民族の苦しみに自らの苦難を重ね合わせ、奴隷のイスラエル民族の出エジプトと奴隷からの解放を、自らが奴隷から解放される未来に重ね合わせたのだ。そのとき、聖書の過去の物語が、奴隷のアフリカ人の物語としてドラマティックに現在化した。聖書は俄然、奴隷のアフリカ人の希望の書となった。

おお、カナン、すばらしいカナン
わたしは乳と蜜の流れるカナンの地に向かっている
（カナンは聖書では神の約束の地だが、ここでは「北部」を暗示している）

おお、主（神）は
ダニエルをライオンの穴から救い出された
ヨナを鯨の腹から救い出された
ヘブライ人のこどもたちを
燃える炉から救い出された
どうしてわたしを救い出せないことがあるだろうか
（スピリチュアル）

奴隷のアフリカ人たちは、「上から押しつけられたキリスト教」を拒否しつつ、「下からのキリスト教」「解放のキリスト教」を自分たちのものとしていった。彼らは、キリスト教の理想や神の意志が奴隷制の現実とは正反対のものであることを知っていた。奴隷制を存続させる白人たちは罪人であり、すべての奴隷主は神の裁きを受けるのだと。奴隷のアフリカ人にとって、キリスト教は、奴隷制を正当化する白人への「抵抗の宗教」となったのだ。

スピリチュアル（霊歌）——ブルースとキリスト教が結びついた最強の音楽文化

奴隷のアフリカ人のブルースとキリスト教の聖書が結びついたとき、奴隷のプランテーションで Spiritual（スピリチュアル）が生まれた。スピリチュアルは、昔は、Negro Spiritual（ニグロ・スピリチュアル＝黒人霊歌）と呼ばれていた。当時、Negro は「ニグロ＝奴隷」の呼称だったので、正確に訳せば「奴隷霊歌」ということになる。時代が変わり、「ニグロ」が「奴隷」と同義語だったことから、この言葉が削除され、スピリチュアルと呼ばれるようになったのだろう。

スピリチュアルは、奴隷のアフリカ人のブルースとキリスト教が結びついた奴隷の宗教音楽であり、Gospel（ゴスペル）は、奴隷解放後、自由人になったアフリカ系アメリカ人が教会を母体にキリスト教の信仰を歌った音楽ということになる。しかし、スピリチュアルがゴスペルの土台であり、実際に自由人になった現代のアフリカ系アメリカ人がゴスペル音楽としてスピリチュアルを歌っている。歌う主体が「奴隷」から「アフリカ系アメリカ人」に変わっただけで、両者はほぼ同義である。

聖書を読める奴隷が少なかったため、奴隷たちは、聖書やキリスト教信仰をスピリチュアルから学んだ。スピリチュアルは、旧約聖書の創世記の「アダムとイブの物語」から、新約聖書の最後にある「ヨハネの黙示録」に至るまで、聖書のストーリーを生き生きとした歌にしていった。また、白人プロテスタント教会の賛美歌とアフリカの音楽のスタイルをミックスして、パッチワークのように色とりどりの歌を創作していった。スピリチュアルは、そのストーリー性のある歌詞を通して、奴隷のアフリカ人の価値観、生き方、感性を聞き手に伝えていった。聞き手は、そのスピリチュアルを継承し、また次の世代に伝えていった。スピリチュアルによって表現される歌や物語が奴隷のアフリカ人のコミュニティ意識となっていったのだ。たとえ、将来、彼らがそのコミュニティから離れても、スピリチュアル、すなわち、コミュニティで歌った歌を歌い、物語を語ることで、自分たちのアイデンティティを失うことはなかった。

スピリチュアルは、歌われるだけでなく、奴隷たちが手拍子し、足を踏みならし、頭を揺り動かすなどの身体の動きを伴うものだった。スピリチュアルは、奴隷たちが輪になり、反時計回りに跳ね回る「リング・シャウト」で頂点に達した。西アフリカから持ち込まれたリング・シャウトは、輪になって踊る奴隷たちに宗教的恍惚状態をもたらし、彼らの文化的記憶を呼び覚まし、共同体意識や連帯感を一層高めた。

アフリカ系アメリカ人の神学者ジェイムズ・H・コーンは、スピリチュアルとブルースが奴隷のコミュニティの最も重要な文化的表現であったと語っている。スピリチュアルは、奴隷制の束縛と抑圧に対する精神的、社会的抵抗の表現であり、これを歌い継ぐことにより、彼らはアフリカ人としてのアイデンティティと自尊心を維持することができたのである。

奴隷のアフリカ人たちが、白人の抑圧から生き延びるために創り上げた独自の文化共同体と、そこから産み出された力ある歌とサウンド。奴隷として束縛され、自由の全くないプランテーションで、それにもかかわらず、奴隷のアフリカ人たちがその困難な状況を克服し、主体的に共同体を形成し、確固たる文化を創造することができたことは驚きだ。

ブルースとスピリチュアル。奴隷のアフリカ人たちのサウンド・オブ・フリーダム（＝自由への叫び）は、プランテーションという暗黒の世界のただ中に響き渡ったのである。

コール＆レスポンスの起源は奴隷文化にあった

一九九三年に封切られ、日本でゴスペルブームの火付け役となった映画『Sister Act 2: Back in the Habit』（天使にラブソングを2）の中で、高校生たちによって「Oh Happy Day」が歌われる。原曲は十八世紀にイギリス人の牧師が作詞した賛美歌で、一九六七年、アフリカ系アメリカ人のゴスペル・シンガー、エドウィン・ホーキンス・シンガーズがゴスペルソングにアレンジしてリリースし、当時のゴスペルソングとして空前のヒットとなった有名な曲だ。この曲は、リードボーカルが歌い、コーラスがそれに応える、典型的なコール＆レスポンスの形式で歌われている。リードボーカルの少年が歌うと、高校生のコーラスがそれに応える。

コール＆レスポンスといえば「Oh Happy Day」、「Oh Happy Day」といえばコール＆レスポンスを印象づけたゴスペルソングだ。実際に体験してみたらわかるが、コール＆レスポンスがあるからゴスペルソングを歌うのが楽しいのだ。ゴスペルの一体感と高揚感は、このコール＆レスポンスから生まれる。

「Oh Happy Day」に代表されるようなコール＆レスポンス、それは奴隷のプランテーションから始まった。それは奴隷のアフリカ人が西アフリカから持ち込んだアフリカ人特有の文化だった。さまざまな事柄の伝達の手段として、奴隷のプランテーションにコールがこだまし、奴隷たちはそれに応えた。プランテーションの野良仕事。誰かが朗々と歌い始めると、周りの奴隷たちも一斉にコーラスでそれに応えた。それは一日中続いた。

一八五〇年代、ノース・カロライナ州のプランテーションで、トウモロコシの収穫祝いがあり、奴隷のリーダーがコールすると、三百人もの奴隷たちが膨れ上がるような圧倒的なコーラスでそれに応えた。また、あるアフリカ系アメリカ人は、一八八〇年代、リーダーが声を上げ、集まってきた四百人のアフリカ系アメリカ人たちが壮大なコーラスでそれに応えたときのうきうきした雰囲気を伝えている。奴隷のプランテーションには、度肝を抜くような圧倒的なコール&レスポンスが響き渡っていたのだ。遠い昔、奴隷のプランテーションにこだましたコール&レスポンスは、今や、ゴスペル、ジャズ、リズム&ブルース、ポップス、ヒップホップ、そして、J-POPにおいてさえも、これ抜きには音楽が成り立たないほど必要不可欠な要素として継承され、用いられている。

年を取った白人の牧師は、
口先だけで話すのが常だった。
だが、イエスはわたしたち奴隷に心の底から話すように教えている。
白人はわたしが感じるようには感じなかった。
彼らは神と交わってはいなかったから。
わたしたちには白人の説教師がいた。しかし、わたしたちに黒人の説教師がいたときは、
それは天国のようだった。

奴隷の説教師もまた奴隷のコミュニティの重要なリーダーだった。奴隷の状況に深く関わり、奴隷の喜怒哀楽を自らも体験し、奴隷のアフリカ人の価値観や生き方をよく知っている人間が説教師としてコミュニティに語った。説教師の説教（コール）に対して、コミュニティは熱く応答（レスポンス）した。説教師はコミュニティの集会や礼拝の場で、リズムある話しぶりで歌を歌うように語った。最初は穏やかに、ゆっくりと話し始め、次第に速く、話が熱を帯びてくる。すると興奮した会衆が「アーメン（その通りです）」、「そうだ、そうだ」「感謝します」、「オー、イエス、神に栄光」と叫んで、それに応える。会衆の熱狂的なレスポンスは、説教師の説教を更なる霊的な高みに引き上げていく。こうして説教師と会衆の熱を帯びたコール&レスポンスが続き、宗教的興奮がピークに達する。最後にエモーショナルな絶頂を迎えた説教師が踊り出し、会衆の歌や手拍子や叫びと渾然一体となるのだ。
奴隷の説教師の説教は、白人教会で白人牧師が原稿

に書いたものを読み上げるような一方通行のものではなかった。説教師と会衆との熱く、真剣な対話だった。あらかじめ原稿に書いた説教など意味をなさなかった。会衆との掛け合いの中で、その場の雰囲気に触発され、即興で心の底から湧き上がってくることばに力があったのだ。礼拝や集会の場で、傍観者である奴隷は誰もいなかった。説教は、説教師の説教（コール）だけでは成り立たないものだった。会衆のレスポンスがあってはじめて完結するのだ。

「黒人の説教師がいるときは、それは天国のようだった」。説教師と会衆とのコール＆レスポンスによって、奴隷のアフリカ人たちのコミュニティは天国にいるような高揚感、「束の間の自由」を体験したのである。

一九九五年、わたしがカリフォルニア州の San Francisco Theological Seminary（サンフランシスコ神学大学）のドクターコースで学んでいたとき、学友にアフリカ系アメリカ人のテリー牧師がいた。彼は、カリフォルニア州ヴァレーホにあるアフリカ系アメリカ人の教会で副牧師をしていた。

ある日曜日、家族で彼の教会の礼拝に出席した。わたしが日本人の牧師だとわかると、主任牧師から「おお、テリーの友人で、日本人の牧師さんですか。ようこそ。ここに上がって来てください」と、すぐに講壇の上に招かれ、礼拝中ずっと講壇の上に座らされた。しかも、いきなり「何かメッセージを」と言われ、冷や汗をかきながら、しどろもどろになって何かしゃべった記憶がある。それでも、礼拝に出席していた百人以上の会衆は、わたしの一言一言のメッセージに「アーメン」「アーメン」と何度も拍手と相づちで応えてくれ、次第にわたしの心も高揚していき、最後はけっこう力強いことばで締めくくったのだった。これが所謂アフリカ系アメリカ人の教会の牧師と会衆の「掛け合い」だ。アフリカ系アメリカ人の教会では、牧師のメッセージ一言一言に会衆が熱く応答する。すると会衆の応答に高揚して、牧師のメッセージに力がこもる。すると会衆はますます熱く応答する。さらにヒートアップする牧師のメッセージ。そのような牧師と会衆の掛け合いの中に生き生きとしたキリスト教信仰が現れるのだ。これは、奴隷時代から、奴隷のアフリカ人とその子孫アフリカ系アメリカ人に継承されてきたコール＆レスポンスそのものだった。テリー牧師の働くアフリカ系アメリカ人の教会を訪ねたことで、日本人牧師のわたしも、思いがけず、そのコール＆レスポンスの高揚感の中に放り込まれる体験をさせてもらったのだ。

奴隷制に浸透する独特なキリスト教死生観――くびきからの解放としての死

二〇〇三年の映画『The Fighting Temptations』の中に、アフリカ系アメリカ人の教会で行われる葬式のシーンがある。アフリカ系アメリカ人の女性サリーが亡くなり、教会に人々が集まっている。クワイアをバックに、ゴスペル・シンガーのシャーリー・シーザーが歌い始める。

教会は悲しみにくれている。（コーラス：教会は悲しみにくれている）。また一人、神の兵士があなたの許に帰っていった。わたしたちの心は悲しみでいっぱいだ。そう歌ってサリーの死を悼む。だが、シャーリー・シーザーは、一転、ハレルヤ（神を賛美せよ）と叫んで、サリーが天国に凱旋することを感謝し、喜ぶのだ。

「まことの神のソルジャーが、今、神の許に凱旋するのよ！　ウォー！」と賛美をリードするシャーリー・シーザーの絶叫に引き摺られるように、クワイアと会衆が立ち上がり、叫び、踊り、およそ教会の葬式のシーンとは思えないような、大ゴスペル大会が繰り広げられ、教会はサリーの亡骸を前にして興奮のるつぼと化すのだ。このシーンは、奴隷時代の奴隷のアフリカ人たちの死と天国の強い結びつきを彷彿とさせる。

あなたを濡らす雨はもう降らない、ハレルヤ
あなたを焦がす太陽はもはや照りつけない
どんな苦しみも、もう存在しない
（奴隷主に）鞭打たれる音も聞こえない
天国にはどんな悪人もいない
天国ではすべてが楽しいから

わたしたちが天国で会うとき
そこにはもう別れなどない
わたしたちが天国で会うとき
もう二度と別れることはないのだ

（スピリチュアル）

わたしは天国に行ったら、楽になる
わたしも神様も、好きなことができる
神様とお話しし、
イエスさまとおしゃべりできるんだ
わたしがここに来る前にいたこの世のことを
イエスさまに話すんだ

（スピリチュアル）

この人生はすぐに終わる。天国はいつも続く。
（『カラー・パープル』アリス・ウォーカー）

奴隷のアフリカ人たちは、死者が天国で苦役から解放されることを信じていた。いつ果てるともなく続く奴隷制。その抑圧と虐待が続く限り、自由は天国においてしか実現されることはないのだ。奴隷主の暴力から自由になれる唯一の安住の地が天国なのだ。だから、奴隷たちは近親者の死に際し悲嘆にくれるが、天国で必ず再会できるという希望が悲しみを和らげた。奴隷が死んだら、ついに自由になり、天国に帰ったことを神に感謝するのだ。奴隷制の苦しみが終わる天国。それが奴隷たちの共通の理解であり、希望だった。

奴隷のアフリカ人が死ぬと埋葬が行われたが、映画『ファイティング・テンプテーションズ』に描かれているように、それは静かで厳粛なものではなく、むしろ賑やかなものだった。葬式の最後には会葬者である奴隷たちには笑いがあった。葬式は、悲嘆から喜びへ、悲劇から解放へ、生き生きとした音楽と踊りの波へと移行していった。棺を墓まで運ぶ葬送では、奴隷たちはさまざまな楽器を演奏し、スピリチュアルを歌った。

一八三五年、サウス・カロライナ州チャールストンでは、週に数回、奴隷の葬式があり、それに伴う葬送には三百人から五百人もの奴隷たちと、その他の騒々しい奴隷たちが行進に加わり、そのあまりの騒音に周辺住民が苦情を申し立てるほどだった。

死者を天国に送り出す奴隷のアフリカ人たちのスピリチュアル、それは奴隷の苦しみから解放され、天国へと凱旋する死者を祝う、賑やかなサウンド・オブ・フリーダムだったのだ。

第六章

人種差別主義者リンカーンによる奴隷解放

わたしは、直接的にであれ、間接的にであれ、すでに存在している諸州の奴隷制度に干渉するつもりはありません。わたしには干渉する法的権利がありませんし、実際に干渉するつもりもありません。

（エイブラハム・リンカーン　第一回大統領就任演説）

リンカーンは人種差別主義者だった

わたしがミシガン州ホランドにある改革派のWestern Theological Seminary（ウエスタン神学大学）で学んでいたとき、娘は小学校一年生で、近くにあるリンカーン小学校に通っていた。もちろん、リンカーン大統領を記念してつけられた名前だ。リンカーン小学校はアメリカのほとんどの町にある。エイブラハム・リンカーンといえば、奴隷解放だ。アメリカの歴史に残る偉業を成し遂げたリンカーン大統領を称え、アメリカ全土は彼の名前を冠した学校で溢れている。

奴隷を解放したリンカーン大統領。だが、彼は皮肉なことに「奴隷を解放した人種差別主義者」だった。一八五八年、リンカーンはイリノイ州上院議員選挙戦で次のように語っている。

わたしはどのようなやり方であっても、白人種と黒人種の社会的、政治的平等をもたらすことに賛成ではありません。黒人を有権者とか陪審員にすることにも、黒人に官職を保有する資格を与えたり、白人と人種間結婚する資格を与えたりすることにも賛成ではありません。

大統領になる直前に、こんな人種差別主義丸出しの発言をした人物が、なぜ奴隷解放を成し遂げたのか、不思議でならない。

一八六〇年、リンカーンが共和党から大統領に選出されたとき、アメリカ合衆国は分裂し、アメリカ南部に新しい連合国家が誕生した。翌一八六一年二月、リンカーンの大統領就任を契機に、北部の経済的膨張が南部にも及ぶことを懸念したサウス・カロライナ州、ジョージア州、フロリダ州、アラバマ州、ミシシッピ州、ルイジアナ州の南部六州が連邦から分離し、独立国家「Confederate States of America」(南部連合)を結成したのだ。その後、テキサス州、バージニア州、ノース・カロライナ州、テネシー州、アーカンソー州も南部連合に加わった。

リンカーンにとって、これほど屈辱的で危機的なことはなかっただろう。自分が大統領になった途端に国が分裂する。もし自分がリンカーンの立場に立たされたら、誰でもアメリカの分裂を阻止しようとしただろう。こうしてアメリカの内戦、南北戦争が始まった。リンカーンにとってこの内戦は、奴隷制など南部諸州の既成制度の諸権利を覆したり、それに干渉する目的で行われるものではなく、連邦を維持するための必死の武力行使だったのだ。

リンカーンは、一八六一年三月の第一回大統領就任演説で、南部諸州の奴隷制維持を強調した。

この戦争でのわたしの至高の目的は連邦を救うことであり、奴隷制を救ったり、あるいは破壊したりすることではありません。もしわたしが一人の奴隷も解放することなく連邦を救うことができるならば、わたしはそうするでしょう。またもし、すべての奴隷を解放することによって連邦を救うことができるならば、わたしはそうするでしょう。

実際はそうならなかったが、リンカーンは一人の奴隷も解放しないでアメリカの分裂を防ぐことができたら、喜んでそうしたのである。

リンカーンの奴隷解放宣言は「もし戦争を続けるなら、おまえたちの奴隷を解放するぞ」という南部連合への脅しだった

リンカーンが奴隷制に反対する行動を取り始めたのは、戦争が激化し、北部軍隊の死傷者が増え、内戦が泥沼化していったときだった。一八六二年九月、リンカーンは「奴隷解放予備宣言」を発布した。

一八六三年一月一日に、合衆国に対して反乱状態にある州あるいは州の指定地域内で奴隷として保有されているすべての人は、この日以降、永遠に自由となる。

これは一つの軍事的な処置で、南部に四か月の猶予期間を与えて反乱をやめさせ、もし戦争を継続するならば彼らの奴隷を解放するぞという脅しだった。

この奴隷解放宣言が出されたとき、それは、連邦に対してまだ戦闘状態にあった地域の奴隷の解放を宣言し、連邦軍の戦線の後方の奴隷、つまり北部側につく州の奴隷制には手をふれないことを保証したものだった。その原理は「人間は他の人間を正当に所有できないというものではなく、人間は合衆国に忠誠を尽くさないかぎり他の人間を所有できない」というものだったのだ。

奴隷解放予備宣言を発布した一八六二年、リンカーンは、解放されて自由人となる奴隷の一部を海外に移住させる希望を抱いていた。南北戦争が終わりに近づいた頃、リンカーンは、ワシントンＤＣの奴隷を解放する法案に、自由人となる奴隷のアフリカ人のハイチとリベリアへの自主的な移住を促す巨額な予算を盛り込んだ。さらに同年、ホワイトハウスにアフリカ系アメリカ人の要人たちを呼び、解放される奴隷のアフリカ人たちの海外への移住計画を支持してくれるよう要請した。

あなたがた奴隷のアフリカ人たちはひどく苦しんできた。

しかし、わたしたち（白人）も、あなたがたが存在することで苦しんでいる。

すなわち、わたしたちはお互いに苦しんでいるのだ。
この移住計画が認められる十分な理由、それは「わたしたち白人と奴隷のアフリカ人（アフリカ系アメリカ人）は分離すべきだ」ということだ。

リンカーンにとっては、奴隷のアフリカ人（アフリカ系アメリカ人）を海外移住させることは、彼らを奴隷から解放するのと同じくらい重要なことだった。リンカーンのこの態度は彼独自のものではなく、アメリカの白人の考えを代表するものだった。トーマス・ジェファーソンは「黒人奴隷は、解放後、一定の技術をさずけて、外地に植民させ、独自の国家をつくらせる」と語り、黒人を排除した合衆国建設のビジョンを持っていた。実際に、自由になった黒人を国外移住させ、アメリカを白人共和国にしようという動きが活発になった一八一六年、アメリカ植民協会がアフリカのリベリア植民を行っている。ジェファーソンから引き継がれたリンカーンのこの分離主義は、奴隷解放の後にやって来る人種隔離政策、白人とアフリカ系アメリカ人の完全分離の時代を予兆させる。

Stomp! 足を踏み鳴らそう！——響き渡る解放の喜び

リンカーンの打算的な動きとは裏腹に、南北戦争の開始以来、南部の奴隷たちは自由になる日が近いことを察知し、希望に胸を膨らませた。奴隷たちにとって、リンカーンは半ば「神」だった。連邦軍は「キリストの兵士」であり、奴隷主には最後の審判が下されたのだ。南部には奴隷たちの喜びの歌、サウンド・オブ・フリーダム、自由への叫びが響き渡った。

ありがとう、主なるイエスさま、ありがとう
ありがとう、主なるイエスさま、ありがとう
天国が我家になるのだ
奴隷の鎖はもはやわたしを縛りつけない
もう追い立て役奴隷が
わたしを仕事に駆り立てることもない
イエスさまが奴隷の鎖を壊される
奴隷の鎖を打ち砕く主よ
奴隷の鎖を打ち砕く主よ
天国が我家になろうとしている

（スピリチュアル）

（老女が歌い始める）
もう売られることはない、今日は
もう貸し出されることはない、今日は
もうシャツを剝がされることもない、今日は
自由を踏みならすのだ、今日は
足を踏みならそう、Stomp it down!

（スピリチュアル）

（周りの奴隷たち全員）
自由を踏みならそう、今日は
足を踏み鳴らそう
自由を踏みならそう、今日は
足を踏み鳴らそう、Stomp down Freedom!

（スピリチュアル）

手を叩き
足を踏み鳴らせば
神の愛は非常に深くなる

一九九七年、ゴスペル・シンガーのカーク・フランクリンは、アルバム『God's Property from Kirk Franklin's Nu Nation』を発表した。その中に大ヒットした「Stomp」がある。

二十世紀末、試練に苦しむ一人のアフリカ系アメリカ人がイエス・キリストと出会い、束縛されていた心が解放される。彼はイエスによって得た人生の勝利を喜び、足を踏みなして歌い、踊るのだ。

百三十年の時空を超えて、南北戦争の勝利と奴隷解放という自由を勝ち取った奴隷のアフリカ人たちの歓喜と、二十一世紀を前にして人生の勝利を勝ち得たアフリカ系アメリカ人の喜びがStompで結び合ったのだ。解放と自由の喜びをStomp、足を踏み鳴らして表現する奴隷のアフリカ人のスピリチュアルは、今でも、現代のゴスペル音楽を創造するアフリカ系アメリカ人のDNAの中にしっかりと継承されているのである。

リンカーンの思惑を超えて、奴隷制は終結へと向かった

奴隷解放宣言は、リンカーンの打算の産物であった

にもかかわらず、歴史の趨勢《すうせい》は奴隷制終結へと向かった。これにより、奴隷制反対勢力が勢いづき、一八六四年の夏までに奴隷制を終結させる立法措置を求める署名が四十万筆も集められ、連邦議会に送られた。四月に連邦上院は奴隷制の終結を宣言した憲法修正第十三条を採決し、一八六五年一月には下院もこれを採決し、アメリカの奴隷制の歴史にピリオドが打たれたのである。

こうして、奴隷制を否定する倫理観を持たず、むしろ奴隷に対する人種差別的発言を連発した「人種差別主義者リンカーン」が、皮肉にも奴隷を解放した良心的な大統領として後世に名を残すこととなったのである。

アメリカは、結局、奴隷制を話し合いで解決することができなかった

南北戦争では、両軍で六十万人の死者を記録した。当時の人口を三千万人とした場合、五十人に一人が死んだ勘定になる。アメリカはその後、他国を侵略することはあっても、自国を舞台にした戦争を経験していないので当然なのだが、南北戦争は、アメリカの歴史上、最大の死者・死傷者を出した悪夢の戦争だった。アメリカはそれだけの代償を払って、やっと奴隷制に終止符を打つことができたのだ。いや、アメリカは、結局、奴隷制を話し合いによって終わらせることができなかったと言った方が正確だろう。戦争によってしか奴隷制を解決できなかった国、それがアメリカという国の真相だ。

話し合いによって、みんなが納得して決めたのではなく、戦争によって無理矢理に終結させた奴隷制なのだから、法律は変わっても、多くの人の心は変わっていなかった。それが、奴隷解放後の人種隔離政策という、奴隷制に勝るとも劣らない醜悪なアフリカ系アメリカ人への差別体制に如実に表れてくるのだ。

リンカーンが行った奴隷解放は真の「解放」ではなかった

一八六五年、奴隷制の廃止が議会で採択されたが、元奴隷のトマス・ホールはそれを喜んでいるようには思えなかった。奴隷から解放されたことを喜ぶどころか、むしろ彼は自分を奴隷から解放してくれたリンカーンを痛烈に批判した。

リンカーンはわれわれを解放したとして称賛を博したが、はたして彼は解放したのであろうか。彼はわれわれが一人立ちして生活する機会を全く与えずに、われわれに自由を与えた。そして、われわれは依然として、仕事と食糧と衣服を得るために、南部の白人に依存せねばならなかった。それなのにリンカーンは、必要や欲求とは無関係に、われわれを奴隷制よりほんのわずかしかましでない隷属状態においたのだ。

奴隷解放後のアフリカ系アメリカ人（ここから奴隷のアフリカ人の身分はアフリカ系アメリカ人になる）は、解放後の自分たちの境遇が、働くための土地を自分たちが所有できるか、それとも小作農になって半奴隷状態に留まるかにかかっていることを理解していた。だが、実際は、放棄されたほとんどのプランテーションは、元の農園主や北部から来た白人が独占し、解放されたアフリカ系アメリカ人たちは小作農とされ、プランテーションに閉じ込められ、搾取されることになるのだ。

どうかリンカーン大統領に、おれたちは土地がほしいと伝えてください。この土地はおれたちが血と汗を流して耕した土地なのです。おれたちは望むだけ買えたはずなのに、やつらはおれたちを締め出したのです。リンカーン大統領はこう言っていました。おれたちは土地をもらえて、それを所有することができ、そこで農業ができるようになると。おれたちが十エーカーか二〇エーカーの土地を所有できるようになるのを、リンカーン大統領が見守ってくれる、そう約束していたんだ。おれたちは大喜びで、杭を打って境界線を定め、台帳まで作成したんだ。だが、種まきの季節が来る前に、役人が土地を全部白人たちに売ってしまったんだ。リンカーン大統領はどこにいっちまったんだ。

（Chapter 9: Slavery Without Submission, Emancipation Without Freedom, A People's History of the United States, Howard Zinn, The New York Press）

リンカーンは奴隷を本当の意味で解放したのではなかった。アフリカ系アメリカ人を「奴隷制よりもほんのわずかしかましでない隷属状態においた」だけだった。奴隷のアフリカ人とその子孫アフリカ系アメリカ人たちの解放の名の下での社会的、経済的隷属化。それが、リンカーンが奴隷のアフリカ人に対して行ったことの真相だった。

その年、リンカーンは暗殺された。リンカーンは暗殺されたことで、奴隷解放後の「自由の名の下でのアフリカ系アメリカ人の隷属化」の責任を免れ、「奴隷解放の立役者」としての名声を保持できたのかもしれない。

心理戦に勝利した南部――アフリカ系アメリカ人を徹底的に劣等化するプロパガンダ

南北戦争後の約十年間（一八六五年から一八七七年）は、Reconstruction Era（リコンストラクション）と呼ばれ、奴隷から解放されたアフリカ系アメリカ人にとって希望の年だった。リコンストラクションは、解放されたアフリカ系アメリカ人にとって、市民権、所有権、そしてアフリカ系アメリカ人の政治的パワーの獲得などが約束された、まさに革命的な時期だった。一八七二年には上院議員を含む七人の国会議員を輩出するなど、アフリカ系アメリカ人の社会的進出の機運が高まった。だが、リコンストラクションは、奴隷解放を許した白人たちの逆襲の始まりのときでもあった。

わたしは、アメリカの奴隷制の最大の悪は、奴隷のアフリカ人の隷属化と強制労働ではなかったと思っている。アメリカの奴隷制の本当の悪は、白人がつくり出した、奴隷制を正当化する情報操作にある。白人は、White Supremacy（白人至上主義）とそれに伴う奴隷のアフリカ人の劣等性のプロパガンダという、合衆国憲法の理念と相容れない理念をつくり上げた。それは、すべての人間を公平に正しく扱うという民主主義の責務と相容れないものだ。白人は、白人至上主義という思想の下、他の人種の人々を隷属化させることを正当化している。奴隷制は一八六五年で終わったのではない。奴隷制は（巧妙に形を変えて）進化しただけだ。北軍は南北戦争に勝利した。しかし、南軍は「心理戦」に勝利したのだ。

(Bryan Stevenson ブライアン・スティーブンソン)

白人の逆襲を喰らったリコンストラクションは、痛々しいほど短命に終わった。リコンストラクションを潰しにかかった爆発的な白人至上主義のプロパガンダが、メディアや新聞、雑誌、アート、絵画など、あらゆる手段を通して大量に垂れ流され、アフリカ系アメリカ人を徹底的に劣等化し、貶《おとし》めた。こうして、アフリカ系アメリカ人を科学的、文化的、知的、芸術的に差別し、劣等化する「人種の概念」が確立され、それに伴うようにアフリカ系アメリカ人に対する暴力とリンチが頻発するようになるのだ。

(Stony the Road: Reconstruction, White Supremacy, and the Rise of Jim Crow, Henry Louis Gates, Jr.)

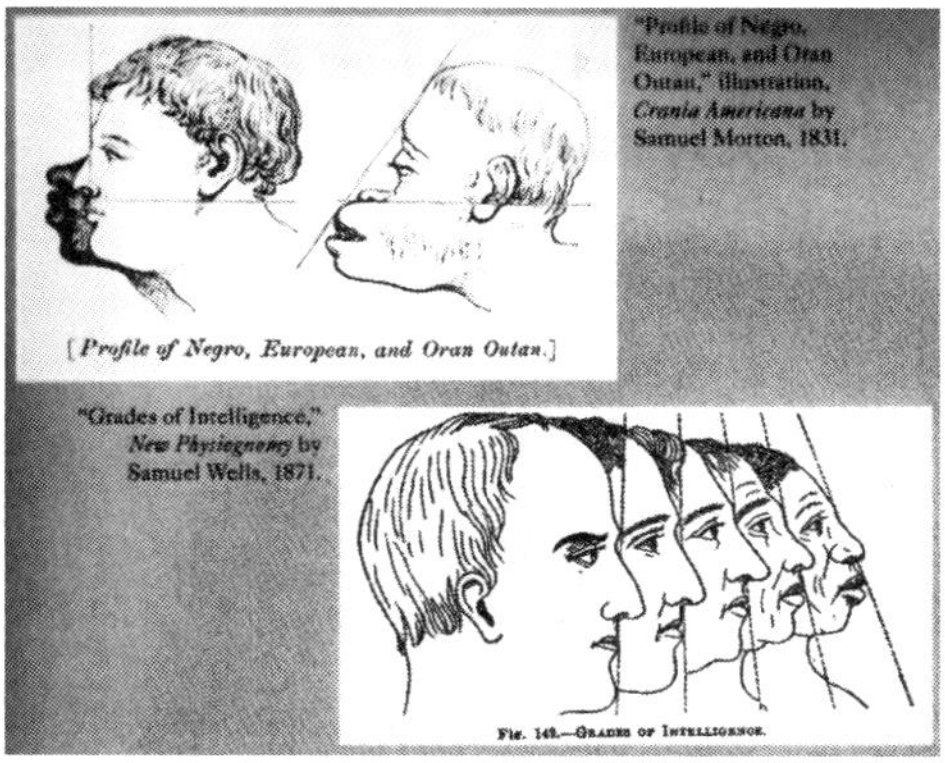

画像10：1871年、横顔の形で知能の優劣を決めるプロパガンダ
Stony the Road: Reconstruction, White Supremacy, and the Rise of Jim Crow, Henry Louis Gates, Jr. Penguin Press, 2019, p111

画像11：1879年、アフリカ人を猿と同類とするプロパガンダ
Stony the Road: Reconstruction, White Supremacy, and the Rise of Jim Crow, Henry Louis Gates, Jr. Penguin Press, 2019, p112

ヘイズとティルデンの取引で北部が南部にアフリカ系アメリカ人の支配権を売り渡す

リコンストラクションの時代の終わりを決定づける出来事となったのが、一八七六年の大統領選だった。解放されたアフリカ系アメリカ人たちの希望は絶望へと暗転する。

選挙戦は、残り四州の選挙人数二十票を残し、北のR・B・ヘイズが選挙人一六五票、南のS・J・ティルデンが一八四票と南部が優勢だった。そのとき、残りの二十票すべてを北のヘイズが獲得して一票差で当選するというシナリオが作られ、それと引き換えに、北の軍隊を南部から引き上げ、南部のアフリカ系アメリカ人の公民権不履行を黙認するという「ヘイズ＝ティルデンの妥協」という裏取引が行われたのだ。

これにより、それまで南部に駐留していた連邦軍が一斉に撤退して、北部による南部監視体制を放棄した。こうして南部では「白人優越」と「堅固な南部」の思想を標榜する民主党の一党支配体制の下、白人支配者たちは新しい奴隷制ともいえる人種隔離政策を確立して、奴隷から解放されて自由になったはずのアフリカ系アメリカ人たちをその支配下に置いたのだ。

旧南部連合の諸州が定めたBlack Codes（ブラック・コード）は、アフリカ系アメリカ人の土地の所有権、銃器の購入、自由な移動、独立したビジネスなどを厳しく規制した。また元奴隷だった十代のこどもたちを年季奉公制度によってプランテーションに縛りつけた。それはほとんど「奴隷制」と変わらなかった。この新しい「南部の白人支配」の始まりと連動しているのが、南部白人によるアフリカ系アメリカ人へのリンチの多発だった。アフリカ系アメリカ人は奴隷時代に変わる暗黒時代を迎えることになる。

第七章
アメリカの最も暗く、吐き気のするようなリンチの時代

これらのリンチのシーンで最も憂慮すべきことは、そのリンチという凶悪犯罪の加害者が一般の市民だということだ。わたしたちと何ら変わらない、商人、農民、労働者、機械工、教師、弁護士、医師、警官、学生が加害者なのだ。彼らは礼儀正しく、教会に通う敬虔なクリスチャンで、そんな善良な市民が、黒人を抹殺することが害虫駆除（ペスト・コントロール）に他ならないと信じていたのだ。

レオン・リトワク

「リンチ」の国、アメリカ――「奇妙な果実」はアメリカの歴史で最も重要なジャズナンバー

人種隔離政策真っただ中の一九三九年、ビリー・ホリデイが『Strange Fruit』（奇妙な果実）を発表した。ユダヤ系アメリカ人の作家エイベル・ミーアポルが書いた詩にメロディーをつけたものをビリー・ホリデイが取り上げたのだ。彼女がピアノの伴奏に合わせ、切々と歌う映像が残っている。

歌詞はすさまじい内容だ。南部のポプラの木々には奇妙な果実が実をつけている。奇妙な果実とは、リンチされ、木に吊るされた黒人の死体だ。葉から血が滴り落ちている。南部の美しい風景の中、目が飛び出し、唇がよじれた死体が木に吊るされ揺れている。マグノ

リアの麗しい香りを消し去るように体の焼けた異臭が漂ってくる。奇妙な果実は、雨に晒され、カラスについばまれ、やがて朽ちていく。「奇妙な果実」は、そのようなリンチの時代の南部の日常の風景を歌った歌なのだ。

アフリカ系アメリカ人で、ジャズの花形女性シンガーのビリー・ホリデイが、アメリカの病巣「リンチ」に真正面から向き合い、それを公の場で告発した瞬間だった。アメリカの歴史の中で、アフリカ系アメリカ人のミュージシャンが発表した最も重要な歌と言っていいだろう。

歴史研究家のフランク・シェイは「リンチはアップルパイと同じくらい極めてアメリカ的だ」と語った。アメリカと言えばアップルパイと言われるように、リンチと言えばアメリカを彷彿とさせるのだ。

日本では、古典的には、高校で学ランを着た番長と彼の取り巻きがある生徒をターゲットにして取り囲み、「リンチする」というような言い方をしていた。力の強い素行不良な連中が弱い者を恫喝し、寄ってたかって暴力をふるい、屈服させるというようなイメージだ。だが、アメリカでリンチというとき、それは全く異なった意味をもつ。それは、木に吊るす、焼き殺す、去勢する、ピックアップでダートの道を引きずり回す(そうすると頭や手足がもげる)という「アメリカン・ホロコースト」なのだ。

Merriam-Webster Dictionaryにも、"lynch"(リンチ)という動詞が掲載されていて、「暴徒が、公平な裁判なしに、(人を)絞首刑などの方法で殺害すること」と定義されている。アメリカはそのような「リンチの国」なのである。

リンチの起源は、自衛団による超法規的「私刑」だった

アメリカ建国当初、リンチは地域の自衛団による超法規的な「私刑」だった。拡大するフロンティアに行政や司法が追いつかず、地域共同体は自衛手段として自衛団を結成し、超法規的な「私刑」を行うようになっていった。リンチとは、元来、自警団が警察や保安官に代わって犯罪者を捕らえ、裁判所の代わりに刑罰を与えることだった。

「Lynch」（リンチ）ということばは、十八世紀にバージニア州で活動したCharles Lynch（チャールズ・リンチ）に由来していると言われている。農園主、軍人で、独立戦争後はバージニア州上院議員にもなったチャールズ・リンチは、一七八〇年頃、馬泥棒などを処罰する目的で自警団を作り、犯人を捕まえると自分たちで裁判を行い、有罪にして鞭打ちの刑などに処した。Lynch's Law（チャールズ・リンチ法）は、正式の法律として認められていなかったが、フロンティアにおける自警団による犯罪者の処罰（私刑）のひな形になったと言われている。

チャールズ・リンチの名誉のために言うが、彼の処罰の対象者はほとんどが白人の犯罪者で、しかも、その処罰は鞭打ち刑などで処刑・殺人に至るものではなかった。彼の意図した「私刑」は、共同体の秩序の維持を大義名分とし、共同体の多数意志に従って、共同体に損害を与える少数の人間を排除するものだった。しかしながら、チャールズ・リンチの思惑を超えて、アメリカ南部では、一八三〇年から一八五〇年にかけて、リンチは次第に処刑を伴うように変化していった。リンチの矛先も、奴隷解放後の人種隔離政策が引き金になったかのように、十九世紀後半から二十世紀初頭にかけて、そのほとんどがアフリカ系アメリカ人に向けられるようになり、しかも、そのリンチは白人大衆の注目を集める「公開処刑」としての傾向を強めていったのだ。

二〇〇二年の映画『Whitewash: The Clarence Brandley Story』は、昔、テキサス州コンローで、町の白人たち数十人が回りを取り囲む中、アフリカ系アメリカ人の男性が火刑に処される衝撃的なシーンから始まる。これほどリアルにリンチの場面を映し出した映画はこれまでなかった。人が焼き殺される衝撃とともに、その公開処刑の場所に女性や少年少女もいて、普通にその殺人に立ち会っていることに戦慄を覚える。それがリンチのリアルさである。

アメリカ南部における、白人によるアフリカ系アメリカ人のリンチ（公開処刑）の模様を集めた写真集『Without Sanctuary: Lynching Photography in America』のタイトルは、エリック・クラプトンに大きな影響を与えた、あのロバート・ジョンソンの曲に由来している。

二十世紀初頭のミシシッピ・デルタ。ブルース・ギタリストのロバート・ジョンソンは、白人の圧倒的な支配の下、リンチが横行するこの社会が改善されることなど不可能であり、アフリカ系アメリカ人は絶望と虚無の中に捨て置かれ、無防備で、どこにも避難できず、逃げ場のない自分自身の世界で苦闘する放浪者であることを暗示している。

ロバート・ジョンソンを絶望させたリンチ社会。リンチがある限り、アフリカ系アメリカ人には安全な場所などどこにもないのだ。「動き続けなければ、地獄の猟犬に追いかけ回される。猟犬はわたしを悩まし続ける」、それは、アメリカにアフリカ系アメリカ人として生を受けた者にしかわからない、決して終わることのない不安と恐怖なのだ。

リンチとは身の毛のよだつような「公開処刑」——「処刑の儀式」で犠牲になった数千のアフリカ系アメリカ人

一八九九年四月二十三日、日曜日の午後、二千人以上のジョージア州の白人がニューマンという町に集結した。なかには特別列車でアトランタからやって来る白人もいた。サム・ホースというジョージア州のアフリカ系アメリカ人男性の処刑に立ち会うためだった。他の多くのリンチのように、それは「公共の見せ物」であり、犠牲者の犯罪は法廷で証明されておらず、リンチを行う処刑者たちはマスクで顔を隠したり、加害者（殺人者）として名前を隠そうとはしなかった。むしろ、新聞記者はその地域の最も著名な市民数名が「処刑の主導的役割」を果たしたことを堂々と報じた。そして、ほとんどのリンチと同じように、白人の報道機関は白人至上主義の名において、その処刑に連帯し、市民のリンチ評決と矛盾する情報を無視した。

公開処刑されることになったサム・ホースは、アルフレッド・クランフォードという農園主のもとで働いていた。ホースはクランフォードに給料の前借りと病気の母を見舞いに行くことの許可を求めたが、クランフォードはそれを認めず、口論となった。次の日、ホースが木を切っているとき、クランフォードが来て再び口論となった。クランフォードは銃を取り出し、「殺すぞ」とホースを脅した。正当防衛のため、ホースは持っていた斧を投げ、それがクランフォードの頭に当たり、彼は死亡した。

二日後、新聞は事実と違った報道をした。「クランフォードが夕食を食べていたとき、ホース（人間の形をしたモンスター）が、彼に忍び寄り、彼の頭に斧を突き立てた。金品を略奪した後、ホースはクランフォードの妻を夫が殺された部屋に引きずっていき、そこで彼女をレイプした」と。

この報道に激怒した白人らは、自称「死刑執行人」としてホースの服を剝ぎ取り、彼を鎖で木につないだ後、灯油に浸した薪をホースの回りに高く積み上げた。ホースを灯油で濡らし、松明をつける前に、彼らはホースの耳と指と性器を切り取り、顔の皮を剝がした。群衆の何人かがホースの体にナイフを突き刺し、他の者たちは、「偽りのない満足感」をもって、ホースの体の歪みを見ていた。炎が立ち上り、ホースの顔が崩れ、彼の眼窩から眼球が飛び出し、静脈が破裂した。ホースの口から唯一発せられたことばは「おお、わたしの神よ、おお、イエスよ」だった。

焼かれたホースの体が冷える前に、彼の心臓と肝臓は取り出され、何等分かに切り刻まれ、彼の骨は潰され、細かい小片とされた。群衆はこれら「おみやげ」を奪い合った。そのリンチ（公開処刑）の後すぐ、群衆の一人は、ホースの心臓の一片を持って、ジョージア州議会議事堂に向かった。それをジョージア州知事に届けるためだった。知事はホースのことを「犯罪の記録の中で最も悪魔的だ」と言った。ジョージア州の女性で有力者のレベッカ・フェルトンは「わたしたちは南部の女性たちを（アフリカ系アメリカ人男性から）守らなければならない」「クランフォード夫人への計画的な暴挙は彼女の夫の殺害以上に耐えがたいものだ」と訴えた。

一九一八年五月、ジョージア州ヴァルドスタでも酷いリンチが起きた。夫がリンチで殺害されたことを知って憤慨したアフリカ系アメリカ人のメアリー・ターナーは、リンチを実行した暴徒たちを見つけ出し、彼らを法廷に訴えると誓った。メアリーの敵対的な態度を知った数百人の暴徒たちは、生意気なアフリカ系アメリカ人女性を「思い知らせてやる」ことにした。暴徒の中には女性たちも含まれていた。

暴徒たちは、メアリーの踝を縛り、木に逆さ吊りにした。そして、吊るされたままの彼女の服にガソリンをかけ、火をつけた。彼女がまだ生きている間、誰かが、普段は豚を屠殺するときに使うナイフで、彼女の腹部を切り裂いた。胎児が彼女の子宮から地面に落下し、少し泣いた。メアリーは妊娠八か月だった。誰かがその赤ちゃんの頭を踏みつけた。メアリーの体に数百発の弾丸を撃ち込んで、暴徒たちの「お仕置き」は完了した。新聞は「彼らを訴えようとするなんて、メアリーは賢明ではなかった」と報道した。

数千ものアフリカ系アメリカ人の男女がサム・ホースやメアリー・ターナーと同じ目に遭った。拷問や残虐性には多少の違いがあるものの、それら「処刑の儀式」は南部のあらゆる地域で行われた。ときには少人数で、ときには大群衆で、白人たちは、裁判官、陪審員、処刑執行人の役割を同時に演じた。新聞記者たちはその処刑の模様を忠実に記録し、「黒人が生きたまま焼かれた」とぞっとするような見出しで報じた。アフリカ系アメリカ人の「公開火刑」(The public burning) は、すでに「ニグロ・バーベキュー」として知られるようになっていた。

写真屋は熱心に公開処刑を撮影し、絵はがきにして売った

リンチを記録するためのコダック(カメラ)の使用は、リンチを見物に来た白人たちを生き生きとさせた。それはリンチにおける彼らの開放性と独善性を証拠づけるものだった。写真屋たちは単に処刑それ自体だけでなく、そのカーニバルのような開放的な雰囲気、処刑の際の群衆の期待感をカメラに収めている。

数百のコダック(ポータブルカメラ)が午前中ずっとリンチのシーンを撮り続けた。人々は、ロープの先にぶら下がっている死体を見るために、はるか遠くから車や馬車に乗ってやって来た。「絵はがき」写真屋たちは、橋の横に簡易印刷所を設け、リンチ(処刑、この場合縛り首)されたアフリカ系アメリカ人の写真で作った絵はがきを売って、儲けた。かなりの数の女性やこどもたちもそこにいた。多くの学校では、処刑された男を見物に行った少年少女たち生徒が戻ってくるまで、学校の時間割が遅延された。

『Without Sanctuary』に収められているリンチの様子を撮影したさまざまな写真は、そのような写真屋たちによって撮られ、絵はがきとなったもので、結果として、それらが白人大衆によるリンチ・公開処刑の貴重な記録として後世に残されることとなったのである。

シンガー・ソングライターのボブ・ディランも、「リンチ絵はがき」を知っていた。

ディランは、一九六五年にアルバム『Highway 61 Revisited』を発表した。彼は、その中の一曲「Desolation Row」で「そこで売られているのは絞首刑の絵はがきだ」と歌って、リンチを絵はがきにして喜ぶ白人たちの蛮行を告発している。それは一九二〇年、彼の故郷の町ミネソタ州ダルースで三人のアフリカ系アメリカ人が数千人の白人によって公開処刑され、そこで木に吊るされたアフリカ系アメリカ人たちの絵はがきが販売されていた事実に基づいていると言われている。

リンチに立ち会った処刑者や見物人の白人たちは、アフリカ系アメリカ人を吊るしたり、焼いたりした風景をバックに、自分も得意げにその被写体に加わった。そして写真屋が作成した絵はがきを買って満足そうに帰途についた。それがアメリカの「リンチ絵はがき文化」だった。

リンチに消えるアフリカ系アメリカ人の安い命

リンチは決して新しい現象ではなかった。当初は、チャールズ・リンチの「私刑」のように、南部や中西部において超法規的措置として機能してきた。「私刑」を受けるのは罪を犯した白人で、それに若干の先住民、メキシカン、アジア系住民、黒人が加わる構図だった。だが、奴隷解放後、リンチと悪魔的拷問が急激に南部の「公開処刑儀式」になり、アフリカ系アメリカ人の男女が主要な犠牲者となっていったのだ。

十九世紀末から二十世紀初め、アメリカ南部では、毎週、二人から三人のアフリカ系アメリカ人が木に吊るされたり、焼かれたり、秘密裡に殺されたりした。一八九〇年代、リンチは毎年平均百四十件起き、その七五％の犠牲者がアフリカ系アメリカ人だった。その後数十年では、リンチの数は少しずつ減っていったが、犠牲者はアフリカ系アメリカ人が九〇％に上昇した。一八八二年から一九六八年までの間、およそ五千人のアフリカ系アメリカ人が白人によるリンチの犠牲になった。南部においてアフリカ系アメリカ人の命はなんと安く扱われていたことだろうか。

白装束のＫＫＫ（クー・クラックス・クラン）も暗躍

南部各地でエスカレートしていった「公開処刑」では、新聞が予告し、大群衆が押し寄せ、その処刑を町中で楽しみ、写真屋が活躍し、一般市民が吊るされ焼かれた犠牲者と一緒に「絵はがき」に収まるおおっぴらなものであった。奴隷解放後のリンチをさらにおぞましいものにしていったのがＫＫＫ（Ku Klux Klan＝クー・クラックス・クラン）の暴力である。

ＫＫＫは、南北戦争後の一八六六年、テネシー州で結成された白人至上主義者集団で、アフリカ系アメリカ人をはじめ、有色人種やユダヤ人、同性愛者を排撃することを目指し、全盛期の一九二〇年代には五百万人の会員を擁していた。白装束で顔を隠した不特定多数の一般市民が、アフリカ系アメリカ人への執拗な嫌がらせ、放火、暴行、リンチを行った。多くの場合、ターゲットとなったアフリカ系アメリカ人に集団で暴行を加えた後、木に吊るし、火をつけた。リンチは秘密裡に行われたり、予告され、公の見せ物となる場合もあった。

一九五〇年代から一九六〇年代の公民権運動の時代でも、平等を求めるアフリカ系アメリカ人はＫＫＫのリンチのターゲットとなった。ＫＫＫは『Place in the Heart』、『Missisippi Burning』、『Fried Green Tomatoes』など、実に数多くの映画に登場し、アメリカ人にもおなじみの悪役だ。

ミシシッピ州のアフリカ系アメリカ人が回顧してこう述べている。「あの時代を振り返ると、アフリカ系アメリカ人を殺すことは何でもなかった。それは鶏や蛇を殺すようなものだった。白人たちは『ニガーは死ぬべきなんだ。奴らにはなにもいいところはない。だから、行って、奴らを殺そうぜ』と言っていた」。

当時、労働者であることにアフリカ系アメリカ人の価値があったが、それは使い捨てであり、取り替え可能なものだった。白人たちは「ニガーを殺せ、他の奴を雇え」と言った。

アフリカ系アメリカ人男女は生まれつき劣ったもので、人間以下、動物より少し上の存在と考えられていた。南部の白人たちは、黒人を殺すことは蚤を殺すことと同じように考えていた。ジョージア州の知事ウィリアム・ノーゼンでさえ、「ニグロは野蛮で、神への責任を取ることもなく、彼らの屠殺は犬を殺すのと何ら変わらない」と語るほどだった。

良心は何処へ――女性もこどもも、みな「公開処刑」に興奮した

十九世紀末から二十世紀初めにかけてのリンチの最盛期に、異常なまでにエスカレートしていったのが、それまでのリンチに比べて極めて新しい現象、白人の暴力を性格づけるサディズムと自己顕示欲だった。

その時代には、ありきたりの処刑や処罰では白人群衆の感情的欲求を満足させることができなくなっていた。アフリカ系アメリカ人を単に殺すだけでは飽き足りず、その処刑が「公開シアター」、拷問と処刑の特別な儀式となり、群衆を満足させるために、のぞき趣味的な処刑絵巻が可能な限り長く続き、最長ではその処刑儀式は七時間も続いた。

新聞は、リンチの時間と場所をあらかじめ案内し、特別列車が見物人たちをその場に輸送し、雇用主はしばしば労働者たちがリンチを見に行くのを許し、両親は学校の教師にメモを渡し、こどもたちがリンチを見に行くことの許可を求めた。こどもたちは親に肩車されて見物し、その公開処刑を一瞬たりとも見逃すことがなかった。そんなリンチを見に行った九歳の白人のこどもは「男が吊るし首になるのを見た。今度は焼き殺すのを見たい」とまだ満足していなかった。

「最良の人々」によって行われる「良いリンチ」が賞賛される

白人たちはリンチを「正当化される殺人」として受容するために、「良いリンチ」と「悪いリンチ」を区別した。新聞は、ミシシッピ州で起こったエルモ・カールの処刑について以下のように報道している。

その地方の銀行員、弁護士、農家と商人による最も秩序正しい出来事。他の誰と比べても見劣りしないほどに最良の人々がそこに集まり、乱暴な

振る舞いもせずに、カールを吊るし首にした。飲酒もせず、銃も使わず、怒鳴ったり、大声で話したりもしなかった。

「良いリンチ」を性格づけるものは、社会的地位が高く、品行方正な人々が群衆を歓ばせようと犠牲者の激しい苦痛を引き延ばしたりせず、最も秩序だった仕方で迅速に犠牲者を殺すことだった。

白人たちは、処刑された犠牲者の歯、耳、足の指、爪、手首、皮膚、骨、すべてを「おみやげ」として持ち帰った

リンチは、単にアフリカ系アメリカ人の男女が吊るし首になったというような話ではない。それは、ゆっくりと、順序だった、残忍な拷問と切断であり、極めて独創的な形態だった。それが火刑の場合、赤く焼けた火かき棒が犠牲者の目や性器に押し当てられ、肉が焼けこげる臭いが漂う中、身体と血がゆっくりと炎の中で焼かれるのだ。吊るし首の場合、群衆は犠牲者の手足の痙攣の瞬間を楽しんだ。

火刑にしても、吊るし首にしても、リンチとは、犠牲者の身体のあらゆる部分を切断し、処刑者と群衆がそれらを「おみやげ」として分け合うことを意味した。歯、耳、足の指、手の指、爪、膝、焦げた皮膚や骨など、群衆はそれら戦利品（Human Trophies）をキーホルダーのように持ち歩いたり、公衆の面前で見せびらかしたりした。公開処刑され、切断されたサム・ホースのこぶしは、アトランタの雑貨店のショーウインドーに展示された。

Human Trophy――。おみやげ。戦利品。これは過去にアメリカ先住民オセオラの首を切断して自分の町に持ち帰り、店のショーウインドーに誇らしげに展示したあの白人のメンタリティとよく似ている。楽しげにアフリカ系アメリカ人の身体を切断して、その一部を戦利品として分け合い、勝ち誇ったように持ち帰る、それが当時のアメリカにおけるリンチだった。

市民は、しばしば、警察に留置されているアフリカ系アメリカ人をターゲットにした。彼らは留置所に押しかけ、アフリカ系アメリカ人を連れ出し、リンチしたのだ。一人の警官が語っている。

わたしは、警官の就任宣誓に忠実になろうと努め、独房にいるアフリカ系アメリカ人を守ろうとした。だが、暴徒たちがドアを開けて入ってきたとき、先頭に立っているのが町の有力者、ビジネスマン、教会や町のリーダーたちだとわかったら、何もすることができなかった。

市民のコンセンサスの下に行われるリンチに対して、警官や保安官は無力だった。警察という「法」の上にあったのが、市民のコンセンサスという「法」だったのだ。

リンチを取り締まる法がない「不法な国」

一八六二年にミシシッピ州に生まれたアフリカ系アメリカ人の女性アイダ・B・ウェルズは、反リンチ活動家として知られる。彼女は一八九八年、イリノイ州の議員と一緒に、ホワイトハウスにウィリアム・マッキンリー大統領を訪れ、アフリカ系アメリカ人へのリンチを法規制するよう請願した。

大統領さま、この国の黒人たちは、あなたがこの偉大な国の大統領として、何らかのアクションを起こされることを心から切望しています。わたしたちは、慎んで、全国各地で起こっているリンチの抑制のための国家的規制を願うものです。

この二十年来、リンチによる犯罪・殺人がキリスト教国によって犯され、それが犯罪にならないのです。文明化された世界で、市民権をもち、政治的権力をもった人々が、五十人から五千人の暴力集団を作り、無防備で、全く無力な個人を捕まえ、銃で撃ち、吊るし首や火刑にして殺している、そんな国はアメリカ合衆国以外、どこにもありません。過去二十年間で一万人ものアメリカ人がリンチされ、殺されているのです。わたしたちの正義のためのアピールに対して、連邦政府は州の問題に関与できないという陳腐な答えに終始しています。海外に在住するアメリカ人を守る大きな力を持ちながら、国内のアメリカ人（アフリカ系アメリカ人）を守ることができない、そんな国をわたしたちは信じることはできません。

ウェルズは、Vigilantism（自警主義）の名の下に行なわれる白人集団によるリンチという殺人は、アフリカ系アメリカ人を取り締まり、抑圧する、政治的・経済的・社会的な凶器であると断罪した。しかし、驚くべきことに、アメリカにはリンチを取り締まる法がなかった。自警主義、一般市民のコンセンサスが肯定される社会だったからである。アメリカの大統領も、自警主義の名の下に行われるリンチに異議を唱え、これを規制する立場にはなかったのである。マッキンリー大統領は「不法国家」の大統領だったのである。

教会とリンチ――祈りのあとに殺人を犯す白人キリスト教徒の欺瞞

ある南部の町では、町の住民が午前中に教会の礼拝に出席し、午後に町の広場に集まってアフリカ系アメリカ人を公開処刑したという記録が残っている。敬虔なクリスチャンたちが神を礼拝した後に行うのがリンチだった。

一八八九年、ノース・カロライナ州モーガントンでは、二人のアフリカ系アメリカ人をリンチする前に、暴徒たち（教会のメンバー）がPrayer Service（祈禱会）を行っている。これは、南部で最も敬虔なキリスト教の町でリンチが行われたときの「キリスト教的状況」を雄弁に語っている。リンチの前にお祈りするとは、なんと信仰深い町なのだろうというわけだ。

反リンチ活動家のアイダ・B・ウェルズが白人キリスト教徒の欺瞞《ぎまん》を皮肉っている。

アメリカのキリスト教は、地獄の火で焼かれそうになっている白人のクリスチャンの魂を救うのに忙しすぎて、白人のクリスチャンによってつけられた火によって今まさに焼かれているアフリカ系アメリカ人の命を救うことができないのだ。

そんな中、少数だがリンチに反対した牧師もいた。ジョージア州ブロック郡では、フワイトリー・ラングトン牧師がリンチに加わった教会員を教会から追放した。しかし彼の行為はその地域で不評の種となり、彼の教会は二十五人の教会員を失うことになった。彼はその行為によって社会的地位を失っただろう。

リンチ全盛の時代、リンチを批判して教会員を切り捨てるとは、なんと勇敢な牧師だろう。リンチとキリスト教信仰は相容れない、その至極《しごく》当たり前のことを教会員の前で敢然と宣言した数少ない牧師として、彼は歴史にその名を刻んだのだ。

ジョージア州ステイツボロ市の市長も、多発する不法なリンチを嘆き、「黒人たちはリンチによって皮膚を焼かれるだろうが、アングロサクソンはリンチによって魂を失うだろう」と語った。その市長が指摘する通り、リンチを行うアングロサクソンをはじめとする白人たちは、すでに魂のない、人間の抜け殻だったのだ。

「奇妙な果実」は、人種隔離政策への宣戦布告、公民権運動の始まり

ビリー・ホリデイが歌った「奇妙な果実」の背景となった南部のリンチの現実、そのすさまじさは、当時のアフリカ系アメリカ人にとって自明の事実だった。ビリー・ホリデイが後に、アフリカ系アメリカ人の詩人マヤ・アンジェロウの息子にこの歌を聴かせてあげたとき、その少年は彼女が歌う、牧歌的な風景(pastoral scene)がどんなものかと尋ねた。そのときの言葉である。

> それはねえ坊や、白人たちが黒人を殺しているときのことなのよ。白人たちは、坊やのような黒人のこどもを捕まえて、その子のあそこをむしり取り、それを～ああ、気分がわるくなる～その子の喉に突っ込むのよ。牧歌的な風景とはそういう意味なのよ。

この会話は、ビリー・ホリデイが「奇妙な果実」を歌うとき、心の奥底に激しい怒りを抱えていたことを示している。

ときは人種隔離政策とリンチが真っ盛りの時代。ビリー・ホリデイが契約していたコロンビアはレコーディングを拒否した。リンチ社会に真っ正面から挑戦するような歌は危険すぎて認められなかったのだ。だが、コロンビアは彼女がコモドアというレーベルからリリースすることを許可し、やっと発売の運びとなった。そして、「奇妙な果実」は大きな反響を呼び、ミリオンセラーとなった。

醜悪な人種隔離政策、そして、それと表裏一体の残虐なリンチ。そのリンチの現実を歌うことは、白人か

ら報復を受け、自分がリンチされる危険性をはらんでいた。

　ＦＢＩ、つまりアメリカ国家が、ビリー・ホリデイに「奇妙な果実」を歌わせない工作をしていたことも伝えられている。だが、ビリー・ホリデイは身じろぎもせず、両手を垂らし、ときに涙を湛えながらこの曲を歌い続けた。ニューヨークのクラブでのショーで、彼女が必ず最後に歌うのが「奇妙な果実」だった。この曲の後に歌える曲などなかっただろう。彼女がこの曲を歌っているとき、ウェイターは客への給仕をやめて固まった。ビリー・ホリデイの渾身のサウンド・オブ・フリーダム、自由への叫びがＦＢＩの妨害を振り切って、アメリカ中に響き渡った。ある人は、このビリー・ホリデイの「奇妙な果実」を、「宣戦布告！公民権運動の始まり」と表現した。

　アフリカ系アメリカ人たちがビリー・ホリデイに触発されないわけがない。次は「奇妙な果実」を聴いたアフリカ系アメリカ人たちが公民権運動のために立ち上がる番だった。

画像12：リンチの様子①（テキサス州 Waco, 1916年５月16日）

画像13：リンチの様子②（オクラホマ州 Okemah, 1911年５月25日）

画像14：リンチの様子③（ネブラスカ州 Omaha, 1919年９月28日）

画像15：リンチの様子④（インディアナ州 Marion, 1930年８月７日）

画像16：犠牲者の髪の毛と一緒に壁に飾られた「リンチ絵はがき」

画像12〜画像16までの出典

Without Sanctuary: Lynching Photography in America, James Allen, Hilton Als, John Lewis, Leon F. Litwack, Twin Palms Publishers, 2005

第八章

バスボイコット運動というアメリカ史上初の非暴力による抵抗運動

あなたがたは、モンゴメリーにおいて、本当の平和を得てこなかった。あなたがたは、アフリカ系アメリカ人として白人に服従する状態を受け入れるという消極的な平和に甘んじてきたのだ。だが、それは本当の平和ではない。平和は単に対立がない状態のことではない。真の平和は、正義が存在するところにこそ存在するのだ。

（キング牧師）

奴隷制に変わる「人種隔離」という陰湿な暴力

一八九六年、連邦最高裁は「プレッシー対ファーガソン判決」で、人種隔離されても、設備さえ同じなら「ジム・クロウ」は合憲と判断した。Jim Crow（ジム・クロウ）とは、公共の場所での白人と黒人の分離を定めた法律だ。Separate but Equal（分離すれども平等）。分離すれば平等であるわけがない。こんな欺瞞に満ちたロジックが最高裁からお墨付きを与えられ、解放されたはずのアフリカ系アメリカ人の自由を奪い続ける醜悪なSegregation（人種隔離政策）の時代が到来したのだ。この「ジム・クロウ」法は、その後、半世紀にもわたってアメリカ社会を席巻し、一九五四年の「ブラウン対教育委員会」判決で教育機関における人種隔離が違憲となり、アフリカ系アメリカ人による公民権運動が始まり、一九六四年、公民権法が制定されるまで続いた。

奴隷制がだめなら、次は「分離すれども平等」。民主主義を標榜するアメリカがこんな欺瞞に満ちた論理をよく考えついたものだ。人種隔離は暴力だ。人種隔離という発想には、アフリカ系アメリカ人の身体的自由を拘束しようとする意図が読み取れる。白人が自分たちの領域に垣根を作り、アフリカ系アメリカ人を限られた領域に封じ込めて身動きができないようにするのだ。人種隔離はリンチのようにアフリカ系アメリカ人に直接危害を加えるものではないが、アフリカ系アメリカ人の身体的、空間的自由を奪い、精神的にも不安とストレスを与え続けるという意味では、それは継続的な集団的暴力とも言いうるものだった。

アメリカ政府は、アフリカ系アメリカ人だけでなく、先住民を居留地に押し込め、第二次世界大戦時には、日系アメリカ人を強制収容所に隔離した。マイノリティに対する隔離政策は、マイノリティの身体的自由を奪い、白人の意のままに従わせる効果をもつ点で、アフリカ系アメリカ人へのリンチの延長線上にあった。アメリカの土地の上で生まれた「アメリカ人」であるはずの日系二世たちが、アメリカ人として扱われず、収容所に押し込められた屈辱と絶望、戦後もそのトラウマを引き摺りながら生きた姿は、人種隔離政策の時代のアフリカ系アメリカ人たちの姿と重なり合う。

画像17：第二次世界大戦中の日系アメリカ人の隔離
http://www.daveforrest.net/essay/keepmovingphoto.pdf

バージニア州の小さな町の人種隔離政策の現実

わたしが勤めていた金城学院大学は、Presbyterian Church（U.S.A.）、現在の「アメリカ長老教会」の女性宣教師アニー・ランドルフによって設立されたキリスト教大学で、アメリカ長老教会からサンフォード・テイボーン宣教師が派遣されていた。テイボーン宣教師は、バージニア州出身のアフリカ系アメリカ人で、牧師の資格はもっていなかったが、わたしたち宗教主事と一緒に大学のキリスト教センターの活動に関わってくださっていた。

当時、大学には「キリスト教の時間」という特別なプログラムがあった。わたしは、毎年このクラスを一コマ担当するテイボーン宣教師に「学生たちには、先生がアフリカ系アメリカ人としてアメリカで経験してきたことをできるだけ具体的に話してください」とお願いしていた。テイボーン宣教師は、バージニア州の自分が生まれ育った町、ロアノークでの人種隔離された経験を学生たちに語ってくれた。

町の真ん中に列車の線路が引かれていて、その線路を隔てて、白人の地域とアフリカ系アメリカ人の地域が真二つに分かれていました。わたしたちアフリカ系アメリカ人は白人の地域には銀行や役場など公的機関がオープンしている時間以外は入ることが許されませんでした。もし時間外にアフリカ系アメリカ人が白人の地域を歩いていようものなら、たちどころに警官がやってきて、アフリカ系アメリカ人に暴力をふるいました。

わたしの住んでいる町の近くにナガシマスパーランド（三重県にある巨大な遊園地）のような大きなプールのある遊園地があって、わたしは行きたくてたまりませんでした。母に「いつ連れて行ってもらえるの」と聞くと、母はいつも「そのうちね」と答えるだけでした。後になって、そこが白人専用で、アフリカ系アメリカ人は入場できないことを知りました。また、大きくなり、違う州に出かけたとき、アフリカ系アメリカ人であることを理由に、ほとんどのホテルから宿泊を拒否されました。

普通なら自分が大きくなっていくにつれ、できることが増えていき、行けるところも増えていって、世界がどんどん広がっていくはずです。でも、アフリカ系アメリカ人は、大きくなっていくにつれ、アフリカ系アメリカ人であるがゆえに、できないことばかりが増えていって、自分が狭い世界に閉じ込められ、自由に生きられないことを経験し、アメリカ社会に失望するのです。わたしは、次第に、わたしが生きている社会は「壊れている」と感じるようになりました。

あのキング牧師が経験した人種差別のトラウマ

マーティン・ルーサー・キング・ジュニア牧師は、アトランタに生まれ、家族から「ML」と呼ばれていた。父親のマーティン・ルーサー・キングSr.は、有名なエベニーザ・バプテスト教会の牧師を務め、MLは、当時のアフリカ系アメリカ人の中ではかなり恵まれた幼少期を過ごしていた。だが、六歳になったとき、三歳の頃から毎日のように一緒に遊んでいた幼なじみの白人の少年から「お父さんから、もうこれ以上君と遊んではいけないと言われたんだ」と告げられた。

昨日まで一緒に遊んでいた友人との突然の別れ。六歳はKindergarten（幼稚園）に上がる年齢だ。アメリカでは幼稚園に通う六歳から義務教育が始まり、幼稚園の一年間が小学校一年生のような扱いになって小学校と連動している。人種隔離の社会では、そこからこどもたちは、白人の子は白人の学校へ、アフリカ系アメリカ人の子はアフリカ系アメリカ人の学校に、分断されるのだ。六歳の純粋無垢なこどもたちの関係を引き裂く冷徹な人種隔離政策。MLは、そのとき初めて人種差別の痛みと理不尽さを経験した。

そのときから、わたしはすべての白人を憎むように心を決めた。わたしが成長するにつれ、この感情はますます大きくなっていった。わたしを憎み、幼少期の最も親しい友人からわたしを引き離すような人種を、どうしてわたしが愛することができようか。

キング牧師は、大学時代に東海岸コネチカット州で長期間のアルバイトをしていた。彼はニューヨークからワシントンDCを経由して、アトランタまで行く列車を利用した。ニューヨークからワシントンDCまでの列車は自由車両だったが、アフリカ系アメリカ人は、そこからアトランタまでは「ジム・クロウ」車両に乗り換えなければならなかった。

キング牧師が、その「ジム・クロウ」車両に乗っていたとき、食事をしよう思って食堂車に行った。すると給仕が彼を食堂車の奥にある席まで連れて行き、白人の客から見えないように彼の前にカーテンを下ろした。白人の給仕は「場所は別々だが、白人と同じように注文には応じているだろう」と言った。食堂車の中の人種隔離政策である。キング牧師は「わたしはあたかもカーテンがわたしの自我の上に落ちてきたかのように感じた」とそのときの屈辱感を表現している。別々ということは常に不平等であり、分離という考えそのものが、キング牧師の尊厳と自尊心に傷を与えたのだった。

南部連合の発祥の地モンゴメリーがふたたび歴史の表舞台へ！

一九五四年、アメリカのカンザス州では、アフリカ系アメリカ人のオリバー・ブラウンらがトピカの教育委員会を相手取って、公立学校における人種隔離政策は憲法違反であると訴えた。ブラウンの家のすぐ近くに白人の通う学校があったにもかかわらず、ブラウンの娘は八キロも離れたアフリカ系アメリカ人専用の小学校に徒歩で通わなければならなかったのだ。このブラウンらの訴えに対して最高裁は、教育上の人種隔離は違憲であると断じた。これは一八九六年に最高裁が「分離すれども平等」として人種隔離政策を支持した判決を半世紀ぶりに覆す画期的な出来事となった。

アメリカ南部では、公教育の他、トイレ、水飲み場、バス、鉄道など、あらゆる生活領域に人種隔離政策が適用されていた。人種隔離の垣根を越え、アフリカ系アメリカ人が白人の領域に入っていったり、白人と同じ権利を求めたりするとリンチに遭う時代だった。しかし、機は熟していた。この最高裁判決を待っていたかのように、アフリカ系アメリカ人たちのあらゆる生活環境の中での人種隔離政策撤廃を実現するための闘いが本格化していった。

ブラウン裁判から間髪《かんぱつ》を入れずに人種隔離政策撤廃の闘いを始めたのがアラバマ州モンゴメリーのアフリカ系アメリカ人たちだった。モンゴメリーは、The Cradle of Confederacy（南部連合の発祥の地）として知られている。一八六一年、リンカーンが大統領になったとき、南部諸州がアメリカ合衆国を離脱し、南部連合という新しい国家を作った。モンゴメリーは、その首都となり、ジェファーソン・デイビスが最初で最後の大統領に就任した歴史的な町だ。南部連合の「ホワイトハウス」が歴史的建造物として博物館になっている。

北部の圧力に抗い、奴隷制とその巨大な利権を堅持するためにアメリカから離脱した南部連合の栄えある首都に選ばれたモンゴメリー。だが、それから百年後、そのモンゴメリーでアフリカ系アメリカ人たちが人種隔離政策撤廃のためにバスボイコット運動を敢行し、アメリカ全土の注目を集めるようになろうとは、いったい誰が想像しえただろうか。モンゴメリーは百年の時空を越えて、奴隷の子孫アフリカ系アメリカ人の人権問題で、ふたたび歴史の表舞台に登場してきたのだ。

さすが「南部連合の発祥の地」だけある。南部連合が消滅して百年経っても、モンゴメリーでは、ＫＫＫや白人至上主義者によって、アフリカ系アメリカ人の教会や学校がよく焼かれた。リンチされたアフリカ系アメリカ人の死体が発見される事件もしばしば起きていた。モンゴメリーは、アフリカ系アメリカ人に対する白人の暴力が充満している町だった。

そんな町でアフリカ系アメリカ人がバスに乗るとき、次のようなルールがあった。それは、アフリカ系アメリカ人を服従させる陰湿なものだった。

白人はバスの前の入り口から入って、運賃を払い、そのまま席についた。だが、アフリカ系アメリカ人は、バスの前の入り口から入って運賃を払い、一度降りて、バスの後ろの入り口から乗車しなければならなかった。アフリカ系アメリカ人がバスの前方にある白人専用座席の間を通らないようにするためだ。アフリカ系アメリカ人が後ろの入り口に回って乗り込む前にバスが発車することもあった。バスには三十六席あって、前からの十席は白人専用、後ろの十席はアフリカ系アメリカ人用との暗黙の了解があった。問題は真ん中の十六席だ。この十六席は白人が座っていなければアフリカ系アメリカ人が座れたが、白人が入ってきた場合、アフリカ系アメリカ人は席から立たねばならなかった。アフリカ系アメリカ人は二人掛けの席で白人の隣に座れなかった。また通路を隔てて反対側に白人が座った場合でも、同じ列の反対側の席にアフリカ系アメリカ人が座ることは許されなかったのだ。

一九四九年、十五歳と十六歳のアフリカ系アメリカ人の少年が北部から来てモンゴメリーのバスに乗った。

彼らはバスの人種隔離ルールを知らなかったので白人席に座ってしまった。彼らは逮捕され、二十一歳まで少年院に入れられるという悲惨な事件も起きている。

バスの人種隔離政策。これに従わないアフリカ系アメリカ人は、バスから降りるか、警察が来て逮捕されるか、運が悪ければリンチで命を落とすのだ。アフリカ系アメリカ人たちは、ダウンタウンに行って白人に仕えるために、週五日、毎日二回、「黒ん坊、黒牛、黒猿」などと白人運転手に罵られ、侮辱されながら、人種隔離されたバスに乗らなければならなかった。アフリカ系アメリカ人の居住地域は、モンゴメリーのダウンタウンから二十キロも離れていて、とても歩ける距離ではなかった。アフリカ系アメリカ人たちは、その理不尽なバスのルールに抵抗できず、ただ黙って耐えているような時代だった。

確信犯ローザ・パークス

一九五五年十二月一日の木曜日、モンゴメリーの人種隔離のバスの中にアフリカ系アメリカ人女性のローザ・パークスがいた。彼女はバスの中央付近の座席に座っていた。白人が乗ってきたため、白人の運転手はローザ・パークスを含む四人のアフリカ系アメリカ人の乗客に、その白人に席を譲るよう命令した。通路を隔てて二席ずつあり、席は離れていても、白人と同じ列の座席にアフリカ系アメリカ人が座ることは許されていなかった。他の三人のアフリカ系アメリカ人は立ち上がってバスの後ろに退いたが、ローザ・パークスだけは立ち上がらなかった。運転手はもう一度彼女に「立つつもりはないのか」と問うたが、彼女は「いいえ、ありません」と答えた。運転手が「それでは逮捕してもらうぞ」と言うと、彼女は「どうぞお好きに」と静かに答えた。こうしてローザ・パークスはアラバマ州のバス人種隔離法違反で逮捕された。彼女は支援者たちの尽力でその日のうちに保釈されたが、裁判が次の週の月曜日に予定された。

この出来事の背後には心躍るストーリーがあった。ローザ・パークスは、アメリカで最古の公民権運動組織ともいえるＮＡＡＣＰ（National Association for the Advancement of Colored People＝全米黒人地位向上協会）のメンバーだった。彼女はＮＡＡＣＰモンゴメリー支部の書記を務め、教育機関の人種隔離撤廃や冤罪となったアフリカ系アメリカ人青年たちの裁判に関わるなど、アフリカ系アメリカ人の人権のために精力的に活動していた。当時、ＮＡＡＣＰのメンバーとしてアフリカ系アメリカ人を助けようとすることは非常に危険なことだった。

ローザは、その年の夏に、テネシー州にある、社会正義のリーダーシップ訓練施設ハイランダー・センターで開かれた会合に招かれていた。その会合は、南部の完全な人種統合を目的としたもので、第三十二代大統領フランクリン・ルーズベルトの妻エレノアも参加し、議長としてUniversal Declaration of Human Rights（世界人権宣言）を起草していた。後に、この草案は国連によって支持され、公民権運動の進展の精神的基盤としての役割を果たすことになる。この最終草案が検討される席にエレノア・ルーズベルトと共にローザ・パークスも同席していたのだ。

その会合では、帰路に着くとき、お互いが「さようなら」と言う代わりに、ちょっと変わった「別れの挨拶」を交わすのが慣わしだった。

“What do you plan to do when you get back home?”

「あなたは自分の町に帰って、どんなことを実行するつもりなの？」

その三か月後、ローザはモンゴメリーで、バスの中で白人に席を譲ることを拒み、逮捕されたのだ。それがまさに「あなたは自分の町に帰って、どんなことを実行するつもりなの？」との問いかけに対するローザの答えだった。彼女は疲れていて席を譲らなかったのではない。ローザは「確信犯」だったのだ。

実はローザ・パークスが白人に席を譲らなかったのはそのときが初めてではなかった。一九四九年から一九五五年のそのときまで、ローザ・パークスは一貫してバスの中で白人に席を譲ることを拒否し続けていた。彼女は人種隔離政策を憎悪し、白人の作った理不尽なルールに従うことを拒否し、バスの中では白人運転手の命令に従うことを拒否し続けていたのだ。過去に彼女が席を譲らなかったときは、白人運転手が彼女をバスから降ろしていた。しかし、彼女は十二月一日、白人に席を譲らず、白人運転手の指示を拒み、立ち上がってバスの後ろに行くことを拒否しただけでなく、バスの外に出されることも拒否して、そこに居座り続けた。すなわち、彼女はそこに座り込んで「逮捕される」のを待ったのだ。彼女の目的は逮捕されることだったのだ。

ローザ・パークスは「わたしが疲れていたのは、白人のいいなりになることに対してだった」と語っている。「わたしはもう白人のいいなりにはならない」というアフリカ系アメリカ人女性の聖なる決意。それがローザ・パークスのサウンド・オブ・フリーダム（＝自由への叫び）だった。

この出来事をきっかけに、モンゴメリーのアフリカ系アメリカ人たちがバスボイコット運動を敢行し、これが全米に広がる公民権運動の大きなうねりとなっていくのだ。

（She Would Not Be Moved: How we tell the story of Rosa Parks and the Montgomery Bus Boycott, Herbert Kohl）

電光石火！　バスボイコットの仕掛人たちの早業

ローザ・パークスの逮捕が引き金になってバスボイコット運動が始まったとき、モンゴメリーにはマーティン・ルーサー・キング・ジュニア牧師（キング牧師）がいた。多くの歴史の教科書は「キング牧師がモンゴメリーでバスボイコット運動を始めた」と教えているが、バスボイコット運動はキング牧師が主導して始まったものではなかった。

ローザ・パークスの逮捕を受けて、即座にバスボイコットを決断し、間髪を入れずに動き出したのは、モンゴメリーのＷＰＣ（Women's Political Council ＝世界女性会議）に属する二人のアフリカ系アメリカ人女性ジョー・アン・ロビンソンとルファス・ルイスだった。アラマバ州立大学の英語の教員だったロビンソンは、過去にバスの中で白人運転手に暴力をふるわれそうになる恐怖を味わっていた。それ以来、彼女たちはバスの人種統合を目指してバスボイコットの機会をうかがっていた。

ロビンソンらＷＰＣのメンバーたちは、ローザ・パークスが逮捕されたその日にバスボイコットを決行することを決め、その日の深夜には、アラバマ州立大学の印刷機を使って、秘密裡に「バスボイコットを呼びかけるチラシ」三万五千枚を刷り上げていた。チラシの内容は次のようなものだった。

また別のアフリカ系アメリカ人の女性が、バスで白人に席を譲らなかったために逮捕され、刑務所に入れられました。アフリカ系アメリカ人の女性が逮捕されるのは、クローデット・コルビン以来二人目です。このようなことが起こってはなりません。

アフリカ系アメリカ人にも権利があります。もしアフリカ系アメリカ人がバスに乗らないと、バス会社は経営できなくなるでしょう。バスの乗客の七五%はアフリカ系アメリカ人です。でも、わたしたちアフリカ系アメリカ人は逮捕されたり、席が空いていても立っていなければなりません。この逮捕に抗議もせず、黙っていれば、逮捕は続くでしょう。次はあなたになるかもしれません。あなたの娘や母親になるかもしれません。

逮捕された女性の裁判は月曜日に開催されます。ですから、この逮捕と裁判に抗議するという意味で、すべてのアフリカ系アメリカ人のみなさんは、月曜日にバスに乗らないでほしいのです。月曜日は、職場、ダウンタウン、学校、どこに行くにしても、バスに乗らないでください。もしバス以外に行く方法がなければ、一日なら学校に行かなくても大丈夫です。また一日くらい市内に行けなくてもよいのです。職場に行く場合は、タクシーに乗るか、歩いてください。しかし、こどもも大人も、どうか月曜日には絶対にバスに乗らないでください。月曜日にはすべてのバスに乗らないでほしいのです。

一枚のチラシに込められた激しい思い。それがロビンソンたちWPCのサウンド・オブ・フリーダム、自由への切なる叫びだった。

ローザ・パークスが逮捕された次の日の金曜日には、この「来週の月曜日の一日バスボイコット」を呼びかける三万枚を超えるチラシが、モンゴメリーのアフリカ系アメリカ人の小学校、中学校、高校、アフリカ系アメリカ人が利用する店や教会などあらゆるところに配布された。何という早業か。驚くべきことに、ローザ・パークスが逮捕された次の日に、モンゴメリーのほとんどのアフリカ系アメリカ人が月曜日のバスボイコットにスタンバイ状態となったのだ。

天の配剤か――モンゴメリーにはキング牧師が赴任していた

Ｅ・Ｄ・ニクソンはモンゴメリーＮＡＡＣＰ会長だった。モンゴメリーのアフリカ系アメリカ人の社会の中で最も力のある人物だ。ローザ・パークスが逮捕されたとき、ニクソンら、モンゴメリーのアフリカ系アメリカ人の有力者たちはローザ・パークスの保釈に動き、次の週の月曜日に予定された彼女の裁判の準備に取りかかった。

ニクソンにとって、ローザ・パークスの逮捕は千載一遇のチャンスだった。なぜならモンゴメリーのＮＡＡＣＰは、バスの人種隔離政策の違憲制を訴える訴訟を起こす機会をうかがっていたからだった。教育機関の人種隔離政策の違憲性を断じた「ブラウン対トピカ教育委員会」判決のように、モンゴメリーのバスの人種隔離政策の違憲性を裁判に訴え、法によって人種統合を成し遂げようと考えていたのだ。

実は一九五五年の春、十六歳のアフリカ系アメリカ人女性クローデット・コルビンがバスで白人に席を譲ることを拒否して逮捕されたとき、ＮＡＡＣＰは訴訟を考えたものの、まだ少女のコルビンが妊娠していることを知り、訴訟を断念していた。だが、ローザ・パークスはＮＡＡＣＰの書記として人種差別と社会正義のために闘ってきたアフリカ系アメリカ人のリーダー的存在だった。彼女はバスの人種隔離政策撤廃を訴える訴訟の原告になるにはこれ以上ない人材だった。

ニクソンはＮＡＡＣＰの会長。ローザ・パークスはＮＡＡＣＰの書記。どの本や資料にも出てこないが、ローザ・パークスの逮捕劇から彼女が原告となる訴訟への流れは、ＮＡＡＣＰの主だったメンバーたちによってシナリオが書かれていたのではないかと思わせるほどよくできたドラマだった。

月曜日、モンゴメリーで裁判が開かれ、ローザ・パークスは無罪を主張したが、人種隔離法違反で有罪となり、十ドルの罰金と執行猶予を言い渡された。実は、それはニクソンらNAACPが望むところだった。ローザ・パークスの弁護士はすぐに上訴した。人種隔離政策のルールを実際に変えられるのは上級裁判所しかなかったからだ。バスボイコット運動の陰に隠れてしまっているが、ローザ・パークスを原告とするこの訴訟はバスボイコット運動の結末に大きな影響を与えることになる。

ローザ・パークスが逮捕され、バスボイコット運動が始まったとき、天の配剤か、キング牧師がモンゴメリーにいた。彼は一九五四年五月、モンゴメリーのデクスター・アベニュー・バプテスト教会の牧師に就任していた。

キング牧師は、アトランタの大教会の牧師マーティン・ルーサー・キングSr.の息子として、恵まれた少年期と青年期を過ごした。「アフリカ系アメリカ人のハーバード」と呼ばれた、アトランタにあるモアハウス・カレッジで学び、ペンシルベニア州のクローザー神学校で首席となり、最後はボストン大学で博士号を取得した。今の時代でもアフリカ系アメリカ人が大学院まで進んで博士号を取ることは極めて難しい。ましてあの時代にアフリカ系アメリカ人で博士となるとは、キング牧師は類《たぐ》い稀《まれ》な超エリート牧師だった。日本では「キング牧師」と呼ぶが、当時、キング牧師は「Doctor & Reverend Martin Luther King, Jr.」（博士であり牧師であるマーティン・ルーサー・キングJr.先生）や「Doctor King」（キング博士）と呼ばれ、彼の主要な称号は「牧師」ではなく「博士」だった。

わたしが人間性に関して悲観的であるよりも、楽観的であるのは、幼少時代の経験によっている。わたしが、愛の神を容易に考えることができるのは、わたしが、愛が常に中心にあり、愛情に溢れた人間関係がいつも存在した家に育ったためだ。

一九九三年、アトランタにあるキング牧師の生家を訪ねたとき、ガイドが「少年時代のキング牧師は、このピアノでレッスンを受け、いつも温かい家族団欒のときを過ごし、夕食後、デザートにアイスクリームを食べるのが好きな少年でした」と説明してくれた。家の外には人種隔離された社会があっても、愛情に溢れた中流家庭で安心して育ったキング牧師の少年時代がうかがえた。非暴力で白人の暴力に立ち向かい、たとえ家が爆破されたり、不当な逮捕にあっても、白人を赦し、白人への愛を語り、白人のために祈ることができたのは、キング牧師の幼少期の人格形成によるところが大きいだろう。

もちろんわたしは信仰心を持っていた。わたしは教会の中で育った。わたしの父は説教者であるし、わたしの祖父も説教者だった。またわたしのたった一人の弟も説教者だし、父の弟も説教者である。だから、わたしには余り選択の余地がなかった。

祖父も、父も、叔父も、弟も牧師というキリスト教の圧倒的な環境の中で、しかも博士の称号までつくキング牧師は、誰もが一目置くサラブレッドだった。「わたしの人生の最初の二十五年間は非常に快適なものだった。人生はわたしにとってクリスマスのパッケージに包まれたようなものだった」。そんな快適な人生を二十五年過ごしてきたキング牧師がモンゴメリーに赴任して来たのだ。

ローザ・パークスが逮捕された翌日、NAACP会長のニクソンは、モンゴメリーの主だった牧師たちにバスボイコットへの協力を要請する電話をかけた。キング牧師はニクソンが電話をかけた三人目の牧師だった。モンゴメリーに来てわずか一年半、弱冠二十六歳の青年牧師が歴史の大舞台に上がるときが来た。それは「人生の最初の順風満帆の二十五年」とは異なるものとなった。

月曜日の朝。ボイコット発起人のロビンソンの不安をよそに、バスボイコット運動は予想をはるかに上回る成功を収めた。キング牧師が始発のバスが通り過ぎるのを見たら車内は空っぽだった。アフリカ系アメリカ人の住民は歩いたり、タクシーに乗ったりして職場に向かい、誰もバスに乗らなかったのだ。その日十九キロ歩いた人もいた。

その日、バスに乗ったアフリカ系アメリカ人は八人いたようだが、彼らはボイコットの呼びかけを知らなかった人たちだった。

静かに、決然と遂行されたバスボイコット。モンゴメリーの五万人のアフリカ系アメリカ人のその強固な結束力は一夜にして生まれたものではなかっただろう。それは、長きにわたって理不尽な人種隔離政策の重荷に耐え抜いてきたモンゴメリーのアフリカ系アメリカ人コミュニティの人種統合を渇望するサウンド・オブ・フリーダム、自由への熱い思いだったのだ。

アフリカ系アメリカ人の魂を揺り動かしたキング牧師の演説

一日ボイコットが成功した月曜日の夜、モンゴメリーのアフリカ系アメリカ人たちはホールト・ストリート・バプテスト教会に集まり、バスボイコットを今後どのように続けるかを話し合った。

人種隔離政策の時代、アフリカ系アメリカ人たちが安心して集まり、自由に話せる場所は教会以外になかった。教会がアフリカ系アメリカ人のコミュニティの中心だった。日曜日の礼拝を軸に、アフリカ系アメリカ人たちの生活は教会を中心に回っていた。そして牧師は教会に集うアフリカ系アメリカ人たちの指導者として大きな影響力を持ち、アフリカ系アメリカ人の代弁者として社会に対してさまざまな発言をする重要な役割を担っていた。バスボイコット運動においても、必然的に教会と牧師がその中心的役割を担うことになった。

夜のボイコット決起集会を前に、モンゴメリーの牧師と有力者たちは、ボイコット運動の今後の運営のためにＭＩＡ（Montgomery Improvement Association＝モンゴメリー改良協会）を急遽組織し、会長にキング牧師を選んだ。彼が会長に推薦されたとき、「キングとは誰だ」とあたりを見回した人がいた。多くのアフリカ系アメリカ人にとって驚きの人選だった。キング牧師は二十六歳と若く、しかも、モンゴメリーの教会に赴任してまだ一年半という新参者で、彼のことを知らない人も多かった。そんな彼がなぜリーダーに選ばれたのか。

二〇〇一年の映画『Boycott』で、親しい友人の牧師がキング牧師にこう話しかける場面がある。

驚いただろう。（まったくだ）。君は適役だ。来て、まだ日が浅いからこの町に本当の敵もいない。（本当ならぼくを選ばないだろう？）選ぶよ。失敗したら君のせいにできるからね。君はアトランタから来た若くて有望な牧師だ。北の大学で学位まで取った。しょせん、外部の人間だ。失敗したら辞めさせればいい。（そうか、ありがとうよ）。不安になったかい？（妻に話すのがね）。

ボイコット運動が成功する保証など何もない中、誰も矢面に立って白人の敵意と向き合う危険な立場に身を置きたくなかっただろう。「ボイコット運動が失敗した場合を考えたとき、リーダーに最適なのはキングだ。彼は博士で他でやり直しがきく。だが、おれたちはそうはいかない」、町の有力な牧師たちにはそんな打算が働いたのかもしれない。

キング牧師はバスボイコット運動のリーダーに推挙《すいきょ》された。だが実際は、キング牧師はその運動が失敗したときを想定した捨て駒に使われたとも言えるだろう。

だが、有力者たちがキング牧師をリーダーに選んだことは間違っていなかった。それは最高の人選だった。彼をリーダーに選んだ人たちの思惑を超えて、若きキング牧師は、モンゴメリーのアフリカ系アメリカ人のコミュニティに支えられ、育てられながら、類い稀なるリーダーシップを発揮してボイコット運動を導いていくことになる。

バスボイコット運動を主導するＭＩＡの会長に推されたキング牧師。息つく暇もなく、ホールト・ストリート・バプテスト教会で決起集会が始まった。会長がスピーチする段取りになっていた。礼拝堂内に千人、礼拝堂の外に四千人、計五千人の群衆の前で、キング牧師のぶっつけ本番のスピーチが始まった。

キング牧師は、ローザ・パークスの理不尽な逮捕に触れ、モンゴメリーのアフリカ系アメリカ人の奥底にある怒りの感情に訴えた。だが、彼は「わたしたちが今夜手に持っている唯一の武器は抗議という武器です」「アメリカの民主主義の栄光は、正しいことのために抗議できる権利です」と言って、白人たちのように暴力に走らず、民主主義に則った平和的な抗議を行うことを強調した。神と民主主義の前で、アフリカ系アメリカ人が人種隔離政策に反対することは正しいことなのだ。人種隔離政策こそ「不法」なのだ。バスの隔離政策こそ間違っているのだ。だからその間違った制度を変えていくことは「正しいこと」なのだ。今わたしたちはその正しいことを行おうとしている。そう力説するキング牧師のスピーチは集まっていたアフリカ系アメリカ人たちの琴線に触れた。


わたしたちが立ち上がったのは、決して間違っていません。

（五千人の群衆：そうです）

わたしたちが間違っているとすれば、最高裁が間違っていることになります。

（その通りです。拍手）

もし、わたしたちが間違っているとすれば、合衆国憲法が間違っているのです。（そうです。拍手）

もしわたしたちが間違っているとすれば、全能の神が間違っていることになります。

（その通りです。拍手）

もしわたしたちが間違っているとすると、ナザレのイエスは単なる夢想家で、この地上には来られなかったことになります。

（そうです。拍手）

もしそうなら、イエスの愛は無意味になります。

（拍手）

わたしたちは、ここモンゴメリーで、公道が水のように、正義がつきない川のように流れるまで、断固として闘い続けましょう。

（拍手、総立ち）


これはまさに奴隷のプランテーションで説教師と会衆の間で繰り広げられたコール＆レスポンスを彷彿とさせる。キング牧師の一言一言（コール）は、決起集会に集まった五千人のアフリカ系アメリカ人の心を突き動かした。それと同時に、その一言一言に応答する人々の熱い思い（レスポンス）にキング牧師の心が揺り動かされたのだ。

キング牧師がアトランタの実家から車を運転してモンゴメリーの教会に赴任したとき、ジョージアからアラバマに向かう道中、美しい田園風景を眺めながら、オペラを聴いて悦《えつ》に入っていたことを述懐している。

博士号を取得したキング牧師には高尚な西洋音楽のオペラを聴く自分はそこらのアフリカ系アメリカ人とは違うというエリート意識があったのだ。また彼は、アフリカ系アメリカ人の教会の牧師の説教は論理的でなく、それに応答する信徒たちも情緒的すぎると批判したこともあった。

そんなキング牧師がモンゴメリーのバスボイコット運動に巻き込まれ、大群衆の前に立たされた。アドリブで懸命に語る一言一言に群衆が熱く応答し、鳴り止まない拍手で総立ちになったとき、彼の心は激しく揺り動かされ、眠っていたアフリカ系アメリカ人魂、その鼓動するＤＮＡが呼び覚まされたのだ。Holt Street Address（ホールト・ストリート基調講演）として語り継がれる歴史的スピーチは、アフリカ系アメリカ人の大群衆と共に、キング牧師の心の奥底から湧き上がってきた、モンゴメリーでの最初のサウンド・オブ・フリーダム、自由への叫びだったのだ

画像18：バスボイコット決起集会で語るキング牧師
Eyes on the Prize: America's Civil Rights Years, 1954-1965, Juan Williams, A Robert Lavelle Book, Penguin Books, 1987, p75

コーヒーカップの祈り——キング牧師の最も暗い夜

バスボイコット運動が始まって二か月経った頃、夜遅くに帰宅したキング牧師は疲れてなかなか寝つけなかった。そのとき、電話が鳴った。「黒ん坊、三日のうちにこの町から出ていかなかったら、お前の家族の頭をぶち抜くぞ」という白人の脅しだった。これまでも脅迫電話を何度も受けていたが、このときばかりは耐えられなくなった。キング牧師は、キッチンでコーヒーでも飲んで気を落ち着かせようとした。だが、妻や幼い娘のことを考えるといても立ってもいられなくなり、思わずコーヒーカップの上にうつ伏せになって祈った。

そのとき、何者かがわたしに語りかけた。「お前は今お前の父親に電話してはいけない。母親に電話してもいけない。お前はただ、お前の父親がかつてお前に話してくれたあの方に頼らなければ

ならない。道なきところに道をお作りになることができる方に頼るのだ」。

そこでわたしはコーヒーカップの上にうつ伏せになった。わたしはそのことを決して忘れない。その夜、わたしは声を上げて祈った。「主よ、わたしは今正しいことをしようとしています。でも、わたしは今弱いのです。くじけそうです。勇気を失っています。でもこんな姿を人々に見せることはできません」。そのとき、わたしは内なる声を聞いたように思った。「マーティン・ルーサーよ、義のために立て。公義のために立て。真理のために立て。わたしはあなたと共にいる。世の終わりまで共にいる」。わたしは「闘いつづけよ」と優しく語りかける主イエスの声を聞いた。イエスはわたしに、決して一人にはしないと約束した。決して一人にはしないと。

バスボイコット運動のリーダーの想像を絶する孤独と不安。思わずコーヒーカップの上にうつ伏せるほどもがき苦しんだ。だが、その最も暗い夜、最も孤独で、最も苦しいとき、キング牧師は神に祈り、神にすがることができたのだ。

「苦しいときの神頼み」ということばは否定的に使われるが、それは本当ではない。人は本当に苦しいときは祈れないものだ。だが、最も苦しいときに、もし神に祈ることができたら、その人の抱えている困難の半分は解決されたようなものなのだ。それがキング牧師の「コーヒーカップの祈り」だった。彼は、次の日の朝、何事もなかったかのように確信に満ちて、バスボイコット運動の闘いに出て行ったのだ。

バスボイコット運動に参加した老女ポラードは、バスに乗らず毎日二十キロを歩き通した人だった。ある日、車で通りかかったキング牧師が「乗っていきませんか」と声をかけると、彼女はそれを丁寧に断り、「わたしの足は疲れていますが、魂は安らかです」と答えた。その言葉こそ、バスボイコット運動に関わっていたすべてのアフリカ系アメリカ人の思いを代弁するものだった。

またあるとき、元気がないキング牧師を見たポラードは「白人の脅迫に苦しんでいるのでしょう。わたしたちはいつも一緒ですよ。わたしがいつも一緒にいなくても、主が一緒にいてくださいますよ」と言って、「Lord is taking care of you（主があなたを守ってくださる）」とゴスペルソングの一節をキング牧師のために歌った。

運動の矢面に立ったキング牧師の家には、毎日四十回もの脅迫電話がかかり、家は三度爆破され、十九回も投獄された。日々死の恐怖に晒されながら、キング牧師は老女ポラードのことばに慰められ、彼女が歌うゴスペルソングが彼を力づけた。

ガンジーに傾倒したキング牧師——イエスの教えを真に実践したヒンズー教徒

私がアトランタにある「キングセンター」を訪ねたとき、印象に残ったのは、ショーウインドーの中に展示されていた二つの書物だった。

一つは、革表紙がボロボロになったキング牧師の聖書だ。さすがキング牧師だと思った。常に聖書を開き、聖書のことばに聞きながらさまざまな困難の中を生き抜いた人であったことがうかがえた。

もう一つは、キング牧師が読み耽ったガンジーの著作だ。大学時代、キング牧師はガンジーに傾倒した。キング牧師の非暴力思想は、一方では聖書の中のイエス・キリストの非暴力の教え、もう一方ではガンジーの非暴力思想と彼が南アフリカ共和国とインドで実践した非暴力による抵抗運動に負うところが大きかった。

新約聖書のマタイによる福音書五章に「山上の説教」と呼ばれるイエスの有名な教えがある。

あなたがたも聞いているとおり、『目には目を、歯には歯を』と命じられている。しかし、わたしは言っておく。悪人に手向かってはならない。だれかがあなたの右の頰を打つなら、左の頰をも向けなさい。

あなたがたも聞いているとおり、『隣人を愛し、敵を憎め』と命じられている。しかし、わたしは言っておく。敵を愛し、自分を迫害する者のために祈りなさい。

奴隷制の国アメリカ、内戦の国アメリカ、リンチの国アメリカ。残念ながらこのイエスの非暴力の倫理を実践できた白人のキリスト教徒や教会はアメリカには存在しなかった。このイエスの教えを真に実践したのは、ガンジーとインドの同胞たちだった。

われわれの非協力はイギリスが作り出した制度との非協力であり、物質文明およびそれに伴う貪欲と、弱者に対する搾取との非協力である。

インドの闘争が世界の注目を集めている理由は、その自由を勝ち取るためにインド人がとっている手段が、非暴力による抵抗運動という誰も行ったことのない独自のものだからだ。

受け身の抵抗というのは、非暴力についての間違った呼び方だ。非暴力は暴力よりも、もっと積極的なものである。

アメリカにおいて誰も実践できなかったイエスの非暴力の教えを実践したのは、ヒンズー教徒のガンジーだった。ガンジーと三億人のインド人同胞はそれまで誰も行ったことがなかった「非暴力による抵抗運動」によって大英帝国の支配を打ち破った。映画『ガンジー』を観ると鮮明になるのが、大英帝国が非暴力で抵抗するインド人に暴力をふるえばふるうほど負けていったということだ。

キング牧師は、将来、モンゴメリーに赴任してバスボイコット運動を率いることになることを見越していたかのように、ガンジーの非暴力思想に傾倒し、その非暴力による抵抗運動から学んでいた。いわば非暴力によるバスボイコット運動実践のための予習を終えて、

画像19：ガンジーに傾倒するキング牧師
Martin Luther King Jr. 1929-1968：*An Ebony Picture Biography,*
Johnson Publishing Company, Inc. Chicago, 1968, p1

モンゴメリーに乗り込んできたようなものだ。ガンジーを師匠に、今度はキング牧師がアメリカで誰も成し遂げたことがなかった「非暴力抵抗運動」を実践し、モンゴメリー、そしてアメリカ社会を変革していくのだ。

銃を捨て、名実共に「非暴力運動のリーダー」になったキング牧師

ある日、キング牧師の家に爆弾が投げ込まれた。彼が家に戻ってみると、多くのアフリカ系アメリカ人が武装して集まっていた。彼は武装蜂起しようとする人たちに言い聞かせた。

　武器など取らないでいただきたい。剣で生きようとするものは、剣で滅びるのです。われわれは敵をも愛そうとしているのです。ですから、みなさんも敵を愛してください。彼らに優しくしましょう。彼らを愛し、あなたがたが彼らを愛していることを知らせてください。

このように、バスボイコット運動において、キング牧師はつねに自分が学んできた非暴力思想を説き、非暴力運動を実践しようとした。

しかし、キング牧師は、非暴力思想を説いていたにもかかわらず、Pure Pacifist（絶対平和主義者）ではなかった。絶対平和主義とは、いかなる場合も非暴力を貫き、正当防衛であっても武力行使をしない立場を指す。だが、キング牧師はそうではなかった。彼には妻と幼い娘がいた。家に爆弾が投げ込まれるくらい危険と隣り合わせだった。だから、彼は何かあったときのために自宅に銃を隠し持っていたのだ。

あるとき、友人から「あなたは非暴力思想家気取りでアフリカ系アメリカ人の同胞に非暴力運動を説いているが、自分の家には銃を置いている。おかしいじゃないか」と指摘された。これには愚の音も出なかった。家に銃を置いていたキング牧師は、家の回りにも武装した警備員を配置し、車の中に銃を携帯する許可さえ取っていたのだ。キング牧師はその夜、妻のコレッタと遅くまで話し合った。

非暴力運動の指導者の一人として奉仕していながら、自分の個人的護衛のために暴力の武器を用

いることができようか。最終的に武器は解決にならないということで妻と同意した。そこでわたしたちは、自分たちが持っていた一丁の武器を捨てる決心をした。

わたしは、モンゴメリーで、家に銃を一丁置いていた時の方が、ずっと恐怖心を抱いていた。ところがもう銃を持つことはしないと決意したその時から、わたしはもはや銃を必要としなくなったし、また恐れも抱かなくなった。

バスボイコット運動の中で、白人の暴力を恐れ、銃を握りしめていたキング牧師は「偽りの非暴力主義者」であり、決して完全なる絶対平和主義者とは言えなかった。だが、その銃を捨て、武器を放棄する勇気を持ったとき、彼は真の非暴力主義者に変えられていったのだ。

絶対平和主義は〈悪への無抵抗〉ではなく、〈非暴力による抵抗〉なのです。

今日、わたしたちの選択肢は、もはや、暴力か非暴力か、ではありません。非暴力か非存在か（either nonviolence or nonexistence）そのどちらかなのです。

キング牧師はそう言い切って、その後のバスボイコット運動とそれに続く公民権運動を徹底的な非暴力運動として粘り強く導いていくリーダーとして成長していったのだ。

バスボイコット運動には、モンゴメリーの二百台を超える黒人のタクシーが協力した。バスの運賃と同じ十セントでアフリカ系アメリカ人を乗せるのだ。しかし、これはすぐ法律で禁じられたため、ボイコット運動はカープール作戦に切り替えた。これに協力したアフリカ系アメリカ人の車は三百台、四十カ所以上の発着所を設定し、人々を運んだ。カープールなしにはバスボイコット運動は遂行《すいこう》できなかった。

キング牧師自身もカープールに協力していたが、いつも白人のパトカーが後をつけてきた。

ある日、「降りろ、キング。お前は時速二十五マイルゾーンのところを三十マイルで走っていた」と白人警官に止められ、スピード違反で逮捕された。パトカーに乗せられ、知らない場所に連れていかれるとき、キング牧師はどこかでリンチされるのではないかと恐怖に怯えた。彼はある監獄へ連れていかれ、しばらく留置されていたが、支援者たちによってすぐに釈放された。キング牧師は「わたしは外に出て多くの友人や有志の人々の姿を見て、しばらくの間失っていた勇気を回復した。わたしは自分が一人ではないことを知った」と語っている。この経験を通して、彼の自由のための闘いへの思いはいよいよ高められた。

キング牧師はこの逮捕を皮切りに、公民権運動を中心に、合計二十九回も逮捕された。理不尽な逮捕だったが、それは人種隔離政策という「不法」と闘った者だけに与えられる名誉ある勲章、公民権運動の正しさの証明だったのだ。

非暴力の底力——
白人の暴力を敗北へと向かわせた
賛美の輪と最高裁の判決

モンゴメリーのバスボイコット運動を描いた映画『Long Walk Home』のエンディングには、モンゴメリーにおける白人の暴力とアフリカ系アメリカ人の非暴力による抵抗を象徴する場面が登場する。

カープールによってバスボイコット運動を粘り強く継続するアフリカ系アメリカ人たちに業を煮やした白人男性たちが、カープールの待ち合い場所を襲撃する。カープールさえ潰してしまえば、バスボイコット運動は力を失うからだ。

百人を超える怒れる白人たちは、カープールの待ち合い場所に押しかけ、アフリカ系アメリカ人のカープールに協力していた白人女性の車さえ容赦なく破壊し、アフリカ系アメリカ人の男性運転手に暴力をふるった。そして、車に乗るために集まっていたアフリカ系アメリカ人の女性たちを取り囲み、「帰れ、歩いて帰れ」「帰れ、ニガー、アフリカに帰れ」と連呼し、彼女たちを追いつめた。そのような喧噪の中、一人のアフリカ系アメリカ人の女性が静かに歌い始めるのだ。

わたしたちは光の中を歩み始める
天国の輝きがわたしたちを照らす
わたしはみなに訴えたい

世の中の愚かさを
わたしはイエスの教えと共に歩み始めた
わたしはやり遂げる
わたしはやり遂げる
他人が何をしようと、わたしは責任を取る
わたしはやり遂げる
わたしはたどった、主イエスのたどった茨の道を
わたしはイエスの教えと共に歩み始めた
わたしは最後までやり遂げる
わたしは最後までやり遂げる

映画『Long Walk Home』より

周りにいた女性たちもこれに加わり、その賛美の輪が次第に大きくなり、その喧噪の中に、美しく、力強く響き渡っていった。こんなに美しい光景が他にあるだろうか。「歩いて帰れ、ニガー」と罵っていた白人男性たちも口をつぐみ、喧噪は鎮まっていった。追い込まれていたアフリカ系アメリカ人の女性たちの賛美の歌声が暴徒たちを押し返したのだ。それがモンゴメリーのアフリカ系アメリカ人の女性たちのサウンド・オブ・フリーダム、自由への叫びだった。この場面は、モンゴメリーのバスボイコット運動の結末を暗示している。暴力によって力づくでアフリカ系アメリカ人を屈服させようとした白人男性たちは、非暴力運動に徹し、賛美歌とゴスペルで立ち向かったアフリカ系アメリカ人女性たちの前に敗北していったのだ。

バスボイコット運動から一年近く経った一九五六年十一月十三日、モンゴメリー市は、アフリカ系アメリカ人のカープールを禁止し、キング牧師ら運動のリーダー百人以上をアラバマ州の法律違反の容疑で起訴した。モンゴメリーのバスボイコット運動も、もはやここまでかと思われた。

その日、バスボイコット運動のリーダーたちは逮捕されるために警察に出頭した。誰も逮捕を免れようとはしないどころか、それを誇りに思っていた。キング牧師も「わたしは自分の犯した犯罪を誇りに思う。我が民に威厳と自尊心を注入するための犯罪なのだ」と語った。だが、まさにそのとき、キング牧師の耳に「モンゴメリーのバスの人種隔離政策は違憲」とする最高裁判決のビッグニュースが飛び込んで来たのだ。それはローザ・パークスが上告した裁判の結果だった。

大どんでん返しが起きたのである。モンゴメリー市やアラバマ州の法律を超える最高裁という法がモンゴメリーのアフリカ系アメリカ人たちの側に立ったのだ。この最高裁の判決に、アフリカ系アメリカ人たちの一年に及ぶバスボイコット運動が大きな影響を与えたことは言うまでもない。

「バスに戻るときは、どうか敵を友に変えるにふさわしい愛の態度で接しよう」。一九五六年十二月二〇日、モンゴメリーのバス統合の命令書が最高裁から届いたのを見届けたキング牧師は、こう言ってバスに乗った。ついにモンゴメリーのバスは人種統合された。このボイコット運動で、傷ついたり、命を落としたりした白人は一人もいなかった。こうしてモンゴメリーは、勇気ある「新しいアフリカ系アメリカ人」を生み出し、人種隔離政策撤廃を目指した非暴力の公民権運動は南部全体に広がっていった。キング牧師も、地方区のモンゴメリーから、そのStride Toward Freedom（自由への大いなる歩み）を全国に向けて踏み出していくのだ。

（Stride Toward Freedom：The Montgomery Story, Martin Luther King, Jr.）

第九章

人種統合への血の滲むような闘い

今日はバーミングハムの暗黒の日だ。警官たちは獰猛な警察犬を解き放ち、非暴力で武器を持たない人々に襲いかからせた。消防士の放水は鉄柱のような威力で少年や少女、老人たちをなぎ倒した。だが、バーミングハムはなんという卑劣な町なのだろう。バーミングハムの卑劣さにもかかわらず、わたしたちはこの町に対して、わたしたちの親切心と善意と非暴力の決意をもって向き合う。それがどんなに難しいことであっても、わたしたちはその敵意に愛をもって向き合う。それがどんなに困難なことであっても、わたしたちはその暴力に対して、魂の力で向き合う。

（キング牧師）

エラ・フィッツジェラルドの逮捕——人種統合の試みの結実

一九五五年十二月、モンゴメリーでローザ・パークスが逮捕されたが、時を同じくするように、その直前の十一月七日、アフリカ系アメリカ人でジャズ・シンガーのエラ・フィッツジェラルドがテキサス州ヒューストンで逮捕されていた。

エラ・フィッツジェラルドのマネージャー・ノーマン・グランツは、ヒューストンで、著名なジャズ・ミュージシャンが出演するJazz at Philharmonic（ＪＡＴＰ）を企画していた。彼は、アフリカ系アメリカ人ではなく、ユダヤ人の家系だったが、熱心な公民権運動家だった。彼はＪＡＴＰを人種統合されたショーと宣伝し、会場のトイレのドアの「黒人専用」「白人専用」のマークを取り外した。エラ・フィッツジェラルドは、ジャズ・トランペッターのディジー・ガレスピー、サックス奏者のイリノイ・ジャケー、ピアニストのオスカー・ピーターソン、ドラムスのバディ・リッチと一緒に出演し、人種統合された客の前で歌ったのだ。

最初のショーが終わると、警官が楽屋に突入し、エラ・フィッツジェラルドとディジー・ガレスピー、イリノイ・ジャケーを逮捕した。容疑は楽屋裏でギャンブルをしていたというものだが、人種統合されたショーに出演したための見せしめの逮捕だったことは明白だった。ヒューストンで生活したことのあるイリノイ・ジャケーはこう語った。

わたしの故郷とも言えるヒューストンの人種隔離政策に対して、もしわたしが何もしなかったら、後悔すると感じていた。あのショーがそのときだった。人種隔離政策を終わらせなければ。

ジャケーも、エラ・フィッツジェラルドも、みなそんな気持ちでヒューストン入りしていたのだ。翌年も、エラ・フィッツジェラルドはヒューストンで歌った。そのときは逮捕されなかった。ジャズによる人種統合の試みが実を結び始めていたのだ。

一九五七年、エラ・フィッツジェラルドのファンだった女優のマリリン・モンローは、ロサンゼルスにあるモカンボ・ナイトクラブにエラ・フィッツジェラルドの出演許可を依頼した。モンローは自分が毎晩最前列に座ってショーを観ることを条件にエラ・フィッツジェラルドの出演許可を勝ち取った。こうしてエラ・フィッツジェラルドは人種隔離されていたロサンゼルスの有名なナイトクラブに出演した最初のアフリカ系アメリカ人となったのである。

エラ・フィッツジェラルドは、ビリー・ホリデイ、サラ・ヴォーンと並ぶ女性ジャズ・シンガーの女王だ。彼女のダイナミックで魅力的な歌声は、一九五〇年代から一九六〇年代にかけて、多くのアフリカ系アメリカ人があえて行こうとしなかった、人種隔離が先鋭化した南部の町や地域に彼女を誘《いざな》った。ヒューストンでの逮捕劇が示すように、それがエラ・フィッツジェラルドというジャズの巨人であっても、人種統合への道は茨の道だった。だが、エラ・フィッツジェラルドの類い稀なる才能と人種統合への情熱が徐々に道を切り開き、彼女に続く者たちのために道を備えたのである。

音楽は世界共通のことば
音楽は(分断された)人々を近づけてくれるものよ

画像20：逮捕されるエラ・フィッツジェラルド（右）
www.snopes.com/fact-check/ella-fitzgerald-arrested/

NAACP（全国黒人地位向上協会）は、そのようなエラ・フィッツジェラルドの功績を称え、表彰している。その可憐でダイナミックなスキャットで、人種隔離の壁を打ち壊していったエラ・フィッツジェラルドは、アフリカ系アメリカ人の「インスピレーション」（鼓舞する人）だったのだ。
（Ella Fitzgerald: Breaking down racial barriers with her voice, Rebecca Kuske, 2017.4)

エルビス・プレスリーも人種統合のために闘ったエンターテイナーだった。エルビスは、一九七〇年代、ラスベガスを中心にステージ活動を再開し、大きな成功を収めた。その模様は、映画『Elvis: That's the Way It Is』、『Elvis on Tour』となって、それぞれ一九七〇年、一九七二年に封切られ、大ヒットとなった。それらエルビスのショーでは、アフリカ系アメリカ人女性グループ、スウィート・インスピレーションズがバックコーラスを務めていた。

ラスベガスで成功したエルビスは、一九七〇年、ヒューストンのアストロドームでのコンサートを計画した。そのとき、エルビスとアストロドームの興行主との間で一悶着《ひともんちゃく》あった。スウィート・インスピレーションズのマーナ・スミスがその様子を伝えている。

エルビスとラスベガス以外で歌うのは初めてだったわ。わたしたちはとても興奮していた。それはヒューストンだった。でも、後でわかったことがあるの。ヒューストンの興行主が「あなたが来ることにワクワクしている。しかし、あのブラックガールたちは連れて来ないように」とエルビスに要請していたの。そのとき、エルビスは「もし、彼女たちが来ないのなら、わたしも行かない」と、その要請をつっぱねたの。エルビスがわたしたちを守ってくれたのよ。彼のおかげで、人々はとても友好的だったわ。

アフリカ系アメリカ人の公民権が勝ち取られてから数年経った一九七〇年でも、南部においてはこのような露骨な人種差別があり、アメリカ最大のスター、エルビス・プレスリーの重要なバックコーラスであっても、アフリカ系アメリカ人を排除する、そんな醜悪な思惑が働いていたのである。スウィート・インスピレーションズというリズム&ブルースの最高峰のバックコーラスをバックに、エルビス・プレスリーが歌う。エルビスのおかげで、ヒューストンの聴衆は、音楽における最高級の「人種統合」を楽しむことができたのである。

白人のエリート高校を卒業したリトルロック・ナインの快挙——妨害を生き抜いたアフリカ系アメリカ人の高校生

一九五七年、アーカンソー州の州都リトルロックでも、人種統合のためのすさまじい闘いが繰り広げられた。

その舞台はセントラル高校だった。セントラル高校は「アメリカで最も高価な学校建築」、「アメリカで最も美しい高校」と言われていたが、人種統合の闘いを通して「アメリカで最も醜い高校」として全米にその名を知られるようになった。

一九五四年、アメリカ連邦裁判所は、「ブラウン裁判」において、アメリカの公立学校における人種隔離は憲法違反であるとの画期的な判決を出した。その判決は、それまでの約六十年間、人種隔離されていたアメリカの公立学校が人種統合される道を開いたのだ。それから三年、周到な準備期間を経て、リトルロックのセントラル高校という白人だけが通うエリート高校に、女子生徒六人、男子生徒三人、計九人のアフリカ系アメリカ人の生徒が入学することになった。九人は公民権運動のシンボルとして「Little Rock Nine」（リトルロック・ナイン）と呼ばれた。リトルロック・ナインによって、人種隔離されていた高校が人種統合される、アメリカ史に残る画期的な出来事が起きたのだ。

だが、この人種統合の企ては激しい抵抗に遭う。一九五七年九月四日の始業日、リトルロック・ナインがセントラル高校に向かうと、アーカンソー州知事オーヴァル・フォーバスが州の軍隊を出動させ、リトルロック・ナインの前に武力をもって立ち塞がり、その入学を力づくで阻止したのだ。高校の前には、人種統合に反対する数百人の白人たちがリンチのためのロープやダイナマイトを持って集まり、リトルロック・ナインに襲いかかった。リトルロック・ナインの一人、メルバ・パティロ・ビールスは、母と一緒に命からがら家に逃げ帰ったが、その日から嫌がらせや脅迫の電話がひっきりなしにかかり、夜には家に銃弾が撃ち込まれた。アーカンソー州知事とリトルロックの白人たちは、最高裁判決を無視し、力ずくでリトルロック・ナインの入学を阻止したのである。セントラル高校の人種統合は不可能だった。

知事の州兵の派遣、これは南部の白人たちにとっては驚くべきことではなかった。「ブラウン裁判」の後、南部出身の上院議員十九人、下院議員七十七人が「南部宣言」に署名している。これには「合衆国憲法に反するブラウン裁判の判決を破棄させ、また、その判決の強制執行を阻止するために、あらゆる合法的手段を使う」と書かれていた。あらゆる手段を使って、州の軍隊を導入してでも、アフリカ系アメリカ人の生徒の入学を阻止することは、南部の白人たちの使命だったのである。

すると今度は、アイゼンハワー大統領が動いた。大統領は「アーカンソー州知事は連邦裁判所の判決に従わなければならない」と連邦軍を出動させ、リトルロック・ナインを武装した軍隊によって護衛し、入学を達成させたのだ。さすがすべてを武力で解決してきた国アメリカだ。こうしてリトルロック・ナインは、毎日、連邦軍の護衛を受けて高校に通うことになった。

しかし、それですべてが解決したわけではなかった。軍隊の護衛は、高校内では、教室、体育館、食堂など、生徒が活動する空間に入ることができなかった。リトルロック・ナインは、護衛が入ることが許されないあらゆる場所で白人の高校生たちからいやがらせや暴力を受けたのだ。殴られる、倒される、ロッカーを壊される、つばを吐きかけられる、得体の知れない液体を目にかけられる、ナイフを突きつけられる。言葉による暴力も含め、ありとあらゆる暴力によって苦しめられた。白人の教師たちは見て見ぬふりをした。ある日、白人至上主義者たちが銃とロープをもって「奴らを木に吊るせ!」と高校に大挙して乗り込んできたときは、さすがの軍隊の護衛も、リトルロック・ナインを連れて高校を脱出した。

町では、セントラル高校のことがあってから白人店主に仕事を解雇されるアフリカ系アメリカ人が続出し、人種統合に関わる人たちの家には次々に爆弾が投げ込まれた。しかし、メルバの通う教会の牧師は「裁判所の判決は神の意志です。神はわたしたちに人種統合を成し遂げる力を与えてくださいます。この分断された社会が癒されるよう祈り、労していきましょう」と人々を鼓舞した。メルバの祖母や母の信仰も彼女を支えた。高校での「絶え間のない拷問」に冷静さを失ったとき、メルバは「もしできることなら銃で彼らを脅かしてやりたい」という思いがこみ上げてきた。そんなとき、祖母は「怒って、やり返したら、あなたの負けよ」「人種隔離主義者はあなたが失敗すること(やり返すこと)を待っているのよ」「わたしはあなたに、暴力と怒りなしで平和を成し遂げたガンジーについてもっともっと学んでほしいわ」とことあるごとにメルバを諭した。事実、リトルロック・ナインの一人ミニジーン・ブラウンは、白人生徒の嫌がらせに対するリアクションが暴力と見なされ、退学処分を受けていた。そのとき、高校には「One down, Eight to go」(一人脱落、あと八人だ)という貼り紙が張られた。メルバは「わたしにやり返さない強さを与えてください」「わたしが信仰を保ち、ガンジーが困難のとき、いかに振る舞ったかをもっと理解できるようにしてください」と神に祈るようになった。「黒ん坊、出て行け」と嘲《あざけ》られ、暴力をふるわれたとき、メルバは祈りと笑顔で、その嫌がらせを受け流せるようになっていった。すると次第にメルバたちリトルロック・ナインを理解し、笑顔で応えたり、助けてくれる白人生徒たちも現れるようになっていった。

リトルロック・ナインは、一年間の高校通学をやり抜き、そのうち最上級生だったアーネスト・グリーンはたいへんな妨害をくぐり抜けてセントラル高校を卒業した。人種隔離されていた白人だけの高校から初めてアフリカ系アメリカ人の卒業生が誕生したのである。一九五八年、セントラル高校はついに人種統合された学校となったのだ。

夏休みになるとリトルロック・ナインは英雄として全米各地で引っ張りだこになった。しかし、新しい学期が始まろうとしたとき、アーカンソー州知事フォーバスは、なんとセントラル高校を閉鎖してしまった。たった六人（一人はニューヨークに転校）のアフリカ系アメリカ人生徒を再び就学させたくないがために、在学中の二千人の白人生徒を犠牲にしたのだ。フォーバスは人種統合命令が出ていた他の二校も閉鎖した。リトルロック・ナインのセントラル高校での高校生活は一年であっけなく終わり、六人はそれぞれの道を歩んでいくことになる。メルバは著書を出版した一九九四年、「あれから三十六年たった今でも、アメリカでは人種統合は依然として実現されていない」と言っている。

リトルロック・ナインの活躍は、わずか一年で終わった。だが、わずか一年であっても、いたいけなアフリカ系アメリカ人高校生男女が人種隔離されていた巨大な白人エリート高校に乗り込み、どんな暴力や嫌がらせにも屈せず、人種統合をやり遂げた画期的な出来事はアメリカ史に永遠に刻まれるものだ。そして、この偉業はリトルロック・ナインだけで成し遂げられたものではなかった。リトルロック・ナインの背後には、長年、人種差別と人種隔離政策に苦しめられ、人種統合を渇望するアフリカ系アメリカ人のコミュニティがあり、教会があり、牧師がいて、「敵を愛し、自分を迫害する者のために祈りなさい」との聖書のイエスの教えがあり、ガンジーを模範とする非暴力思想があったのだ（メルバの著書には、ガンジーは出てくるが、わずか一年前に起こったモンゴメリーの非暴力によるバスボイコット運動やキング牧師については出てこない）。リトルロック・ナインがセントラル高校に通った一年間、リトルロックのアフリカ系アメリカ人コミュニティは、毎日、手に汗を握りながら、彼女らの無事を祈っていたのだ。

アメリカ史上、公立学校において初めての人種統合を、非暴力で成し遂げたリトルロック・ナインの輝かしい偉業、その一年間の苦悩の日々は、彼女らを支え続けたリトルロックのアフリカ系アメリカ人コミュニティ全体から湧き上がったサウンド・オブ・フリーダム、自由への叫びだったのだ。

(Warriors Don't Cry: A Searing Memoir of the Battle to Integrate Little Rock's Central High, Melba Pattillo Beals)

画像21：リトルロック・ナインに襲いかかる白人女性たち
www.buzzfeednews.com/article/gabrielsanchez/little-rock-nine

チャールズ・ミンガスの風刺――
リトルロック・ナインへ捧げた洪水のようなブルース

一九五九年、リトルロック・ナインがセントラル高校で人種統合を成し遂げた翌年、ジャズの巨匠でベース奏者、アフリカ系アメリカ人のチャールズ・ミンガスが「Fables of Faubus」(フォーバスの寓話)という曲を発表した。フォーバスのことだ。フォーバスとはあのアーカンソー州知事フォーバスのことだ。最高裁判決を無視し、州の軍隊を派遣して、力づくでリトルロック・ナインの登校を阻止したフォーバス。最後は、リトルロック・ナインとの人種統合を避けるためにセントラル高校を閉鎖するという暴挙に出た。ミンガスは、リトルロック・ナインに対するフォーバス知事と白人たちの暴力を見て、ジャズ・ミュージシャンとして黙っていられなくなり、フォーバスを名指しで批判する曲を発表したのだ。

この曲は、ミンガスとドラマーのダニーとの掛け合い(コール&レスポンス)という手法を使って、フォーバスへの強烈な批判を軽妙な風刺に変えていく。そしてミンガス・バンド特有の奇抜で洪水のようなサウンドがその風刺を盛り上げていく。これはミンガスの重厚な「ジャズブルース」だ。「人種統合を認めない、吐き気がするほどバカなやつめ」とミンガス節が炸裂する「Fables of Faubus」、これはリトルロック・ナインのために捧げた、チャールズ・ミンガスの渾身のサウンド・オブ・フリーダム、自由への叫びだった。

シット・イン――マックス・ローチの自由への強烈な主張

一九六〇年、ジャズドラマーのマックス・ローチがアルバム『WE INSIST! Max Roach's Freedom Now Suite』をリリースした（タイトルの意味は「わたしたちは主張する」）。このアルバムジャケットには度肝を抜かれる。三人のアフリカ系アメリカ人が客としてランチカウンターの白人専用席に座り、白人のウェイターがカウンターの中に立って給仕している白黒写真が使われているのだ。人種隔離政策の真っただ中、このあり得ない構図が物議をかもした。

このアルバムの発表は、その年の二月に起きたSit In（シット・イン＝座り込み運動）に由来していた。アフリカ系アメリカ人専用の大学、ノース・カロライナ農工州立大学のアフリカ系アメリカ人の四人の学生が、公民権運動に触発され、グリーンズボロの雑貨店ウルワースのランチカウンターの白人専用席にシット・インしたのだ。人種隔離政策撤廃を求める、座り込みという新しい非暴力の抵抗だ。白人経営者からのさまざまな抵抗や白人からの嫌がらせや暴力に晒され、多くの逮捕者を出しながらも、彼らは白人専用席に座り続けた。このシット・インに数百人のアフリカ系アメリカ人が加わった。

勢いを得たシット・インは、ナッシュビルにも波及した。数千人のアフリカ系アメリカ人による非暴力抵抗運動に発展したナッシュビルは、五月には、南部で初めて公共施設の人種隔離を廃止した町となった。あっという間に全米七十八都市に広がったシット・イン。堂々と白人専用席に座り込むアフリカ系アメリカ人学生たち。

マックス・ローチの「主張」は明確だった。そのアルバム・ジャケットに象徴されているように、マックス・ローチは、ジャズという自分たちアフリカ系アメリカ人の作り上げてきた音楽にどっしりと「座り込み」、人種隔離政策に真っ正面から抗議の声を上げたのだ。

アルバムの二曲目に収録されている「Freedom Day」では、ドラマーのマックス・ローチが刻む力強いリズムに乗せて、アビー・リンカーンが奴隷解放の喜びを歌っている。この曲は、奴隷のアフリカ人たちが百年前の奴隷解放によって得られた自由を歌っているようだが、マックス・ローチにとって、それは未だ完全には得られていないフリーダムを渇望する歌でもあった。「Freedom Day」をはじめとする収録された五曲は、奴隷制、公民権運動、そして南アフリカ共和国のアパルトヘイトまで世界の人種差別を網羅する重厚なジャズの組曲だ。挑発的なアルバム・ジャケットといい、激しい演奏や歌詞の内容といい、あの時代に、ここまで人種隔離政策に対して攻撃的な音楽を生み出せるものだろうか。これがジャズのなせる業だ。『WE INSIST!』は、マックス・ローチの全身全霊をかけたサウンド・オブ・フリーダム、自由への強烈な主張だったのだ。

画像22：マックス・ローチの強烈な「主張」
https://nmaahc.si.edu/object/nmaahc_2015.103.3ab

レイ・チャールズ——故郷を失ってもなお歌い続けた、その信念とは

盲目のアフリカ系アメリカ人レイ・チャールズは、一九六〇年代、ジャズとブルース、リズム&ブルース、そしてゴスペルを融合する、当時としては画期的で豪快なサウンドで人気を博した。

レイ・チャールズの人生を大きく変えたのは、一九

六一年三月、ジョージア州オーガスタのコンサート会場での出来事だった。

会場のベル講堂に到着したレイ・チャールズは、そこで自分の音楽を聴きに来たアフリカ系アメリカ人たちが不当に扱われる人種差別の現実に触れた。チケットは、一階席は白人のみで、バルコニー席がアフリカ系アメリカ人と人種隔離されていたのだ。そして白人によってアフリカ系アメリカ人が罵倒され、侮辱されていた。レイ・チャールズはこれに憤慨し、コンサートを直前になってキャンセルしたのだ。これによりレイ・チャールズは、厳しい批判を浴び、ジョージア州での音楽活動を禁止された。それが人種隔離の悲しい現実だった。アフリカ系アメリカ人の人気歌手は、白人とアフリカ系アメリカ人が人種隔離された会場で文句を言わず、おとなしくしていなければならなかったのだ。

オーガスタでの出来事が起こった前年、レイ・チャールズは「Georgia on My Mind（我が心のジョージア）」を大ヒットさせていた。

生まれ故郷のジョージアで、しかも自分のコンサートにおいて、アフリカ系アメリカ人への人種差別と醜悪な人種隔離がまかり通っている。レイ・チャールズはそれに黙っていることができなかったため、故郷ジョージアを失うという大きな代償を払うこととなったのだ。いや、我が心のジョージアを失うことになっても、あそこでは断じて歌わない、それがレイ・チャールズの信念であり、理不尽な人種隔離に立ち向かうレイ・チャールズの毅然としたサウンド・オブ・フリーダム、自由への叫びだった。レイは同じ年の秋に、テネシー州メンフィスで、人種統合されたコンサートの開催を実現するなど、人種隔離された音楽界への挑戦を続けた。

一九六一年のオーガスタでの出来事の後、キング牧師を中心としたアフリカ系アメリカ人による公民権運動が全米に広がり、一九六四年、一九六五年に、公民権法が相次いで制定され、法律の上では人種隔離政策は撤廃された。しかし、それでも、ジョージア州のレイ・チャールズに対する態度は変わらなかった。

一九七九年、オーガスタ事件から十八年、公民権法成立から十五年、ようやくジョージア州議会は、レイ・チャールズに謝罪し、彼のジョージア州への復帰を認めた。併せて、彼の代表作「Georgia on My Mind」

をジョージア州の州歌とすることを決定したのである。映画『Ray』も、レイ・チャールズがジョージア州議会に温かく迎えられる場面を感動的に描いている。あの人種隔離政策の時代、白人による理不尽な人種差別的システムに信念をもって抵抗したレイ・チャールズが最後に勝利したのである。

キング牧師とデモ行進するのは地獄のような命懸けの行為だった

モンゴメリーのバスボイコット運動でバスの人種統合を勝ち取ったキング牧師とＮＡＡＣＰ（全米黒人地位向上協会）は、その後も、ジョージア州アルババニーなど、南部のさまざまなところで、人種隔離政策の撤廃と人種統合を目指す示威行動を展開していった。

金城学院大学で働いていたサンフォード・テイボーン宣教師はバージニア州出身のアフリカ系アメリカ人だが、彼が大学生のとき、キング牧師が近くの町にやってきて、一緒にデモ行進に参加したという。わたしにとっては夢のような話だ。「キング牧師と一緒にデモ行進したって、うらやましいなあ。どんな感じだったの」と聞くと、最初、彼は何も語りたがらなかったが、やっとこう話してくれた。

キング牧師たちと一緒にデモ行進したら、さぞかしすばらしい体験をしたと思うだろうね。でもね、そんなにいいものではなかったんだよ。道の両側に大勢の白人たちが待ち構えていて、デモ行進するわたしたちに、汚い言葉で罵りながら、うんちかおしっこかわからないような汚い液体や、目に当たったら失明してしまうような大きな石を投げつけてくるんだ。だから、わたしは二回参加したけれど、もうその後は怖くなってやめてしまったんだ。それはわたしにとっていい思い出ではないんだよ。

キング牧師と一緒にデモ行進することは、白人の激しい暴力に晒される命懸けの行為だったのだ。公民権と人種統合を求めたキング牧師との行進。それは若き日のテイボーン青年にとって「天国のような体験」ではなく、思い出したくない「地獄のような体験」だったのだ。

人種隔離政策が最も徹底されたバーミングハムに響く、サウンド・オブ・フリーダム

キング牧師は、アラバマ州バーミングハムを「アメリカで人種隔離政策が最も徹底された町」と呼んだ。実際にバーミングハムと比較することができるほど人種差別のひどい町はどこにもなかった。人種差別主義者たちは、アフリカ系アメリカ人を脅し、襲撃し、殺しさえしたが、罰せられなかった。リンチでアフリカ系アメリカ人を去勢し、切断した体を道に捨てた。アフリカ系アメリカ人の家で爆弾や焼き討ちから守られた家は一軒もなかった。アフリカ系アメリカ人の教会や公民権指導者宅が爆破される事件が十七件も起きていたが、どれも未解決だった。そのためバーミングハムはボミングハム（爆弾の町）と揶揄された。人権が余りにも長く踏みにじられていたために、恐れと抑圧が工場から出るスモッグのように流れ、町は重苦しい雰囲気に包まれていた。

画像23：キング牧師たちの命懸けのデモ行進
Martin Luther King Jr. 1929-1968：An Ebony Picture Biography, Johnson Publishing Company, Inc. Chicago, 1968, p56

一九六三年、南部キリスト教指導者会議（ＳＣＬＣ）は、そのリンチと爆弾の町バーミングハムに狙いを定めた。南部の人種隔離政策の牙城での闘い。この町の人種隔離政策を撤廃できれば、南部の人種統合が大きく前進する勝負所だった。この計画は「プロジェクトＣ」と呼ばれ、本部を第十六番通りバプテスト教会に置いた。ＣはConfrontation＝対決を意味した。文字通り、徹底した非暴力抵抗運動と最悪の人種隔離政策の町との激突だった。

一九六三年五月、バーミングハムでデモによる非暴

力抵抗が始まった。キング牧師もデモ行進に参加したが、すぐに逮捕、投獄された。アフリカ系アメリカ人のこどもたちもデモ行進に参加した。こどもたちはみな歯ブラシを持参していた。留置所で歯を磨くためだ。つまり、逮捕され、留置される覚悟をもって臨んだデモ行進だった。

一人の少年の父は危険が及ぶことを心配して、息子にデモに参加することを禁じようとした。でも息子は言った。「お父さん、ぼくがこうしたいのは、ただ自分が自由になりたいからというだけでなく、お父さんやお母さんも自由になってほしいからだよ。お父さんが生きている間にそうなってほしいから」。七年前のモンゴメリーのバスボイコット運動のとき、歩き続ける初老の女性が「わたしは自分のこどもたちのため、孫たちのためにこうしているのです」と言ったが、今やバーミングハムでは、こどもたちが親たちのためにに立ち上がったのだ。キング牧師は「彼らはただ自分のためだけに行動しているのではなく、アメリカのすべての人々、そして、全人類のために行動しているのです。〝小さいこどもが彼らを導く〟（旧約聖書　イザヤ書十一章）のです」と語った。

その日、デモに参加した六歳から十八歳までのこどもたち九百五十九人が逮捕され、留置所に入れられた。留置所でこどもたちが用意してきた歯ブラシで笑いながら歯を磨いている微笑ましい光景を想像してみるがよい。それは最も醜悪な人種隔離の町の留置所の中から聞こえてくる、天使たちの純粋無垢なサウンド・オブ・フリーダム（＝自由への叫び）だった。

ケネディ大統領も絶句――全米に恥をさらした人種隔離政策の惨状

バーミングハムでは、こどもたちが逮捕された翌日もデモ行進が続けられた。デモ行進するアフリカ系アメリカ人たちに向かって、白人の消防士がホースから放水すると、逃げようとした人たちは建物の壁に叩きつけられ、行進していた人たちは道路脇に吹き飛ばされた。というのも、その放水は人間の骨を砕くほどの威力をもっていたのだ。しかし、消防士たちは容赦しなかった。追い打ちをかけるように警察犬が放たれ、デモ参加者に襲いかかり、噛みついた。そして警官たちは逃げまどうアフリカ系アメリカ人をこん棒で滅多打ちにした。

白人たちが非暴力で行進するアフリカ系アメリカ人に対してこうした悲惨な仕打ちを行うシーンは、夕方のテレビのニュースで全米の視聴者の知るところとなった。全米の市民は、南部の人種隔離政策の現実を目の当たりにして絶句した。ケネディ大統領もショックを受けるほど、それはあまりにもひどかった。

急転直下、バーミングハム市とアフリカ系アメリカ人との間に平和協定が結ばれ、逮捕拘留されていたデモ参加者全員が釈放され、トイレや水飲み場など公共施設の差別が撤廃された。平和的なデモ行進、非暴力での抵抗に徹したアフリカ系アメリカ人が、難攻不落とも思えた人種隔離政策の牙城を打ち破ったのだ。暴力に暴力を重ねたバーミングハムの白人たちの敗北だった。

画像24：バーミングハムで、デモ参加者をなぎ倒す放水
*Eyes on the Prize: America's Civil Rights Years, 1954-196*5, Juan Williams, A Robert Lavelle Book, Penguin Books, 1987, p192

フリーダムソングは非暴力運動の最大の武器だった

しかし、アフリカ系アメリカ人に負けた白人至上主義者たちの怒りは収まらなかった。

バーミングハム市とアフリカ系アメリカ人との間で平和協定が結ばれたその日、バーミングハムでキング牧師が宿泊していたホテルが爆破された。また、バーミングハムで牧師として働いていたキング牧師の弟、A・D・キング牧師宅も爆破された。

その日、アトランタにいて無事だったキング牧師は、心配して弟に電話をかけた。弟が無事なのを確認したキング牧師は、受話器の向こうから聞こえてくる歌に耳を澄ました。

だが、そのとき、弟の声の背後で、爆発的に膨れ上がっていく美しい歌声が聞こえてきた。瓦礫《がれき》に足を踏みしめ、犯罪的暴力と憎悪に脅かされながら、運動の担い手たちが「We Shall Overcome」を歌っていたのだ。

平和協定が結ばれても、なおも執拗に続く白人の暴力に対して、アフリカ系アメリカ人たちは、その暴力を賛美歌ではね返していた。それはなんという心燃える情景だったことだろう。またもやバーミングハムで爆弾が爆発した。しかし、そのとき、本当に爆発したのは「爆発的に」膨れ上がっていく美しい歌声、人種隔離政策撤廃を心の底から希求するアフリカ系アメリカ人たちのサウンド・オブ・フリーダム、自由への賛歌だったのだ。

(「We Shall Overcome」は、日本のプロテスタント教会の賛美歌集にも「勝利をのぞみ」というタイトルで収められている)

A・D・キング牧師の家が爆破されたとき、バーミングハムに響き渡った「We Shall Overcome」は、バーミングハム闘争のさまざまな局面ですでに歌われていた。直後に行われた「ワシントン大行進」では、公民権運動全体のテーマソングになり、二十五万人の参加者がこの歌を口ずさみながら行進し、キング牧師の「I Have a Dream」のスピーチの後、ゴスペルの女王マヘリア・ジャクソンが熱唱した。

人種隔離政策撤廃を目指す公民権運動において、アフリカ系アメリカ人の心を最も奮い立たせたのがFreedom Songs(フリーダムソング)だった。一切の武器を持たず、非暴力に徹して抵抗するアフリカ系アメリカ人にとって、唯一の、そして最大の武器が「歌うこと」だった。それは、奴隷のアフリカ人たちが苛酷なプランテーションでの生活を「歌うこと」で乗り切っていったことに通じている。実際、フリーダムソングは、その奴隷のアフリカ人たちのスピリチュアルに起源を持つものが多かった。

わたしたちは今フリーダムソングを奴隷たちが歌ったのと全く同じ理由で歌うことができる。なぜなら、わたしたちもまた束縛されているのであり、フリーダムソングは「われらは勝たん、黒人と白人は必ず共にならん、いつの日か、わたしたちは勝たん」という決意に希望を与えているからである。

（キング牧師）

昔、奴隷のアフリカ人たちが歌った苦しみのブルースと解放への希望が込められたスピリチュアル。それらを受け継いだアフリカ系アメリカ人たちが卑劣な人種隔離政策のただ中で歌い続けたフリーダムソング、これこそがアフリカ系アメリカ人の自由を求めるサウンド・オブ・フリーダムであり、公民権運動の魂だったのだ。

第十章

「I Have a Dream」──キング牧師の夢と悪夢

一九六三年に、ワシントンにおいて、わたしはこの国に向かって、わたしが抱いていた夢について語った。そしてわたしは告白しなければならない。あの夢について語った後まもなくして、わたしは夢が悪夢に変わるのを見始めたということを。それはアラバマ州バーミングハムの教会で、四人の美しい黒人の少女が殺されたときのことである。

（キング牧師）

「マーティン、あなたの夢を語るときよ」──「I Have a Dream」の背後にマヘリア・ジャクソン

一九六三年八月二十八日、公民権運動はMarch on Washington for Jobs and Freedom（仕事と自由のためのワシントン大行進＝ワシントン大行進）においてその頂点に達した。リンカーン記念堂前には、二十五万人の群衆が集まった。もちろん、人種問題に関わる集会としてはアメリカ史上最大規模だった。その中には公民権運動に賛同する六万人の白人も含まれていた。ボブ・ディラン、ジョーン・バエズ、ピーター・ポール＆マリーら、白人ミュージシャンたちも歌った。

その中に、ゴスペルの女王マヘリア・ジャクソンがいた。彼女はキング牧師のスピーチの直前に「I've Been Buked and I've Been Scorned」（なぐられ、ののしられても）というスピリチュアルを歌った。キング牧師が自分の準備したスピーチにふさわしい曲だからと、電話で彼女に歌ってほしいとリクエストしていたのだ。

一九五六年、マヘリア・ジャクソンはモンゴメリーのバスボイコット運動のときにキング牧師と初めて出会った。それ以来、彼女は公民権運動の同労者として、ずっとキング牧師を支えていた。キング牧師に依頼されると南部の危険な町にも同行し、ゴスペルソングを歌った。資金的な援助も惜しまなかった。キング牧師は苦しくてたまらなくなったとき、しばしばマヘリア・ジャクソンに電話して、彼女に電話口でゴスペルソングを歌ってもらい、魂に慰めと平安を得ていた。

ワシントンの大舞台でマヘリア・ジャクソンがゴスペルソングを熱唱した。最後はキング牧師の出番だ。二十五万人の大群衆を前にして、キング牧師は準備した原稿に沿って静かに話し始めた。原稿にまとめてあったスピーチが終わりに近づいたとき、すぐ近くに座っていたマヘリア・ジャクソンがキング牧師に向かって叫んだ。

「マーティン、彼らにあの夢を語るのよ」
「みんなに、あなたの夢を語らなきゃ」

すると、マヘリア・ジャクソンの言葉に促されるように、キング牧師は原稿を脇にしまい、意を決して、アドリブで彼の夢を語り出した。

絶望の谷間でもがくことをやめよう。友よ、今日わたしはみなさんに言っておきたい。わたしたちは今日も明日も困難に直面するが、それでもわたしには夢がある。それは、アメリカンドリームに深く根ざした夢である。

I have a dream
それは、いつの日か、この国が立ち上がり、「すべての人間は平等に作られているということは、自明の真実であると考える」というこの国の信条を、真の意味で実現させるという夢である。

I have a dream
それは、いつの日か、ジョージア州の赤土の丘で、かつての奴隷の息子たちとかつての奴隷所有者の息子たちが、兄弟として同じテーブルにつくという夢である。

I have a dream
それは、いつの日か、不正と抑圧の炎熱で焼けつかんばかりのミシシッピ州でさえ、自由と正義のオアシスに変身するという夢である。

I have a dream
それは、いつの日か、わたしの四人の幼い子どもたちが、肌の色によってではなく、人格そのものによって評価される国に住むという夢である。
今日、わたしはそれを夢みる。

I have a dream
それは、邪悪な人種差別主義者たちのいる、州権優位や連邦法実施拒否を主張する州知事のいるアラバマ州でさえも、いつの日か、そのアラバマでさえ、黒人の少年少女が白人の少年少女と兄弟姉妹として手をつなげるようになるという夢である。

自由の鐘を鳴り響かせよう。

これが実現するとき、そして自由の鐘を鳴り響かせるとき、すべての村やすべての集落、あらゆる州とあらゆる町から自由の鐘を鳴り響かせるとき、わたしたちは神の子すべてが、黒人も白人も、ユダヤ教徒もユダヤ教徒でない人々も、プロテスタントもカトリック教徒も、共に手をとり合って、なつかしいスピリチュアルを歌うことのできる日の到来を早めることができるだろう。「ついに自由になった！ ついに自由になった！ 全能の神に感謝する。わたしたちはついに自由になったのだ！」

マヘリア・ジャクソンは、公民権運動進展のため、頻繁にキング牧師に同行し、さまざまな集会でゴスペルソングを歌う傍ら、そこでキング牧師のメッセージを聞いていた。おそらく、そのどこかでキング牧師は自分の夢を熱く語り、彼女がそれを聞いていたのかもしれない。あるいは、遠征の道中、二人の会話の中でキング牧師が内に秘めていた夢を語っていたのかもしれない。いずれにしても、マヘリア・ジャクソンはキング牧師の熱く壮大な夢を知っていた。だから、彼女は、「マーティン、みんなにあの夢を語るのよ」「今こそ、あなたの夢をみんなに知らせるときよ」と、大舞台に立ったキング牧師に強く促したのだ。

もし、マヘリア・ジャクソンがキング牧師と一緒に公民権運動を闘っていなかったら、もし、マヘリア・ジャクソンが「マーティン、みんなにあなたの夢を語るのよ」と言わなかったら、キング牧師の「I Have a Dream」はなかっただろう。だが、マヘリア・ジャクソンに促され、原稿を捨てて、アドリブで彼の壮大な夢を熱く語り始め、「Free at last! Free at last! Thank God Almighty, we are free at last!」（ついに自由になった！ ついに自由になった！ 全能の神に感謝する。われわれはついに自由を得たのだ！）と奴隷のアフリカ人が歌ったスピリチュアルの一節で締めくくったとき、それはキング牧師の渾身のサウンド・オブ・フリーダム、自由への叫びとなり、アメリカ史上最高のスピーチとなって全米の人々の心を揺さぶったのだ。

（Mahalia Jackson's suggestion to Martin Luther King Jr. changed a good speech to a majestic sermon, Bev-Freda Jackson, 2023.8.28）
https://missouriindependent.com/2023/08/28/mahalia-jacksons-suggestion-to-martin-luther-king-jr-changed-a-good-speech-to-a-majestic-sermon/

「I Have a Dream」が悪夢に――「Alabama」に込められたジョン・コルトレーンの思い

ワシントン大行進の成功、キング牧師の名スピーチ「I Have a Dream」。アフリカ系アメリカ人にとって興奮冷めやらぬ歴史的出来事から二週間後、キング牧師とアフリカ系アメリカ人を打ちのめす悲劇が起こった。

画像25：マヘリア・ジャクソンとキング牧師
www.biography.com/musicians/mahalia-jackson-i-have-a-dream-influence

九月十五日、あの「プロジェクトC」の本部だったバーミングハムの第十六番通りバプテスト教会が爆破され、そこにいた四人の少女が爆死し、二十一人が負傷したのだ。また、同じ日に、同じバーミングハムで二人のアフリカ系アメリカ人の少年も白人に撃たれ、殺害された。言うまでもなく、それはワシントン大行進の成功に対する白人至上主義者の怒りの報復だった。ここはより凶悪な爆弾の町「ボミングハム」になっていた。キング牧師の見た夢はたちまち悪夢に変わった。

おお神よ、わたしたちは教会の中でさえ安全でありません。街路を歩いていても安全ではない。家にいても安全ではない。教会にいても安全ではない。それゆえアフリカ系アメリカ人はどこにじっとしていても肉体的危機にさらされていると感じる。いったいこのような爆弾投下の真只中で、神はどこにおられるのだろうか。

バーミングハムの教会が爆破され、四人の少女が殺されてから二か月後の一九六三年十一月十八日、アフリカ系アメリカ人のジャズ・ミュージシャン、サックス奏者のジョン・コルトレーンが「Alabama」を演奏した。「Alabama」は、その四人の少女たちのことをモチーフとした曲だった。

コルトレーンは、テナーサックス、アルトサックス、ソプラノサックス奏者で、彼の演奏には歌詞がない。だが、この曲には歌詞があった。厳密に言えば、彼の演奏の背後に「隠れた歌詞」があったのだ。コルトレーン自身は語っていないが、彼と一緒に「Alabama」を演奏したピアニストのマッコイ・タイナーは「この曲のリズムは、キング牧師のスピーチのリズムを土台としている」と語っている。少女たちの爆死にショックを受けたコルトレーンは、その直後に行われた彼女たちの告別式をレポートした新聞記事を読んでいた。そこには爆死した少女四人のうちの三人の葬式で語られたキング牧師の言葉が記されていた。

「彼女らは無益に死んだのではありません」。悲しみにくれる数千人の前でキング牧師はそう語った。

キング牧師はまた「神は依然として悪から善を

導き出す道を備えておられます」「この罪のない少女たちの犠牲の血は、この暗黒の町に新しい光を点す贖罪《しょくざい》の力として奉仕しているといってもよいのです」と少女たちの親を慰めた。

キング牧師はさらに「この暗黒の事態にもかかわらず、絶望してはなりません」と人々に語りかけた。

最後に、キング牧師は「白人の兄弟姉妹に対して信頼を失ってはなりません。わたしたちの人生は困難で、練鉄のように厳しいのです。しかし、今日、わたしたちは一人で歩いているのではありません」と人々を励ました。

(Thousands See 3 Girls Buried, Hoyt Harwell, the Associated Press, 1963.9.19)

何の罪もない純粋無垢な少女たちへの非道な白人の暴力。夢が悪夢に変わるほどの衝撃。その深い悲しみと白人至上主義者への怒りを抱えながら、コルトレーンは少女たちの告別式でのキング牧師のメッセージを心に留めた。そして、キング牧師のメッセージを自分の思いと重ね合わせるように、キング牧師のひとつひとつのスピーチのフレーズを彼の音楽の上に乗せていったのだ。歌詞はないが、コルトレーンはテナーサックスに乗せて、「キング牧師のことば」を歌ったのだ。

彼女らは無益に死んだのではない　(5秒)

神は悪から善を導き出す道を備えておられる
彼女らは無益に死んだのではない　(15秒)

この罪のない少女たちの犠牲の血は、
この暗黒の町に
新しい光を点す贖罪の力として奉仕している　(30秒)

わたしたちは絶望してはならない
わたしたちは絶望しない　(80秒)

(ピアノのマッコイ・タイナー、ベースのジミー・ギャリソン、ドラムスのエルビン・ジョーン

ズが、優しく、悲しそうにリズムを刻む）

わたしたちは一人で歩くのではない
一人で歩くのではない
（93秒）

彼女らは無益に死んだのではない
無益に死んだのではない

Anguish into Grace（激しい苦痛から祝福へ）。キング牧師のスピーチのように、呻き悲しむトーンから、次第に人種差別に基づいた暴力に対する闘いのための新たな決意のトーンへとシフトしていった「Alabama」は、キング牧師のメッセージを乗せて演奏した、コルトレーンの全身全霊を込めたサウンド・オブ・フリーダム、自由への叫びだった。

（"They Did Not Die In Vain": On "Alabama", John Coltrane Carefully Wrought Anguish Into Grace, Lewis Porter, 2020）

ニーナ・シモン――「ミシシッピのくそったれ」で表明された渾身のサウンド・オブ・フリーダム

一九六三年は暗殺の年だった。アフリカ系アメリカ人の公民権獲得が手の届くところまで来たときに、立て続けに暗殺、爆破事件が起きたのである。

五月のバーミングハムでの公民権運動の平和的デモへの地獄絵のような暴力が全米に知られたことが引き金になり、六月十二日、ケネディ大統領はテレビで全米に向けてCivil Right Address（公民権法演説）を行った。

もし、肌の色が黒いという理由だけで、一人のアメリカ人が誰でも入ることができる普通のレストランでランチを食べることができないなら、もし通学することができる最もよい公立学校にこどもを入れることができないなら、もし自分の意見を代弁してくれる議員に投票できないとしたら、つまり、もしその人が、わたしたち誰もが望む生活を自由に享受できないとしたら、一体誰が肌の色を変えて、その人の立場に立つことを受け入れるだろうか。一体誰が、もう少し我慢しろ、もう少し待ちなさい、という助言を受け入れることができるだろうか。

ケネディ大統領は、このように語り、アメリカ市民に向かって、公民権法案を議会に提出すると発表した。これは二十世紀半ばにアメリカ市民が耳にした最大のニュースであっただろう。

しかし、そのケネディ演説の数時間後、ミシシッピ州ジャクソンでNAACP（全米黒人地位向上協会）の有力者メドガー・エバースが射殺されたのだ。それがケネディ演説に対する白人至上主義者の報復だった。それその年の十一月二二日、ケネディ大統領自身もテキサス州ダラスで銃弾に倒れることになる。

コーネル・ウェストはアルバム「Sketches of My Culture」の中で「3M's」という曲を歌っている。3Mとは、Martin、Malcom X、そしてMedger Eversのことだ。ウェストは、この曲で、アフリカ系アメリカ人の人権のために闘い、殺されたキング牧師、マルコムX、そしてメドガー・エバースへの感謝を歌っている。兄弟メドガーは、アメリカのアパルトヘイトの牙城《がじょう》ミシシッピで尊厳と揺るぎない決意を持ってアフリカ系アメリカ人の投票権のために闘ったわたしたちのリーダーだった。わたしたちはあなたの愛と犠牲を決して忘れることはないとウェストは歌っている。暗殺されたメドガーは、アフリカ系アメリカ人にとって、キング牧師、マルコムXと並び称される英雄だったのだ。

ケネディ演説直後のミシシッピ州でのエバースの暗殺は、アフリカ系アメリカ人のコミュニティに大きなショックを与えた。そして、ワシントン大行進の成功に激怒した白人至上主義者が、九月に畳み掛けるようにバーミングハムの教会を爆破し、四人の少女を殺害したとき、アフリカ系アメリカ人の悲しみと怒りは頂点に達した。そのとき、ジャズ・ミュージシャンのジョン・コルトレーンがテナーサックスで「Alabama」を演奏して少女たちを追悼した。だが、バーミングハム教会爆破事件に反応したジャズ・ミュージシャンはコルトレーンだけではなかった。ニーナ・シモンもこれに続いた一人だった。

アフリカ系アメリカ人のニーナ・シモンは、ジャズ・ピアニストであり、ブルース、ゴスペル、リズム&ブルース歌手でもある。一九六四年、彼女はニューヨークのマディソン・スクエア・ガーデンのコンサートで、初めて「Mississippi Goddam」(ミシシッピのくそったれ)を歌った。彼女は、明るい曲調の中で、アラバマとミシシッピの暴虐に対する激しい怒りを爆発させた。それにしても「Goddam」(くそったれ・地獄に堕ちろ)というタイトルは強烈だ。「Mississippi Goddam」は、人種隔離政策からの解放を心の底から希求するニーナ・シモンの渾身のサウンド・オブ・フリーダム、自由への叫びであり、人種統合を目指して命懸けで闘っていた人々を鼓舞する公民権運動の賛歌となったのだ。

ジャズは人生の最も困難な現実を受け取り、それを音楽の中に盛り込む

キング牧師は、一九六四年、ベルリン・ジャズ・フェスティバルで次のように語っている。

神は抑圧の中から多くのものを引き出された。神は自らが創造した者たちによきものを創造する能力を与えられた。そして、その能力から悲しみと喜びの甘美な歌が流れ出し、人がその置かれた環境やさまざまな状況に対処できるようにされた。

ジャズは命について語る。ブルースは困難な人生の物語を語る。そして、もしあなたが少し考えるなら、あなたはジャズやブルースが人生の最も困難な現実を受け取り、それらを音楽の中に盛り込んだことに気づくだろう。それも何らかの新しい希望と勝利を引き出すために。これは勝利の音楽なのだ。

モダンジャズは、この伝統を受け継ぎ、複雑な都市部の在り方を歌にしてきた。ジャズ・ミュージシャンは、人生そのものに秩序と意義を見出せないとき、楽器を通じて大地の音から秩序と意義を見出したのだ。

アメリカの黒人のアイデンティティの探求は、ジャズ・ミュージシャンたちにより擁護されてき

たのは何ら不思議ではない。現代の文学者や学者が人種的アイデンティティを多民族世界の問題として描くずっと前から、ミュージシャンは、魂の揺さぶりを確信し、自身のルーツに立ち返ったのだ。

アメリカの解放運動の力の多くは音楽からのものである。勇気を挫かれたときは、甘美な韻律がわたしたちを強くしてくれた。勇気を失ったときは、その豊かなハーモニーがわたしたちを安穏にさせてくれた。

今、ジャズは世界に普及している。それはつまり、アメリカの黒人たちの苦闘は、現代人の普遍的な苦闘に繋がるところがあるのだ。

すべての人にブルースがある。すべての人が生きる意味を切望している。すべての人が愛し愛される必要がある。すべての人間が手拍子して幸せになる必要がある。すべての人間が信仰を切望している。とりわけ、ジャズと呼ばれるこの広いジャンルには、この願いをかなえてくれる足がかりがあるのだ。

(Jazz Speaks for Life – Martin Luther King at the Berlin Jazz Fest in 1964, 2022.4.2
https://portside.org/2022-04-02/jazz-speaks-life-martin-luther-king-berlin-jazz-fest-1964)

人生の最も困難な現実を受け取り、それを音楽の中に盛り込む。「Alabama」は、まさに、ジョン・コルトレーンが、少女たちの死に際し、キング牧師のメッセージを受け取り、キング牧師の感化を受けて作った勝利の音楽、ジャズだった。

アフリカ系アメリカ人女性の社会活動家ベル・フックスも、少女時代のジャズ体験をジョン・コルトレーンに触れながら語っている。

彼女は、ジャズを、父親から学んだ。ジャズは、アフリカ系アメリカ人男性の音楽、労働者の音楽、貧しい者の音楽、路上にいる者たちの音楽だと。

ブルースと違うところは、ブルースは嘆き、呻き、悲しみを表現するのに対して、ジャズはすべてを表現することだ。彼女は、父親のレコードやラジオでジャズを聴いた。父は彼女に言った。それはジョン・コルトレーンだった。「コルトレーンはすべてのアフリカ系アメリカ人が切望していることを理解しているミュージシャンだ。彼はアフリカ系アメリカ人のさまざまな思いを受け取り、それをサックスに乗せて表現するんだ」。錬金術師のように、コルトレーンは銅を金に変える力を持っていた。父はさらに言った。「だから、ジャズを聴くことは、〝自分が理解されている〟ことを感じることなんだよ」。彼女は、アフリカ系アメリカ人は最も情熱的な音楽を作ったと思った。自然のリズムとして、そんな音楽は他になかった。彼女は知っていた。ジャズは、激しい感情であり、死が現実のものであることを常に意識し、そこからありのままの音楽を作る可能性を秘めていることを。また、ジャズが、苦しみと悲しみを、アフリカ系アメリカ人の悲哀に満ちた過去を証言するサウンドへと変換することを。彼女は、錬金術師が銅を金に変える夢を見たのだ。

(Bone Black: Memories of Girlhood, Bell Hooks)

ジャズを聴くことは、自分が理解されていることを感じること。自分の痛みや苦しみが理解され、受けとめられていることを感じることなのだ。だから、アフリカ系アメリカ人はジャズを演奏するのだ。だから、アフリカ系アメリカ人はジャズを聴くのだ。ジャズは、アフリカ系アメリカ人の魂の音楽なのだ。

「わたしは善のための力になりたいと思っている。つまり、世の中には悪しき力も存在することをわたしは知っている。悪しき力は人々を傷つけ、世界に悲惨をもたらす。だが、わたしはそれと正反対の力になりたいのだ。本当に善きことのための力に」。このジョン・コルトレーンの思いに、アフリカ系アメリカ人にとってジャズの何たるかが凝縮されている。

アフリカ系アメリカ人が待てない理由——自由はどこからやってくるのか

「Mississippi Goddam」の中で、ニーナ・シモンは、

「もっと、ゆっくりやれよ」「焦るなよ」「時期尚早だ」とアフリカ系アメリカ人に「待つこと」を要求する白人たちと対話している。彼女は「それが問題なのよ」「ゆっくりやっていると悲劇が続くだけよ、もう待てないわ」と切り返している。当時、アフリカ系アメリカ人の公民権運動に理解を示している気になっている白人穏健派の常套句は「そんなに焦るなよ」「もう少し、待てよ」だった。

キング牧師も「もう少し、待て」と言われたアフリカ系アメリカ人の一人だった。一九六三年、キング牧師がアラバマ州のバーミングハムでデモ行進に参加して逮捕され、刑務所に収監されていたとき、一人の白人の牧師がバーミングハムの新聞に投書した。その白人牧師は「アフリカ系アメリカ人は、しかるべき時期が来て、変化が起きるまで辛抱強く待つように」と大規模な非暴力抵抗運動に走るアフリカ系アメリカ人を上から目線で諭したのだった。獄中でその新聞の投書を読んだキング牧師は、その新聞の余白にその白人牧師への反論を書き始めた。それは長文の「バーミングハム刑務所からの手紙」となり、彼の著書『Why We Can't Wait』の中に収められた。

おそらく差別の鋭い矢を受けたことのない人にとって、「待て」と言われるのは容易なことだろう。だが、目の前で、悪意を剝き出しにした暴徒たちがあなたの母親や父親をリンチして殺したり、妹や弟を気まぐれで溺死させたりするのを見たなら、どうだろうか。あるいは憎しみに満ちた警察官が黒人であるあなたの仲間に対して悪態をつき、蹴り、ときには殺しさえするのを見たならば、どうだろうか。あるいは、二千万人の黒人の大多数が、この豊かなアメリカ社会の中で貧困で窒息しそうなのを見たならば、どうだろうか。あるいは、六歳の娘にテレビでたった今宣伝されていた遊園地になぜ行けないかを説明しようとして、突然舌がもつれたり、口ごもったりするのに彼女が気づき、あの遊園地は黒人のこどもたちは行けないのだと聞かされた彼女の目から涙があふれるのを見たなら、なぜ待つことがわたしたちに難しいかがわかるだろう。

歴史は、特権集団がその特権を自発的に放棄することはほとんどないという事実の、長くかつ悲劇的な記録に満ちている。

わたしたちは痛ましい経験を通して、自由は抑圧者から自発的に与えられるものではないことを知っている。それは被抑圧者から要求されなければならない。

わたしたちは、すでに三百四十年間も待ったのである。

「辛抱強く、時が来るのを待て」と偉そうなことを言って、アフリカ系アメリカ人たちがなぜもう待てないという気持ちを抱き、命懸けのデモを行っているのかがわからない白人牧師は、結局、アフリカ系アメリカ人のことを何も理解していないのだ。「ゆっくりやれよ」「時期尚早だ」と、わかったようなことを言う穏健派白人たちは所詮「特権集団」に属し、自分たちの特権を自ら手放すことはないのだ。

自由は白人から自発的に与えられるわけがない。ただ待っていたら悲劇が続くだけだ。だから、アフリカ系アメリカ人は待てないのだ。自由は、アフリカ系アメリカ人が自由を獲得するまで、アフリカ系アメリカ人から要求され続けなければならないのだ。「待て」というのは、その要求への拒否に等しい。アフリカ系アメリカ人のサウンド・オブ・フリーダム、自由への叫びは延々と続く。

「ブラウン裁判」から十年、勝ち取られた平等とノーベル平和賞

一九六四年七月、ジョンソン大統領が「今や、神の前で平等である者は、投票所、教室、工場、ホテル、レストラン、映画館及び公共施設においても平等である」と語り、公民権法（1964 Civil Rights Act）に署名した。

また、翌年一九六五年三月のキング牧師率いるアフリカ系アメリカ人たちの壮絶なセルマ大行進を経て、八月にジョンソン大統領が「一九六五年投票権法」に署名した。これにより、アフリカ系アメリカ人の選挙登録の妨げになってきた識字テスト、人頭税などの障壁が取り除かれ、南部の社会状況は大きく変わることとなった。こうして一九五四年の教育機関における人

種隔離を違憲とする「ブラウン裁判」から十年、アフリカ系アメリカ人は遂に公民権、法律上の平等を勝ち取ったのである。

この間、一九六四年初頭には、『TIME誌』の表紙をキング牧師が飾った。「Man (Person) of the Year」(今年の人)。アフリカ系アメリカ人として初めての選出だった。キング牧師は同年十月にはノーベル平和賞を受賞し、オスロで受諾スピーチを行った。

わたしが公民権運動の代表として受賞するこのノーベル平和賞は、非暴力が、わたしたちの時代の重要な政治的・道徳的課題に対する答えであることが世界に深く認識された結果であると思います。人類は、抑圧と暴力を、暴力と抑圧を行使することなく克服していく必要性があるのです。文明と暴力は相容れない概念です。アメリカの黒人たちは、インドの民衆に倣って、非暴力は不毛な受動性ではなく、強力な道徳的力として社会を変革することを実演したのです。

アラバマ州モンゴメリーからオスロまでの曲がりくねった道は、この真理を証明しています。この長い道のりは、数百万人の黒人たちが自分たちの人間としての「尊厳」を見出すための旅でした。この道は、また、すべてのアメリカ人にも新しい時代への希望として開かれています。この道は、新しい「公民権法」へとわたしたちを導くでしょう。そして、黒人と白人が彼らの間にある諸問題を克服するための連帯を創り出すための「正義のスーパー・ハイウェイ」となったこの道は、さらに広げられ、延ばされていくでしょう。

キング牧師がこう語ったとき、ノルウェーのオスロの会場に、命を賭して公民権運動に関わったすべてのアフリカ系アメリカ人たちのサウンド・オブ・フリーダム、自由への叫びが響き渡ったのである。

リズム&ブルースの貴公子サム・クック 変化を叫び、大きな代償を支払わされる

サム・クックは、アフリカ系アメリカ人で、ゴスペルから転向したリズム&ブルース歌手である。一九五〇年代後半から、洗練された歌唱力で次々とヒット曲

を飛ばし、抜群の人気を誇っていた。彼は、マルコムXやモハメド・アリと一緒に、アフリカ系アメリカ人が受ける人種差別の問題にも関わっていた。そんなサム・クックが、一九六四年二月、前年のキング牧師の「I Have a Dream」のスピーチやボブ・ディランの「風に吹かれて」に触発されて作った歌が、アルバム『Ain't That Good News』の中に収録された「A Change is Gonna Come」だった。

サム・クックの「A Change is Gonna Come」は、長年、人種隔離政策の撤廃を目指して労苦してきたすべてのアフリカ系アメリカ人の思いを代表している。アフリカ系アメリカ人にとって、それは長くて、厳しい道のりだった。だが、自分たちが待ち焦がれてきた究極の目標が今達成されようとしているのだ。この歌を歌うことによって、サム・クックが歌手として公民権運動の先頭に立つ意思を示したことは、アフリカ系アメリカ人コミュニティに大きな影響を与えただろう。

何よりも悲しむべきことは、この曲がシングルとして発売される二週間前の一九六四年十二月十一日、サム・クックが射殺されたことだった。ロサンゼルスで、夜、女性とモーテルに入り、その女性が彼の服や持ち物を持ち逃げしたのを追いかけたクックが、モーテルの管理人室に押し掛け、身の危険を感じた管理人が彼を撃ったというのだ。しかし、歌手のエッタ・ジェイムズはサム・クックの死体を見たが、彼の身体の数か所にひどい損傷があって、とても銃で撃たれて死んだとは思えなかったと証言している。サム・クックは、嵌《は》められたのだ。

サム・クックは、この「A Change is Gonna Come」の反響を恐れていたとも言われている。影響力のある大物歌手が、人種隔離政策を批判し、人種隔離政策撤廃のときが迫っていると歌うことは、自分の身に危険を招くことを意味していたからだ。彼はアメリカ国家に殺されたのかもしれない。

もし彼が生きていたら、アメリカを代表する最も有名なリズム&ブルース歌手になっていただろう。シングル盤「A Change is Gonna Come」のリリースや、人種隔離政策の撤廃を見ることなく、この世を去ったサム・クック。だが、アフリカ系アメリカ人を鼓舞し、公民権運動のシンボル的な賛歌となった「A Change is Gonna Come」は、サム・クックのサウンド・オブ・フリーダム、自由への叫びとして人々の心に刻まれ、今なお、多くの後続のアーティストたちに歌い継がれている。なぜなら、人種隔離政策が撤廃され、公民権法が成立し、法の上では自由になったはずのアフリカ系アメリカ人は、未だに実質的な自由を獲得できていないからだ。現代を生きるアフリカ系アメリカ人は、サム・クックと共に、今も「A Change is Gonna Come」を歌い続けていくのだ。

ニーナ・シモンの「奇妙な果実」二十一世紀のリンチを告発するヒップホップの歌になる

一九六四年に「Mississippi Goddam」で、バーミングハムの少女爆死事件を痛烈に批判したニーナ・シモンが、翌年の一九六五年、公民権運動に関わる歌「奇妙な果実」を発表した。一九三九年のビリー・ホリデイの曲をカバーしたのだ。ビリー・ホリデイの「奇妙な果実」が人種隔離政策の時代のリンチに対する深い嘆きと悲しみを表現したのに対し、ニーナ・シモンの「奇妙な果実」は、リンチという白人の暴虐に対する激しい怒りであり、告発だった。ある批評家は「ニーナ・シモンは〈奇妙な果実〉を歌いながら、その〈奇妙な果実〉という曲自体を攻撃している」と表現している。

わたしはこれまでこんなに醜い歌を聴いたことがなかった。この国で、白人がわたしたちアフリカ系アメリカ人に対して犯したリンチという暴力的な仕打ち、そして、そこで流された涙。なんと醜いのだろう。

リンチは、ビリー・ホリデイが「奇妙な果実」を発表した時代だけでなく、公民権運動の時代でも頻繁に起こっていた。それは爆破の町バーミングハムを見れば明らかだった。キング牧師もリンチの恐怖に何度も晒されていた。アフリカ系アメリカ人は、公民権はゆっくりした変化で獲得できるものではないことを知っていた。だから、もう待てなかった。ゆっくり待っていると、また一人、また一人とリンチされ、アフリカ系アメリカ人が命を失うのだ。ニーナ・シモンの「奇妙な果実」は、そのような社会的状況の中で歌われた。

多くのアフリカ系アメリカ人が公民権運動のテーマソング「We Shall Overcome」(賛美歌「勝利をのぞ

み」）を気持ち良さそうに歌っていたときに、ニーナ・シモンは、ただ独り、「奇妙な果実」を歌ったのだ。ビリー・ホリデイは一九五九年に他界していたため、誰かがこの歌を歌わなければならなかったのだ。それがニーナ・シモンだった。

彼女は「今は絶望しかなく、生き延びるだけの時代。こんな困難なときに、何もしないわけにはいかないでしょう」「この曲を歌い、リンチという人種差別的な暴力に対するメッセージを広げることはわたしの義務だ」と語り、「奇妙な果実」を新しい世代に広めたのだ。

だが、これら一連のプロテストソングの発表により、ニーナ・シモンは苦境に立たされることとなった。彼女は次のように述べている。

わたしは公民権運動の一員であることをやめる意志はなかった。だが、わたしが歌ったいくつかの曲はわたしのキャリアを傷つけることになった。レコード会社は、わたしに罰を与え、わたしのレコードをボイコットした。わたしがそれらの曲を歌い続けるのも困難だった。なぜなら、それらの曲はもう時代にそぐわなかったから。もう公民権運動の時代は終わっていた。それらの歌を歌う意味がなくなっていた。もうみんないなくなっていた。

ニーナ・シモンは、一九六五年以降は、公民権運動の時代が終わり、「奇妙な果実」を歌う意味がなくなってしまったと嘆いたが、果たしてそうだろうか。

驚くべきことに、二十一世紀を迎えた今、公民権運動時代の後に生まれてきたヒップホップ・ジェネレーションのラッパーたちがニーナ・シモンの「奇妙な果実」をサンプリングし、自分たちの曲として発表しているのだ。ニーナ・シモンのサウンド・オブ・フリーダム、自由への叫びは、無為《むい》に終わることなく、新しい世代のアフリカ系アメリカ人のサウンド・オブ・フリーダムとなって、現代に甦っている。公民権運動の時代が終わって五十年を経った今も、まだリンチの時代は終わっていないからだ。

第十一章

人種隔離政策の終わりは「超分離主義」の経済的人種隔離の始まり

アフリカ系アメリカ人である。二〇〇〇年頃の大学での講演で、公民権法が成立したあと、アフリカ系アメリカ人である自分がバージニア州ロアノークでどんな経験をしたかを学生たちに話してくれた。

公民権法が通り、やっと町のステーキハウスに行くことができるようになりました。それまではアフリカ系アメリカ人は入店できなかったのです。わたしたち家族は喜んで出かけていっておいしそうなステーキを注文しました。でも、一時間待っても、二時間待っても、三時間待っても、料理は出てきませんでした。ステーキハウスの主人はわたしたちにあからさまな嫌がらせをしたのです。法律は変わっても、人の心は変わらなかったので

人々はしばしばお互いに憎み合う
なぜなら、彼らはお互いを恐れているからだ
人々はお互いに恐れ合う
なぜなら、彼らはお互いのことを知らないからだ
人々はお互いのことを知らない
なぜなら、彼らは交流できないからだ
人々は交流できない
なぜなら、彼らは分断させられているからだ

（キング牧師）

法律は変わっても、人の心は変わらなかった——白人の大移動による「超分離主義」の始まり

金城学院大学のサンフォード・テイボーン宣教師は

す。

公民権法が通った直後、線路を隔てて、わたしたちアフリカ系アメリカ人の住んでいた地域にあった学校が火事で焼けました。コンクリートでできた、がっちりした建物でしたが、どういうわけかひどく焼け、完全に破壊されてしまったのです。わたしたちアフリカ系アメリカ人の住民は、白人たちによる嫌がらせだと直感しましたが、白人の警官たちは犯人を捜すこともなく、捜査はあいまいなまま終わりました。法律は変わっても、人の心は変わらなかったのです。

公民権法が通った後も、リンチは終わりませんでした。リンチとは殺人です。木に吊るす、火刑にする、ピックアップで引きずる。ダートの道を引きずられると人間の体はめちゃくちゃになります。白人がアフリカ系アメリカ人をターゲットにするのです。本当に恐ろしかったです。今は人種隔離政策の時代は終わり、一見、みな平等のように見えますが、リンチは今でも（二〇〇〇年頃）アメリカ社会のさまざまなところで頻発しています。アフリカ系アメリカ人が今でもリンチの犠牲になっているのです。だから、わたしたちアフリカ系アメリカ人はいつもそのことに敏感です。法律は変わっても、人の心は変わらなかったのです。

普段はにこやかで、ユーモアたっぷりのテイボーン宣教師の真剣な話は金城学院大学の学生たちを驚かせた。「法律は変わっても、人の心は変わらなかった」。これが、公民権法が成立し、法律上は平等になった、その直後のアメリカ社会を実際に生きたアフリカ系アメリカ人の生の声なのだ。

公民権法が成立し、形の上では人種隔離政策が撤廃されたアメリカ社会のさまざまなところにおいても、アフリカ系アメリカ人の多くが、テイボーン宣教師と同じような経験をした。

リトルロック・ナインが人種統合を成し遂げたリトルロックで、アーカンソー州知事が三つの公立学校を閉鎖したように、ミシシッピ州ジャクソンでは公民権法成立後、町にあった五つのプール（四つが白人専用、一つがアフリカ系アメリカ人用）をすべて閉鎖して、アフリカ系アメリカ人との実質的な人種統合を拒絶した。

ミシガン州デトロイトでは「白人の大移動」が起こった。アメリカの開拓時代、ヨーロッパ系移民たちが町を建設する際、まず、「グリーン」と呼ばれる大きな公園を作り、その四つ角に教会を建て、町の精神的支柱とした。そして、その周辺に店や学校を作り、さらにその周りに住居が広がった。所謂「ダウンタウン」だ。しかし、デトロイトでは、公民権法の成立を機に、ダウンタウンを拠点に快適な生活を享受していた白人中流階級層が、アフリカ系アメリカ人との人種統合を避けて、大挙して郊外へ移動した。そのため、デトロイトのダウンタウン、旧市街地には、アフリカ系アメリカ人などの貧困層だけが取り残されて荒廃し、ほぼすべての白人がダウンタウンから離れた郊外に移って新しいコミュニティを作るという二極化現象が起きたのだ。エミネムの「エイトマイル」とはまさにそのことだ。8マイル・ロードの内側、ダウンタウン側にアフリカ系アメリカ人たち貧困層の居住区があり、その外側に白人たちの安全地帯が広がっているのだ。

デトロイトだけではない。シカゴ、サンフランシスコ、ロサンゼルス、フィラデルフィアでも同じような二極化が起きた。現在のアメリカでは、大都市のダウンタウンは、決まって荒れ果てている。ダウンタウンを放棄した白人たちが郊外にアフリカ系アメリカ人を寄せつけない、ホワイト・オンリーの世界を確保する一方、ダウンタウンにはアフリカ系アメリカ人をはじめとする低所得者層が取り残され、住民は貧困に喘ぎ、治安の悪化に悩まされ、路上にホームレスが溢れた。公民権法成立後に起こったのは、人種統合や白人とアフリカ系アメリカ人の共存とは正反対の「超分離主義」と呼ばれる経済的人種隔離だったのだ。

アフリカ系アメリカ人が経済的人種隔離の罠に落ちた要因の一つが、南部のアフリカ系アメリカ人の北部への移住だ。一八九〇年には、アフリカ系アメリカ人の九〇%が南部に住んでいたが、それから一九三〇年までの間に、四四%のアフリカ系アメリカ人が北部の都市部に移り住んでいる。人種隔離政策のただ中、北部に移住したものの、行き場のないアフリカ系アメリカ人たちはゲットーなど劣悪な環境の中で生活することを余儀なくされた。そして、公民権が獲得されたとき、人種統合を好まない白人の大移動が起き、白人中流階級層とアフリカ系アメリカ人の棲み分けが極まったのだ。

エール大学の町、ニューヘイブンに表れる白人とアフリカ系アメリカ人の教育格差

二〇〇一年から一年間、わたしは金城学院大学からサバティカルをもらい、コネチカット州ニューヘイブンにあるエール大学神学部とOverseas Ministry Study Center（海外宣教研究所）で学んだ。ニューヘイブンはアイビーリーグのエリート校、エール大学の町であり、高校一年生の娘と中学一年生の息子が公立学校で学べることを楽しみにしていた。

ところが、わたしたちは衝撃的な現実に直面した。娘が地元の公立高校に入学してみると、生徒の半分はアフリカ系アメリカ人で、半分はヒスパニックだったのだ。白人といえばヨーロッパから来た生徒が数人という状態だった。ニューヘイブン市の住民は、半分が白人で、半分がアフリカ系アメリカ人など有色人種だったが、その高校には地元の白人の生徒はほとんどいなかった。生徒の半数を占めるヒスパニック系の生徒たちはスペイン語で会話していた。学校に入るときは銃探知機を通らなければならず、わずか数分の休み時間以外に廊下にいると警備員に捕まえられた。クラスには生徒が溢れ、希望する上級レベルのクラスを履修することもできず、トイレは汚すぎて使える状態ではなかった。「わたし、この学校では友だちできなさそう」。日本からいきなりやって来た娘が、その学校に通うことは不可能だった。

わたしたちは、白人の親たちが、公立高校を避けて、こどもたちを私立高校に通わせていることを知った。新学期がすでに始まっていたが、わたしたちは空きがあった私立高校をやっと見つけて娘を転校させることができた。その私立高校（正確には幼稚園から高校まで）は、最初に入学した公立高校から車で数分のところにあったが、別世界だった。

その学校には、銃探知機はなく、こどもたちはキャンパスに入るなり、自分のバックパックをそのあたりに投げ捨てて、遊びに行くのだ。誰も自分の持ち物が盗まれるとは思っていない。百パーセント安全な環境の中で何の心配もなく過ごせる。授業料が大学並みと

いうこともあって、少人数でゆったり勉強ができる。

教師陣も優秀で、中には生物学や化学、数学などで博士号の学位を取得している教師もいて、ＡＰ(Advanced Placement) コースのクラスを教えていた。ＡＰコースは、高校にいながら大学レベルの内容を教授する難解なクラスであり、ＡＰコースをどれだけ開講しているかで、その高校の実力が測られる。いくら成績がよくても、高校で複数のＡＰコースを履修していない生徒はアイビーリーグなどエリート大学に入ることはできない。

幼稚園から高校まで、児童・生徒のほとんどが白人で、アジア系の生徒が若干名、アフリカ系アメリカ人の生徒が一人だけいた。小さなアットホームな雰囲気の高校だったが、娘のクラスだけでも、クラスメートが、エール大学、ウィリアムズ・カレッジ（Liberal Arts＝教養教育系大学のトップ校）、ブラウン大学、スミス・カレッジ、ジョンズ・ホプキンス大学など有名大学に進学した。

あの公立高校から娘が通った私立高校までは車でわずか数分の距離だった。しかし、治安といい、生徒たちの学ぶ環境といい、アカデミック・レベルといい、そこは別世界だった。

ニューヘイブンは、アフリカ系アメリカ人やヒスパニックのこどもたちが荒廃した公立学校に溢れ、白人のこどもたちは安全で教育レベルが数段高い私立学校に通う、そういう歴然とした経済的人種隔離によって人種的に分断された町だった。それがアメリカの大学ランキング・トップ校の常連エール大学の町ニューヘイブンに存在する厳然とした現実だった。

しかし、同じコネチカット州でも州都のハートフォードはニューヘイブンとは違っていた。

ある日、わたしは、ハートフォードの州議事堂の見学に出かけた。議事堂に着くと、「議事堂ツアー」が用意されていて、ガイドがわたしたちを案内してくれた。そのとき、小学生の団体も一緒に回った。それはハートフォードのある地域の公立小学校の一クラスで、引率の教師を含め、生徒も全員白人だった。ニューヘイブンだと、住民の半分は白人、半分はアフリカ系アメリカ人など有色人種なので、公立学校には当然アフリカ系アメリカ人など有色人種のこどもたちが多く集まる。だが、ハートフォードのその公立小学校は、ほぼ全員が白人だった。つまり、その公立小学校の校区には白人しか住んでいないのだ。

現在、アメリカにおいては、所謂「白人の住む地域」にはアフリカ系アメリカ人は一％も住んでいない。あのデトロイトの白人たちが大移動して、郊外に白人だけのコミュニティを作ったように、ハートフォードのある特定の地域は完全な白人の地域なので、アフリカ系アメリカ人のこどもを避けて、自分のこどもを私立学校に入れる必要がないのだ。公立学校であっても、自分たちが潤沢な税金を払っている代価として、こどもたちにレベルの高い教育を受けさせることができる。ニューヘイブンとは形が異なるが、ハートフォードもまた超分離主義の町だった。現代アメリカにおいては、この形態の経済的人種隔離が圧倒的に多い。

もし、わたしたちがニューヘイブンやハートフォードに住む白人だったら、わたしたちのこどもたちは、安全な環境の中で安心して勉強し、有名大学に進学し、安定した将来を考えることができるだろう。だが、ハートフォードやニューヘイブンに住むアフリカ系アメリカ人にとっては、それは「別世界」なのだ。コネチカット州というアメリカ有数の裕福な州に住んだおかげで、わたしも「経済的人種隔離」「超分離主義」の何たるかを垣間見ることができたのである。

白人はアフリカ系アメリカ人の家に一度も行ったことがない

一九九七年の夏、サンフランシスコ神学大学のドクター論文の仕上げのために、わたしはコネチカット州ニューヘイブンに指導教授のジェームス・フィリップス教授を訪ねた。

ある日曜日、フィリップス教授と一緒に、近くのアメリカ長老教会の礼拝に出席した。アメリカ長老教会は、聖公会に次いで二番目に多くの大統領を輩出している、アメリカ社会の中で力のある階層の人たちが集まる白人の教会だ。長老教会の信徒が三権の長を独占したこともある。

その日は、主任牧師ではなく、ゲストスピーカーとして若い白人の牧師が講壇に立っていた。彼は、冷戦後のロシアに宣教師として派遣された経験を話し始めた。ロシアの過疎地に赴き、地元のロシア人たちと一緒に礼拝堂を建て、教会の活動を始めていった苦労話にみな聞き入った。彼は「もし、チャンスがあったら、またロシアに行って働きたい。アメリカ人もロシア人もみな同じ兄弟姉妹です」と語った。あの時代、ロシアのことを良く思っていないアメリカ人が圧倒的に多い中で、ロシア人を兄弟姉妹と呼んだ「アメリカ人らしくない」牧師にわたしは感銘を受けた。

ロシアの話の後に、その若い牧師はサムの話をし始めた。彼が牧師になる前の青年時代、彼の通っていた教会に、一人だけ、アフリカ系アメリカ人の男性サムがいた。アメリカでは、「日曜日の朝十一時が最も差別的な時間」と言われており、白人が白人の教会に行き、アフリカ系アメリカ人はアフリカ系アメリカ人の教会に行くように、人種によって通う教会がはっきり分かれている。だが、彼が属する白人の教会にサムが通っていたのだ。サムはとても気さくな人で、教会で彼によく声を掛けてくれた。時々、レストランで一緒にピザを食べることもあったという。彼はそのときのエピソードを次のように語った。

サムは「一度、ぜひぼくの家に遊びに来いよ」とわたしを誘ってくれました。でも、わたしはいろいろな理由をつけて、その誘いを断わり続けました。わたしはサムの家に行くのが怖かったのです。なぜなら、わたしは、生まれてから今まで、一度もアフリカ系アメリカ人の家に行ったことがなかったからです。だから、わたしはアフリカ系アメリカ人の家に行くことが怖かったのです。

そんなわたしがサムの家に行く日が来ました。サムが急病で亡くなったことを聞いて、サムの家に駆けつけたら、サムの亡骸がわたしを待っていました。「今度、ぼくの家に遊びにおいでよ」、サムのことばが思い出され、涙が溢れました。どうしてわたしは一度もアフリカ系アメリカ人の家に行ったことがないからと恐れて、行くのを延ばし延ばしにしてしまったのだろう、と悔やんでも悔やみきれませんでした。

わたしは、サムとの出会いと別れを通して、自分の中にアフリカ系アメリカ人を恐れる偏見が潜んでいたことに気づきました。自分の中で何かとても大きな変化が起きました。それが、わたしが未知なるロシアに赴いて、ロシアの人たちと一緒に働きたいと思うようになった理由なのです。

わたしは、そのとき初めて、生身の白人から「自分はアフリカ系アメリカ人の家に一度も行ったことがない」というリアルな経験を聞いた。わかり切っていたことではあるが、その告白はわたしを戦慄させた。たぶん、それが九九％以上の白人の共通の経験だと思ったからだ。驚くべきことに、現代アメリカ社会とは、アフリカ系アメリカ人が白人の住む地域に入っていけないだけでなく、白人がアフリカ系アメリカ人の家に一度も行ったことがない、白人がアフリカ系アメリカ人に出会う機会が全くない、そういう超分断社会なのだ。分断、経済的人種隔離、超分離主義、それがアメリカ社会のすべての問題の根っこにある。

「持たざる者」の怒り——キング牧師が見た「もう一つのアメリカ」

キング牧師と南部のアフリカ系アメリカ人たちが目指していた人種隔離政策の撤廃、人種統合の実現。一九六四年と一九六五年に相次いで二つの公民権法が制定されたことによって、キング牧師たちの目標は完全に達成されたかに見えた。

ところが、一九六五年八月、ジョンソン大統領の投票権法署名からわずか五日後に、ロサンゼルスのワッツでアフリカ系アメリカ人による大暴動が起きた。町は大規模な火災や破壊で壊滅状態となり、一万人を越える州兵が動員され、三十人を超える死者、数千人の逮捕者が出る異常事態となった。

キング牧師もワッツに駆けつけ、その惨状を目の当たりにした。キング牧師がコミュニティセンターで非暴力を呼びかけるスピーチを始めたとき、一人のアフリカ系アメリカ人男性が「キング博士、ここから出て行ってくれ。おれたちはあなたを必要としない」とキング牧師に向かって叫んだ。ここでは南部の非暴力運動はアフリカ系アメリカ人に全く意味をなさなかった。

ワッツ暴動は、キング牧師のアメリカについての思想における主要な転換点となった。彼は「文字通り二つのアメリカが存在する」こと、つまり、一つは美しくて、豊かで、一義的に白人的なアメリカで、もう一つは醜くて、貧しくて、過度に黒人的なアメリカであるということを、理解し始めた。

（ジェイムズ・H・コーン）

キング牧師は「もう一つのアメリカ」を見た。それは、公民権を勝ち取り、法的には人種隔離政策が撤廃されても、北部のゲットーには「経済的人種隔離」が厳然と存在していた現実だった。キング牧師は公民権を獲得した後、初めてそれに気がついた。北部のゲットーに住むアフリカ系アメリカ人にとって、キング牧師の非暴力思想などどうでもよかった。そもそもゲットーに生まれ育ったアフリカ系アメリカ人はキング牧師の名前さえ知る機会がないのだ。それどころではなく毎日が生きるか死ぬかなのだ。豊かな社会の直中における「持たざる者」の怒り、ワッツ暴動。公民権を勝ち取ろうと夢見たキング牧師が、それを勝ち取った後に見た夢は「悪夢」だった。

すでにアメリカ社会の悪夢を見ていたのが、キング牧師と同時代を生きたマルコムXだ。一九六三年、彼はキング牧師に先んじて、アフリカ系アメリカ人が閉じ込められているゲットーの問題を指摘していた。

失業と貧困はわたしたちアフリカ系アメリカ人の多くを犯罪に手を染めるように仕向けている。しかし、本当の犯罪者はダウンタウンの市役所にいる。本当の犯罪者はワシントンDCのホワイトハウスにいる……あなたがたはたまたま貧しいのではない。彼（白人）があなたがたを貧困へと誘導しているのだ。あなたがたは偶然麻薬常習者になったのではない。白人があなたがたを麻薬常習者に仕立て上げているのだ。あなたがたは偶然売春婦になったのではない。白人によって売春婦になるように誘導されているのだ。ここアメリカにおいて、あなたがたの状態が偶然であるようなものは何もないのだ。

ゲットーに生きたマルコムXがすでに経験してきた、どうにもならないような「経済的人種隔離」によって、アフリカ系アメリカ人が貧困と犯罪の泥沼へと落ち込んで行かざるを得ない現実に、キング牧師はようやく気づき始めたのである。

ワッツ暴動でショックを受けたキング牧師は、一九六六年初頭、シカゴのサウスサイドのゲットーを訪れている。キング牧師はそのゲットーの中にアパートを借りて、家族とともに住み、北部のアフリカ系アメリカ人のゲットーの悲惨さを、身をもって体験している。

スラム（ゲットー）の目的は、権力のない人々を閉じ込めて、彼らの無権力状態を常態化させることにある。スラムは、そこに住む人々を政治的には被支配者の、経済的には被搾取者の状態に陥れ、人種的に隔離して、至る所で卑しめる国内植民地にほかならない。

わたしがこの国のゲットーを歩き回り、アフリカ系アメリカ人たちが物質的繁栄の広大な大海のただ中に浮かぶ貧困の孤島で滅びていくのを目の当たりにし、しかも、国がアフリカ系アメリカ人の貧困問題への取り組みを何もしていないのを知ったときに、わたしの夢は悪夢に変わってしまったのである。

ぼくらは「第二級のアメリカ」に住んでいる

一九六〇年代にキング牧師が見た「もう一つのアメリカ」は、今も存在している。現代アメリカのゲットーの代表格と言えるのが、一九六六年にキング牧師が訪れた、あのシカゴのサウスサイドだ。

シカゴのゲットーに生まれると、そこから抜け出すことはできない。シカゴに生まれ育ちながら、観光客なら誰もが訪れるシカゴの有名な博物館に一度も行くことができず、ジョン・ハンコック・センターの展望台から眼下に広がるシカゴの素晴らしい夜景を見ることもできずに一生を終えるのだ。その最悪のアフリカ系アメリカ人居住区に住む少年が『Our America』を著した。それは、サウスサイドという「もう一つのアメリカ」から発せられたサウンド・オブ・フリーダム、自由への切なる叫びだった。

ぼくたちは二つの全く異なったアメリカに住んでいる。ゲットーでは、ぼくたちの法は全く違う。ぼくたちのことばも全く違う。ぼくたちの生活は全く違っている。ここでは国の法律は適用されない。ここでは「ストリートの法」（不法と暴力）が支配している。

ぼくは、友人のロイドの家から自宅まで歩いて帰るのが怖かった。なぜなら、広場を通っていかなければいけないので、隠れる場所がなかったからだ。そこで多くの人が銃で撃たれて死んでいた。

十歳のとき、ぼくは麻薬がどこから来るのか知っていた。銃の種類も全部知っていた。セックスについても。それらを毎日見ていたから。

小学校のすぐ前の通りでも、こどもたちが何人も撃たれて死んだ。

これまでに、あなたの友人は何人殺されたの？

数えきれないよ。何人も殺されたから。

ここに住んでいる人々には父親がいない。みんな父親を知らないんだ。

ここに住んでいる母親の多くは、こどもの世話をしない。食べるためのお金も与えない。だから、こどもたちは、生きるために、麻薬を売ったり、悪いことにも手を出さざるをえないのだ。十歳のこどもが一個のキャンディーのために殺人を犯すんだ。

多くの人が死んでいった。理由もなしに殺し合うのだ。何か変化が起きないといけない。自分自身を滅ぼしてしまう前に。ぼくたちは自分たち自身を滅ぼしているんだ。

こどもは危なくて外で遊ぶこともできない。わたしはこどもを外に出さないようにしている。こどもたちはそんな環境で生活している。こどもたちはここの生活以外何も見たことがない。こどもたちは、この暗黒のトンネルの中にいて、光を見ることができないでいる。

これは十四階建ての墓場だ。（十四階建ての荒

れ果てた集合住宅を指す）

父親、兄、姉の模範的ロールモデルがここには見当たらない。毎朝起きて、毎日仕事をして、建設的なことをする人が誰もいない。

夜中の銃撃戦に怯えながら眠るこどもたちは、朝、疲れ切っている。彼らは war zone（戦争地帯）に住んでいる。

ここに生きる若者たちの精神状態は、ベトナム戦争に行った兵士たちに似ている。なぜなら、ベトナムに行った兵士が草むらを歩いているときにゲリラに撃たれるように、ぼくは家の玄関を出た途端に撃ち殺されるのではないかという恐怖感に苛まれながら生きている。

こどもたちは、お金をもらうことより、ハグされることを喜ぶ。こどもたちは抱きしめられたいのだ。こどもたちには自分を気遣い、大切にしてくれる人が必要だ。

ぼくは今までに「アメリカ」を感じたことがない。ぼくはただ「アフリカ系アメリカ人」であることを感じているだけだ。普通のアメリカ人には、いい生活があり、自由があり、繁栄と幸福があるはずだ。でも、ここに住むアフリカ系アメリカ人には苦痛と貧困とストレスと不安があるだけだ。アフリカ系アメリカ人たちは知っている。彼らに明日がないということを。

ぼくは A Second America（第二級のアメリカ）に住んでいる。ぼくたちが押し込められているサウスサイドというゲットー。そこがぼくたちのアメリカ（Our America）だ。このゲットーに住んでいるのは、ぼくがここを選んだからではなく、そうせざるを得ないからだ。

ぼくはリアレン・ジョーンズ。今日は一九九六年十一月十九日。ぼくは生存していたい。ぼくは生きていたい。ぼくは死にたくない。

『Our America: Life and Death on the South Side of Chicago, LeAlan Jones and Lloyd Newman, 1997』（映画『トゥルー・オブ・アメリカ』二〇〇二年）

法律の上では平等になったかのように見えるアメリカ。だが、アメリカには依然として「二つのアメリカ」が存在している。経済的人種隔離という人種差別の高い壁がアメリカを真っ二つに分断しているのだ。アメリカは、世界で最も貧富の差が激しい、不平等な国だ。上位一％の超富裕層が三〇％以上の富を独り占めにし、上位一〇％の富裕層と共に八〇％以上の富を独占する社会構造が強固に維持され、アフリカ系アメリカ人やヒスパニックなど有色人種の貧困は極まっている。

リアレン・ジョーンズがシカゴのゲットーから叫んだとき、折しもシカゴではNBAのシカゴ・ブルズの全盛期だった。バスケットボールの神様マイケル・ジョーダンを中心に二度目の三連覇を果たしていた。だが、そのプロスポーツの最高給取りマイケル・ジョーダンでさえ、上位一〇％の中に入ることができず、下位九〇％の人々と残りの二〇％の富を分け合っていたのだ。

アフリカ系アメリカ人に生まれると大学に行く機会はないに等しい。大学どころか、高校を卒業することも難しく、その多くが途中でドロップアウトしてしまう。ゲットーに生まれると一生そこを抜け出すことはできない。今日のパンを手に入れるために、犯罪に手を染めるしかないこどもたち。数千万の無保険の人々。あのとき、キング牧師が見た「もうひとつのアメリ

画像26：シカゴのゲットーでの暗闇の生活
Our America: Life and Death on the South Side of Chicago, LeAlan Jones and Lloyd Newman, Pocket Books, 1997, p92

カ」「国内植民地」は、今もアメリカの日常の風景の中にある。

キング牧師の暗殺――「彼らはマーティンがお金の話をし出したとき、彼を殺した」

ワッツ暴動の後、キング牧師はアフリカ系アメリカ人の貧困問題と一九六〇年代に本格化したベトナム戦争への反戦運動に傾倒するようになる。

一九六八年三月末、キング牧師は、テネシー州メンフィスのアフリカ系アメリカ人衛生労働者たちのデモに加わった。アフリカ系アメリカ人の労働者たちが不当に扱われ、賃金が未払いとなっていたのだ。再びメンフィスを訪れ、デモの準備をしていたキング牧師は、四月四日、宿泊先のローレイン・モーテルで銃弾に倒れ、三十九歳の人生を終えた。

キング牧師の妻コレッタ・キングは「彼らは夫のマーティンがお金の話をし出したとき、彼を殺した」と語っている。これはキング牧師の一番近くにいた妻コレッタだからこそ感じた第六感で、事柄の真相をついている。コレッタにとってはまさに「夫マーティンがお金の話をした途端に一瞬にして撃たれた」という感じだったのだろう。

確かに、キング牧師は公民権運動の先頭に立っていたときではなく、アフリカ系アメリカ人の貧困(経済的人種隔離)問題とベトナム反戦運動の先頭に立ったときに暗殺された。キング牧師であっても触れてはいけなかったアメリカの病巣は、そこにあったのかもしれない。キング牧師はFBIに盗聴され、常に監視されていた。キング牧師を殺したのがアメリカ国家であることは間違いない。なぜなら、一九六六年にキング牧師が訪れたシカゴのゲットー・サウスサイドは、一九九六年のリアレン・ジョーンズの時代になっても依然として「もう一つのアメリカ」「最も貧しく、最も危険なアフリカ系アメリカ人居住区」であり続け、「国内植民地」として経済的人種隔離が維持され続けているからだ。「公民権は与えよう。法律上はみな平等だ。でも、経済的人種隔離は堅持し続ける、誰にも口出しさせない」――アメリカ国家にそのような強い意志が働いているように見える。

経済的人種隔離に苦しむ、メンフィスのアフリカ系アメリカ人労働者たちに寄り添おうとして銃弾に倒れたキング牧師。道半ばだったが、公民権を獲得したキング牧師が、アフリカ系アメリカ人の本当の敵、経済的人種隔離という巨大な壁に立ち向かうべく、メンフィスの名もない労働者たちと一緒にデモ行進する姿は、彼の人生のフィナーレを飾るにふさわしい、最後のサウンド・オブ・フリーダム、自由への叫びとして人々の心に永遠に刻まれた。

キング牧師暗殺のニュースは全米中を駆け巡った。わずか一週間の間に、怒りに燃えたアフリカ系アメリカ人たちの暴動が全米百三〇か所の町で起き、多くの建物が焼かれ、破壊された。多くの死者も出た。各州で州兵が派遣され、二万人以上の暴徒が逮捕された。非暴力運動を説いていたキング牧師が最も望んでいなかった暴動が、彼の死を引き金にして起こったのである。

だが、キング牧師が暗殺されたわずか四日後、まだ各地で町が火の海になっていたとき、すぐにキング牧師を生き返らせる運動が始まっていた。ストライキ中だったニューヨーク市の運輸労働組合が、交渉妥結の条件の一つに、「キング牧師の誕生日を国民の祝日とすること」を提案したのだ。キング牧師は、アフリカ系アメリカ人、ヒスパニック、アジア系アメリカ人が大半を占める運輸労働組合と深い関わりを持ち、これを支援していた。アフリカ系アメリカ人の労働組合のウィリアム・ルーシーは、組合に対するキング牧師の多大な貢献を議会で証言した。

> キング牧師の誕生日を国民の祝日とすることは、労働者階級の人々にとって大きな意味があります。
>
> キング牧師は五〇年代、六〇年代、アフリカ系アメリカ人の組合活動に密接に関わってきた人なのです。
>
> キング牧師は、メンフィスで、わたしの所属する労働者組合 The American Federation of State, County, and Municipal Employee（AFSCME）のストライキを支援していたときに暗殺されました。

アフリカ系アメリカ人労働者のストライキを支援するためにメンフィスに赴いたキング牧師はそこで暗殺

されたが、そのわずか四日後に、ニューヨークでストライキをしていたアフリカ系アメリカ人労働者たちが、自分たち労働者に対するキング牧師の功績に感謝し、その働きを称えるために、キング牧師の誕生日の国民の祝日案を提案したのだ。まさにアフリカ系アメリカ人のストライキで死んだキング牧師が、アフリカ系アメリカ人のストライキで甦ったのだ。

「Happy Birthday」は、一九六八年に暗殺されたキング牧師の誕生日（一月十五日）をアメリカの国民の祝日にするために、スティーヴィー・ワンダーが一九八〇年に発表した曲だ。

キング牧師が暗殺された四日後に、ニューヨークの労働者組合によって提案された「国民の祝日」案は、その後、様々な反対に遭い、議会で承認されなかった。だが、スティーヴィー・ワンダーの「Happy Birthday」が火付け役となり、六百万筆というアメリカ史上最大の署名が議会に届けられ、一九八三年、レーガン大統領が「キング牧師の誕生日を国民の祝日とする法案」に署名するに至った。そして、ついに一九八六年から、一月の第三月曜日が「Martin Luther King, Jr. Day」として国民の祝日になったのである。

スティーヴィー・ワンダーは、キング牧師の誕生日が全米中の市民に祝われることを切に願っていた。彼は「Happy Birthday」の中で、キング牧師の功績を称え、キング牧師への感謝を歌った。スティーヴィー・ワンダーの「Happy Birthday」は、その後、六百万人を超える人々による「Happy Birthday」の大合唱となってアメリカを動かしたのだ。

アメリカでは毎年一月第三月曜日、スティーヴィー・ワンダーのサウンド・オブ・フリーダムである「Happy Birthday」が全米中に響き渡り、キング牧師の誕生日が祝われ、キング牧師の見た夢を共有する。だが、キング牧師の見た夢を共有しない州もある。キング牧師の誕生日を祝日として敬わない町もある。キング牧師の見た夢は、未だ実現していないのも事実なのだ。キング牧師が語った夢、彼のサウンド・オブ・フリーダム、自由への叫びは、アメリカ市民に永遠に語り継がれていかなければならない。

性的少数者と女性の怒りも頂点に達した――公民権運動を契機に始まる解放運動

一九六九年六月二十八日、ニューヨークのグリニッジビレッジのStonewall Innで、「ストーンウォールの反乱」が起きた。

その当時、Gay（ゲイ＝ここでは、同性愛者を含むすべての性的少数者を表す）には人権がなく、同性愛行為は法律で禁じられていた。公の場にゲイのカップルが姿を現し、愛を囁《ささや》くことなどできない時代だった。それどころか、アメリカ全土でゲイたちは、Hate Crime（憎悪犯罪）のターゲットとなり、いじめられ、差別され、暴力をふるわれ、傷つけられ、惨殺されることも少なくなかった。

わたしたちは隠れている（ゲイを公表できないで、異性愛者のふりをしている）ことに疲れている。わたしたちの本当のアイデンティティを隠して生きることに疲れ切っている。

あなたは彼ら（ゲイ）にはどこにも行くところがないことを知らないのか。だから、彼らにはゲイ・バーのようなところが必要なのだ。

ゲイたちは、ニューヨークやサンフランシスコなど、リベラルな大都市圏のゲイ・バーをアンダーグラウンドの交流の場としていた。ストーンウォール・インはその一つだった。所謂「ゲイ・バー」は、警官の手入れによって弾圧を受けていた。警官は、見せしめのため、バーにいる何人かのゲイたちに暴力をふるい、逮捕するのが常だった。警官に踏み込まれた時点で、ゲイ・バーにいた客たちは散り散りばらばらにされていた。

だが、六月二十八日は違った。警官がストーンウォール・インを手入れし、複数のレズビアンに暴力をふるい、ワゴン車に収容したとき、そこにいたゲイたちが立ち上がったのだ。彼らは警官の車を取り囲み、レズビアンたちが連行されるのを阻止した。彼らの友人たちも次々に加勢した。周りにいたゲイでない市民たちもこれに加わって抗議した。こうして、ゲイからの初めての予期せぬ反撃を受けた警官たちはすごすごとその場を立ち去っていったのだ。これまで警官の弾圧を受動的に甘受するだけで、何もできなかった無力なゲイたちが警官たちをたじろがせたのだ。

この「ストーンウォールの反乱」をきっかけに、Gay Rights（ゲイの人権）を求める機運が一気に盛り上がった。一年後の一九七〇年六月には、ニューヨークで初のゲイ・パレードが行われた。自分がゲイであることを公表して、堂々とニューヨークの繁華街をパレードするという一年前までは考えられなかったことが起こったのだ。初めてのゲイ・パレードに参加したゲイの一人がその高揚感を次のように語っている。

> おお、わたしたちは町に繰り出した。わたしたちは通りに繰り出した。なんと、わたしもそこにいたんだよ！　同性愛者が通りに繰り出すなんて、信じられない。ゲイの男たちもレズビアンもみんな町に繰り出したんだ！

この年に始まったゲイ・パレードは、毎年六月、プライド・マーチとして現在に至るまで開催されている。

ゲイの人たちが立ち上がった「ストーンウォールの反乱」には歌があった。ストーンウォール・インで、レズビアンらを捕らえて連行しようとする警官の車をゲイたちが取り囲んだとき、その中にいた一人のゲイが歌い始めた。すると周りの人たちもそれに合わせて一緒に歌った。それは賛美歌の「We Shall Overcome」だった。

アフリカ系アメリカ人たちの公民権運動のテーマソングであり、ワシントン大行進のときに参加したすべての人々が口ずさんだ賛美歌、キング牧師の「I Have a Dream」スピーチの後、マヘリア・ジャクソンが歌ったゴスペルソング。アフリカ系アメリカ人の人権を求める闘いの歌は、今や、ゲイの人々がゲイの人権を求めるサウンド・オブ・フリーダム、自由への叫びとなったのだ。アフリカ系アメリカ人の公民権運動に触発されて、ゲイの人々も立ち上がり、引き出しの中に隠れて小さくなっていた彼らが自らのアイデンティティにプライドを持ち、堂々とニューヨークの町をパレードする力ある存在となっていったのだ。

（Stonewall: The Riots that Sparked the Gay Revolution, David Carter）

一九六〇年代半ばから一九七〇年代初めは、ウーマン・リブ（Women's Liberation）の時代でもあった。アフリカ系アメリカ人の公民権運動に連動するように、女性解放運動が盛り上がりをみせた。

一九七一年、アメリカ在住のオーストラリア人の歌手ヘレン・レディが「I am Woman」をリリースし、翌年一九七二年には全米ナンバーワン・ヒットとなった。ヘレン・レディは、保守的な男性たちを挑発するかのように、進歩的な女性の生き方を軽快に歌った。当時の女性の価値観を覆すような挑戦的な歌がヒットチャートのトップに躍り出たのだ。この歌は、家庭の主婦であることだけが女性の役割だったような当時のアメリカ社会に響き渡ったヘレン・レディのサウンド・オブ・フリーダム、女性の自由と解放を求める叫びだったのだ。

「I am Woman」が全米一位になった直後には、Roe vs. Wade（ロー対ウェイド）判決が下された。最高裁は、これまで人工中絶を規制していた国内法を違憲とし、女性たちに妊娠を継続するかどうかの決定権を与えたのである。中絶の是非はともかく、避妊や中絶の権利は当時の女性たちの活動範囲を格段に広げるものとなった。ウーマン・リブを訴える女性たちは、「ミス・コンテスト」を女性差別、女性蔑視の象徴であると批判し、コンテストの会場の前で、「ミスコンの女性たち、何やってるの。身体じゃなくて、頭を使うのよ」とぶち上げた。

「I am Woman」がヒットチャートのトップを飾った一九七二年、ジョン・レノンが「Woman is the Nigger of the World」（女は世界の奴隷か！）をリリースした。この歌は、ヘレン・レディの歌とは違った形で当時の保守的なアメリカ社会を揺さぶった。女性を世界の奴隷（ニガー）と断じたのだ。アメリカ社会は、女性を伝統的な価値観の中に押し込め、自由な生き方を封じ込め、隷属させているではないかと、女性を奴隷化するアメリカ社会の現実を痛烈に批判したのだ。

「Woman is the Nigger of the World」は、全米ヒットチャートで50位にも入らなかった。「Nigger」（ニガー＝奴隷）というアフリカ系アメリカ人を差別する言葉がタイトルと歌詞の中に含まれていて、この曲を放送禁止にしたラジオ局も多かった。ジョン・レノンとオノ・ヨーコがあえてこの差別用語を使ったのは、アフリカ系アメリカ人と同じように、当時の女性たちも、甚《はなは》だしく抑圧され、差別されていることを世に訴えたかったからに違いない。

アメリカ社会にはMisogyny（ミソジニー＝強度の女性憎悪）が充満している。女性の経験と視点から見れば、女は世界の奴隷なのだ。この曲は、Half the People（女性たち）も、アフリカ系アメリカ人のように、奴隷同然に扱われてきたことへの悲鳴にも似た訴えなのである。

人種差別の国アメリカを変革したアフリカ系アメリカ人の公民権運動。彼らのサウンド・オブ・フリーダム、自由への叫び。これに触発されたのが、アメリカ社会の底辺に押さえ込まれていた女性たちと性的少数者の解放運動だった。

アメリカ社会のマイノリティとして、一九五〇年代から一九七〇年代に始まったアフリカ系アメリカ人、性的少数者（セクシュアリティ）、女性（ジェンダー）の自由を求める闘いは今も続いている。

画像27：ゲイの解放運動

Stonewall: The Riots that Sparked the Gay Revolution, David Carter, St. Martin's Press, 2004, p148

画像28：ウーマンリブ

www.life.com/photographer/john-olson/

第十二章

アフリカ系アメリカ人の経験を代表するマルコムXの壮絶な人生

アフリカ系アメリカ人であるということは、アフリカになんの記憶も持たないアフリカ人であり、アメリカで何の特権も持たないアメリカ人であるということである。

ジェイムズ・ボールドウィン

マルコムXを知らない人はアメリカの人種差別の何たるかを知らない

ノーベル平和賞を受賞したキング牧師の「I Have a Dream」の歴史に残る名スピーチを知らない人はいない。アフリカ系アメリカ人への人種差別について考えるとき、誰もが公民権運動のリーダーだったキング牧師から多くを学んでいる。だが、アフリカ系アメリカ人と彼らが被ってきた深刻な人種差別の問題について考えるとき、多くの人々の中に欠落している重要な人物がいる。それがマルコムXである。

彼は刑務所で改宗したイスラム教徒であり、のちにアフリカ系アメリカ人の解放運動指導者となる。アメリカは良くも悪くも「キリスト教国」のため、キング牧師はもてはやされた。その反面、市民の多くはイスラム教に否定的で、メディアは「マルコムXはイスラム教過激派」とレッテルを貼って総攻撃した。しかし、それは「アメリカ先住民は白人の頭の皮を剥ぐ野蛮人だ」というのと同じくらい悪質なプロパガンダだった。

マルコムXを知らない人は、アフリカ系アメリカ人とアメリカの人種差別の本質を本当にはよく理解できていないだろう。

『Martin, Malcom & America: A Dream or A Nightmare』（夢か悪夢か：キング牧師とマルコムX）を著したアフリカ系アメリカ人の神学者ジェイムズ・H・コーンはこう言っている。

わたしはキリスト者である前にアフリカ系アメリカ人である。アフリカ系アメリカ人のクリスチャンにとって、マルコムXの存在はキング牧師とともに欠かせない。マルコムXは、わたしにアフリカ系アメリカ人であることの自覚を呼び覚まし、アフリカ系アメリカ人として神学すべきことを教えてくれた。

わたしが学んだサンフランシスコ神学大学のドクターコースの必読書の一つが『The Autobiography of Malcom X』（マルコムX自伝）だった。キリスト教の神学校が牧師たちに「イスラム教徒のマルコムXから学べ」と言うのだ。『マルコムX自伝』を読んだことがない牧師がアメリカで神学や信仰を語ることはできないと言うわけだ。「事実は小説よりも奇なり」というが、実際に、これほど面白い読み物はない。マルコムXは一九二五年生まれだ。人種隔離政策とリンチの真っただ中の時代、アメリカにアフリカ系アメリカ人の男性として生まれたらどのような悲惨な人生を歩むことになるかがリアルに綴られている。

そのサンフランシスコ神学大学で共に学び、セミナーで『マルコムX自伝』を読んだ二人のアフリカ系アメリカ人のテリー牧師とLP牧師も、マルコムXについて異口同音に語った。

マルコムはクリスチャンではないが、わたしはマルコムを尊敬している。マルコムは、イスラム教徒である前に、アフリカ系アメリカ人だ。マルコムはアフリカ系アメリカ人として差別され、家族がバラバラにされ、教育を受ける機会を奪われ、自分へのプライドを失い、非行へと走らざるをえなかった、アフリカ系アメリカ人男性が陥る典型的な生涯を歩んできた。裕福で恵まれていたキング牧師が経験しなかったアフリカ系アメリカ人の多くの苦しみや痛みを、身をもって体験してきた。

画像29：『マルコムX自伝』

だからマルコムの言葉は真実で重みがあるんだ。

「わたしはクリスチャンである前に、アフリカ系アメリカ人だ」。マルコムXのアメリカ社会の底辺から湧き上がってくるようなメッセージは、イスラム教徒・キリスト教徒の区別なく、アフリカ系アメリカ人たちの琴線に触れるのだ。

『Malcom X』が物語るアメリカの悪夢のワンシーン

一九九二年、アフリカ系アメリカ人の映画監督、スパイク・リーが映画『Malcom X』を製作した。スパイク・リーは学生時代に『マルコムX自伝』を読み、これを絶対に自分の手で映画化させたいと思ったという。そのスパイク・リーの渾身の映画『Malcom X』の冒頭の場面には誰もが度肝を抜かれる。同じ年にロサンゼルスで起きたロドニー・キング殴打事件の映像、無抵抗のアフリカ系アメリカ人男性を四人の白人警官が滅多打ちにするリンチのシーンをバックに、マルコムXの激烈なスピーチが炸裂するのだ。


わたしは今ここであなたがたに言う。わたしは白人を告発する。

わたしは白人を地球上の最大の殺人者として告発する。

わたしは白人を地球上で最大の誘拐者として告発する。

白人が出かけていって、自分たちは平和と調和を作り出したといえる場所は世界中にどこにもない。

白人が作り出したのは破壊だ。

白人が出かけていったところすべてで、彼は破壊をもたらした。

それゆえ、わたしは白人を地球上で最大の誘拐犯として告発する。

わたしは白人を地球上で最悪の殺人者として告発する。

わたしは白人を地球上で最大の盗人、奴隷主として告発する。

わたしは白人を地球上で最大の豚喰いの酔っぱらいとして告発する。

白人はそれを否定できはしない。

白人はこれらの告発を否定できない。わたしたちがそれらの犯罪の生き証人だからだ。

あなたがたとわたしが証人だ。

あなたがたはアメリカ人ではない。あなたがたはアメリカの犠牲者だ。

あなたがたがここに来るには選択肢はなかった。

白人は「アフリカ人たちよ、さあ、ここに来て、アメリカという国をわたしが作るの手伝ってくれ」とは言わなかった。

白人は「ニガー、さっさとボートに乗れ」「おまえたちをそこに引っ張っていって、アメリカを作るのを手伝わさせる」と言ったのだ。

ここ（アメリカ）で生まれたことは、あなたがたをアメリカ人とはしない。

あなたがたとわたしはアメリカ人ではない。あなたがたは、アメリカの犠牲者である二千二百万人のアフリカ系アメリカ人の一人なのだ。

あなたがたとわたし、わたしたちは、一度も民主主義を見たことがない。

ジョージアの平原には民主主義はない。そこには民主主義がない。

ハーレム、ブルックリン、デトロイト、シカゴ、どこにも民主主義がない。

そこには民主主義がない。わたしたちは一度も民主主義を見たことがない。

わたしたちはAmerican Dream（アメリカン・ドリーム）を見たことがない。

わたしたちが唯一経験しているのはAmerican Nightmare（アメリカの悪夢）だ！


キング牧師が夢を語ったのとは対照的に、マルコムXはアメリカの悪夢の語り部だった。なぜなら、「わたしの人生の最初の二十五年間は非常に快適なものだった。人生はわたしにとってクリスマスのパッケージに包まれたようなものだった」というキング牧師とは正反対に、マルコムXの生い立ちは、悪夢としか言いようがない壮絶なものだったからだ。

次々と襲いかかる悪夢——マルコムの幼少期の痛々しいトラウマ

マルコムXは、本名はマルコム・リトルという。一九二五年、ネブラスカ州オマハで生まれた。父親のアール・リトルは牧師で、「万国黒人地位改善協会（UNIA）」のマーカス・ガーベイの影響を受け「アフリカ系アメリカ人は、白人と分離して、アフリカに帰るべきだ」と説いていた。

マルコムが母親のお腹の中にいたとき、KKKの一団が「オマハの善いニグロ（アフリカ系アメリカ人）に、アフリカに帰ろうと焚き付けるトラブルメーカーには我慢ができない」とアールを殺しにきた。さいわい、アールは留守だったが、KKKは家の周りを駆け巡り、家をメチャクチャにして去っていった。マルコムの母親の恐怖の体験を胎児は共にしていた。マルコムは、まだ生まれる前から、母親のお腹の中で悪夢を見ていたのだ。

マルコムが生まれた後、KKKの襲撃を避けるため、家族はオマハを後にし、ミネソタ州ミルウォーキーを経由して、ミシガン州のランシングに移った。父親のアールは、巡回の説教者として働きながら自活の道を探ったが、家族は貧困に悩まされた。幼いマルコムはランシングでも悪夢を見た。一九二九年、白人至上主義者の襲撃を受け、家が焼かれたのだ。

わたしはピストルの音で目が覚めた。父は放火して逃げて行く白人に叫びながら銃を発射していた。火事になった家の中で、わたしたちは逃げまどった。母は腕に赤ちゃんを抱え、やっと家の外に出た。わたしたちは下着のままで外に出て泣きわめいた。白人の警官と消防士たちは、ただ黙って家が焼け落ちるのを見ているだけだった。

さらに悪夢は続いた。ある日、父親のアールが、鉄道線路のそばでかろうじて息をしている状態で発見された。頭蓋骨は粉砕され、身体は押しつぶされ、ほぼ半分に切断されていた。マルコムは六歳にして、白人のリンチによって頼りにしていた父親を失ったのだ。

その後、母親は精神に異常をきたして精神科病院に収容され、マルコムを含む八人のこどもたちは白人の里親に引き取られ、散り散りばらばらにされたのだった。それまで一緒に暮らしていた小さなこどもたちを襲った悪夢。彼らは、マルコムらをまるで所有しているかのように、あたかも自分の持ち物のように扱ったのだ。

社会福祉課がわたしたちの家族を引き裂き、わたしたち家族を破壊したのだ。わたしたち兄弟姉妹は一緒に生活したかった。わたしたちはバラバラにされる必要はなかった。だが、福祉課と裁判所と医師は、わたしたちに三連発のパンチを喰らわした。わたしたちを「州のこども」とし、白人の後見人の下に置いたのだ。白人がアフリカ系アメリカ人のこどもたちの面倒を見る。見かけは親切だが、それは「現代の奴隷制」に他ならなかった。

「黒ん坊は弁護士にはなれっこないよ」――思春期に見た決定的な悪夢

マルコムは、ミシガン州メーソンに住む里親に引き取られた。アフリカ系アメリカ人の少ない北部メーソンでの生活。白人とアフリカ系アメリカ人の人種統合と言っても、それはアフリカ系アメリカ人が「白人の文化と価値観」へと併合されることを意味した。マルコムは周りから「nigger」(ニガー)、「coon」(クーン)、「darkie」(ダーキー)など、アフリカ系アメリカ人に対する蔑称「黒ん坊」で呼ばれるのが常だった。

一九三九年のことだった。メーソンの中学校では成績も良く、クラスの学級委員にもなったマルコムだが、その中学校でも悪夢を見た。あるとき、白人教師から将来の夢を聞かれた。マルコムは「弁護士になりたい」と答えた。すると、その教師は「黒ん坊は弁護士になれっこないぞ。もっと現実的になれ。おまえは手が起用だから大工にでもなればいい」と軽くあしらわれたのだ。他の白人のクラスメートたちはマルコムほど成績が良くなくても、その教師から「したいことは何でもしたらいいよ」と励まされ、それぞれの夢を肯定的に受けとめられていた。そのとき、マルコムは、どんなにがんばっても、自分はアフリカ系アメリカ人であるがゆえに、大工にしかなれないという現実を突きつけられたのだ。キング牧師は夢を見ることができた。だが、マルコムは夢を見ることすら許されず、それどころか、多感な中学生時代に悪夢を見たのだ。「おまえは夢など見てはいけない」と夢を砕かれ、自分の存在を全否定されたのだ。

ジェイムズ・H・コーンは、人種隔離政策の時代においてアフリカ系アメリカ人は、南部に住むよりも北部に住むほうがより困難だったと言う。南部にいたら、白人の差別や暴力があったとしても、アフリカ系アメリカ人のコミュニティがあった。アフリカ系アメリカ人同士の助け合いがあり、アフリカ系アメリカ人の学校があり、仲間がいて、教師もマルコムの夢を肯定的に受けとめただろう。だが、そこは北部ミシガン州だったため、家族を失い、自分を支えてくれるアフリカ系アメリカ人のコミュニティもなく孤立無援の状態だった。自分だけがアフリカ系アメリカ人という圧倒的アウェーの環境の中で、クラスメートや後見人から絶えず受けた人種差別がボディーブローのようにマルコムの心を苛み、最後は教師による屈辱的な扱いが決定打となった。悪夢の連続で、夢を見ることさえできなかった思春期を経て、人生の希望と目標を失ったマルコムは、多くのアフリカ系アメリカ人男性がそうであるように、学校を中退し、奈落の底へと落ちていったのだ。

コンクヘアに白人のガールフレンド、典型的な「転落の人生」

一九四〇年、ミシガンでの生活に何の希望も見出せなくなったマルコムは、ボストンにいた従姉妹エラ・コリンズを頼って、単身、東海岸に移り住んだ。十五歳だった。彼は、ボストンとニューヨークを行き来し、髪をアフリカ系アメリカ人特有の縮れ毛からコンクヘアに変え、白人のガールフレンドと交際した。映画『Malcom X』にも出てくるが、コンクヘアとは、苛性アルカリ溶液、ジャガイモ、卵を混ぜた液を髪に塗り込み、縮れ毛をストレートにすることを指す。しかしそれは頭皮に極度の痛みを伴うものだった。マルコムは、髪の毛を真っすぐにして、縮れ毛というアフリカ系アメリカ人の特徴を消したかったのだ。

それは、わたしが自己退廃に向かって取った最初のステップだった。わたしはすべての痛みに耐え、白人男性の髪の毛のようにするために文字通りわたしの肉を焼いたのだ。わたしは、そのとき、「アフリカ系アメリカ人は劣等で、白人は優れている」と信じるように洗脳されていた、数限りないアフリカ系アメリカ人男女の仲間に加わったのだ。彼らは、白人基準による美しさを得るためなら、神から与えられた身体を傷つけることさえするのだ。

白人のガールフレンドを得たことも同じ理由だ。アフリカ系アメリカ人男性には、白人のガールフレンドや妻を持つことで、白人の世界に近づきたいという願望がある。今でもアフリカ系アメリカ人の有名なスポーツ選手やミュージシャン、俳優たちの多くが白人女性と結婚するのはそのためだ。マルコムは自分がアフリカ系アメリカ人であることに強い劣等感を持っていたため、なんとかして自分の黒人性を消そうとしたのだ。白人のガールフレンドを得たとき、マルコムは「素晴らしすぎて信じられなかった」と語っている。「おれには白人のガールフレンドがいるんだぞ」という言葉からはマルコムの高揚感が伝わってくる。

コンクヘアにし、白人のガールフレンドを得たマルコムは、颯爽とニューヨークを闊歩し、暴れ回った。ハスラー（ペテン師）として、泥棒、麻薬売人、売春斡旋など、あらゆる悪行に手を染めたマルコムは、逮捕されるまでによく死ななかったと感心するほど危険で無謀な生活をしていた。他のハスラーによって何度も殺されそうになり、自分がハスラーを殺しかけたこともあった。マルコムはコカイン常習者で、毎日二十ドルという大金が必要だった。そのため、夜中の窃盗を大胆なやり方で繰り返し、最後は当然のように逮捕され、一九四六年、十年の実刑を喰らい、二十一歳の誕生日を前に囚人となったのだ。

醜悪な人種差別の環境に置かれ、白人の暴力や暴言に絶えず晒され、家族、自尊心、将来への希望を失い、非行の道に足を踏み入れ、奈落の底に落ち込んでいく。マルコムXは、アフリカ系アメリカ人男性が陥る典型的な転落の人生を歩んだのだ。

アフリカ系アメリカ人男性で、キング牧師のように「人生の最初の二十五年を快適に過ごせる」人などめったにいない。キング牧師はアフリカ系アメリカ人男性の人生を代表してはいない。逆に、夥《おびただ》しい数のアフリカ系アメリカ人男性がマルコムＸのような人生を歩んでいる。マルコムＸの人生こそ、多くのアフリカ系アメリカ人男性の人生を代表しているのだ。

「真理はあなたを自由にする」――刑務所で人生の転機を迎えたマルコムＸ

囚人となったマルコムは、そこで人生の転機を迎えた。ネイション・オブ・イスラムとの出会いだ。ネイション・オブ・イスラムは、エライジャ・ムハンマドをリーダーとするイスラム教団体である。一八九七年にジョージア州で生まれた、エライジャ・プールは、バプテスト教会の牧師だった。しかしときはリンチ全盛の時代、彼はジョージア州で激しい人種差別に遭い、一九二三年にデトロイトに移った。牧師として人種差別と闘うことに限界を感じたエライジャ・プールは牧師職を辞め、テンプル・オブ・イスラムのウォレス・ファードに師事する。そのとき、彼は「エライジャ・ムハンマド」と改名した。彼は、一九三四年、ファードの後を継いで、シカゴを拠点にネイション・オブ・イスラムを率いるようになった。

マルコムは、刑務所で兄弟のリジナルドの導きを通してネイション・オブ・イスラムを知った。ネイション・オブ・イスラムとそのリーダー、エライジャ・ムハンマドと出会ったことで、マルコムは生まれて初めて自分を一人の人間として尊重する自尊心に目覚めていった。刑務所がマルコムの大学と化していった。七年の刑期中、マルコムは、刑務所内の図書館にあるあらゆる分野の本をすべて貪り読んだ。出所後に語るべきことばを蓄えるために多様な知識を身につけた。やがて知識を得ることで、これまで劣等感を持っていた自らの「黒人性」が肯定的なものに変わっていった。

アフリカ大陸からすべての人間、人種が派生したこと、世界で最初の大陸はアフリカ大陸で、世界で最初の人間はアフリカ人だったことを彼は知った。この発見は、白人が優秀で、アフリカ系アメリカ人が劣等というマルコムに植え付けられていた固定観念を解きほぐす第一歩となった。さらに、白人が崇拝する「金髪で碧眼のイエス」は歴史的に間違っていて、イエスは自分と同じ有色人種で肌の色が濃かったことを知った。また、アフリカ系アメリカ人が話す英語は、白人が作ったもので、「黒」がつくことばがほとんどすべて否定的に使われ、「白」がつく言葉が肯定的に使われていることに気づき、そのような白人の言語による洗脳から解かれ、自らの「黒人性」に誇りを持つようになっていった。

自分のアイデンティティを求める圧倒的な真理への渇き。新約聖書に「あなたがたは真理を知り、真理はあなたがたを自由にする」（ヨハネによる福音書八章三十二節）というイエスのことばがあるが、マルコムは後に、このイエスのことばをアフリカ系アメリカ人たちに向かって語るようになる。それはマルコムがまさに刑務所の中で経験した大転換だったのだ。

第十三章
アメリカ社会の価値観はアフリカ系アメリカ人を自己憎悪させる

わたしは社会からアフリカ系アメリカ人の否定的なイメージを植えつけられていた。アフリカ系アメリカ人は、生まれつきの犯罪者で、劣等で、ひどく無知で、怠け者で、乱暴で、究極的に「白人の五分の三」の価値しかない、という固定観念を。

アフリカ系アメリカ人の否定的な固定観念に支配されていたわたしは、次第に自分自身の「ブラックネス＝黒人性」を軽蔑するようになっていった。だから、父も母も尊敬できなかった。わたしは、必然的に、他のアフリカ系アメリカ人を軽蔑するようになった。

スタンリー・トゥッキー・ウィリアムズ

強固に制度化された人種差別のシステム——白人／名誉白人／黒人

マルコムXを苦しめてきたアメリカの白人優位の圧倒的な価値観とアフリカ系アメリカ人としての劣等意識。それは制度化され、組織化された人種差別によるものである。アメリカには、人種を三つのカテゴリーに分けて類型化する Tri-Racial System がある。「白人グループ」をトップに、中間に「名誉白人グループ」、そして底辺に「有色人種・黒人集団グループ」が位置する。名誉白人グループは、白人にもアフリカ系アメリカ人などの黒人集団にも属さないが、教育や所得レベルなどにおいて白人に近い特権を有する。

1. Whites（白人）

ヨーロッパ系アメリカ人

ニューホワイト（ロシア、アルバニア等）

同化した、色の白いラテン系アメリカ人

複数の人種からなる人々

都市に住む同化したアメリカ先住民

少数のアジアに起源を持つ人々

2. Honorary Whites（名誉白人）

肌の色の薄い中産階級のラテン系アメリカ人

日系人

韓国系アメリカ人

インド人

中国系アメリカ人

アラブ系アメリカ人

3. Collective Black（黒人集団）

フィリピン人

ベトナム人

モン族

ラオス人

肌の色が濃く、貧しいラテン系アメリカ人

アフリカ系アメリカ人

西インド諸島とアフリカからの移民

居留地に住むアメリカ先住民

ヨーロッパ人たちは、黒い肌は劣等性の高い印だと考えていた。奴隷の黒い肌の色は「病気」なのだとも認識していた。三百五十年にわたる、奴隷のアフリカ人とその子孫であるアフリカ系アメリカ人の劣等な位置は、その軽蔑的な考えと制度化された劣等な身分との結合によるものだった。

三つに類型化された「人種」は、アメリカの制度化された人種差別に他ならない。「人種」は、不正義の客観的条件をつくり出している社会構造である。人種差別（Color Line）は、自分たちの既得権を保持・強化するための制度として白人から押しつけられたものであり、アフリカ系アメリカ人など最下層のグループに属する人々をその枠の中に封じ込め、無力化させる力をもっている。

生まれたときの肌の色で人生が決定する

実際に、現代アメリカ社会にアフリカ系アメリカ人として生活したら、そこには大きなマイナス要素がある。次に記すように肌の色と結婚と所得の因果関係がそのことを証明している。

〈差別を受けた経験を報告した人種的割合〉

アフリカ系アメリカ人
肌の色が薄い人　30％　肌の色が中程度の人　35％
肌の色が濃い人　45％

ラテン系アメリカ人
肌の色が薄い人　10％　肌の色が中程度の人　20％
肌の色が濃い人　35％

アジア系アメリカ人
肌の色が薄い人　10％　肌の色が中程度の人　8％
肌の色が濃い人　18％

〈結婚している割合〉

男性
肌の色が薄い人　48％　肌の色が中程度の人　48％
肌の色が濃い人　25％

女性
肌の色が薄い人　38％　肌の色が中程度の人　25％
肌の色が濃い人　10％

全体
肌の色が薄い人　40％　肌の色が中程度の人　32％
肌の色が濃い人　15％

〈人種別の結婚している割合〉

アフリカ系アメリカ人（女性）
肌の色が薄い人　15％　肌の色が中程度の人　15％
肌の色が濃い人　12％

アフリカ系アメリカ人（男性）
肌の色が薄い人　35％　肌の色が中程度の人　25％
肌の色が濃い人　20％

ラテン系アメリカ人（女性）
肌の色が薄い人　35％　肌の色が中程度の人　25％
肌の色が濃い人　20％

ラテン系アメリカ人（男性）
肌の色が薄い人　45％　肌の色が中程度の人　48％
肌の色が濃い人　40％

アジア系アメリカ人（女性）
肌の色が薄い人　65％　肌の色が中程度の人　50％
肌の色が濃い人　50％

アジア系アメリカ人（男性）
肌の色が薄い人　55％　肌の色が中程度の人　62％
肌の色が濃い人　40％

〈配偶者の所得〉

アフリカ系アメリカ人（女性）
肌の色が薄い人　二万二千ドル　肌の色が中程度の人　二万二千ドル
肌の色が濃い人　一万八千ドル

アフリカ系アメリカ人（男性）
肌の色が薄い人　一万五千ドル　肌の色が中程度の人　一万五千ドル
肌の色が濃い人　一万ドル

ラテン系アメリカ人（女性）
肌の色が薄い人　一万五千ドル　肌の色が中程度の人一万ドル
肌の色が濃い人　八千ドル

ラテン系アメリカ人（男性）
肌の色が薄い人　一万ドル　肌の色が中程度の人八千ドル
肌の色が濃い人　五千ドル

アジア系アメリカ人（女性）
肌の色が薄い人　三万五千ドル　肌の色が中程度の人　三万五千ドル
肌の色が濃い人　三万五千ドル

アジア系アメリカ人（男性）
肌の色が薄い人　一万八千ドル　肌の色が中程度の人　一万五千ドル
肌の色が濃い人　五千ドル

全体
肌の色が薄い人　二万ドル　肌の色が中程度の人　一万五千ドル
肌の色が濃い人　一万二千ドル

アフリカ系アメリカ人は、ラテン系アメリカ人と同様、他のアジア系アメリカ人に比べて、より多くの差別を体験し、結婚していない確率が高く、所得も最低レベルで、社会の最下層に位置している。しかも、肌の色の濃淡に関して言えば、同じアフリカ系アメリカ人の中でも、肌の色が薄い人に比べて、肌の色が濃い人がより厳しい状況に置かれている。同じアフリカ系アメリカ人でも、肌の色の薄い人が濃い人を差別するようになる。

アメリカ社会にアフリカ系アメリカ人として生まれたならば、しかも、肌の色がより濃ければ、アメリカで成功するチャンスは全くないということだ。個人の努力次第という問題ではない。アメリカ社会に生を受けたとき、どんな肌の色で生まれてきたかで、その人の人生はすでに決定してしまっているのだ。

（Skin Deep: How Race and Complexion Matter in the "Color-Blind" Era, Cedric Herring, University of Illinois Press）

アメリカにおける「黒人＝汚点」という圧倒的価値観

二〇〇三年に封切られた『白いカラス』という映画がある。主人公のコールマンはマサチューセッツ州のアテナ大学の教授である。彼はユダヤ人で肌が白かったが、彼には、誰にも、妻にさえも言えない秘密があった。それは、彼がユダヤ人ではなく、アフリカ系アメリカ人であるということだった。運命のいたずらか、両親も兄妹もみな肌の色が黒かったのに、彼だけが白人のように見えた。だが、アメリカには、「One Drop Rule」という考えがあり、どんなに肌の色が白くても、アフリカ系アメリカ人の血が一滴でも入っていたら、その人は白人ではないのだ。

コールマンにはかつて白人のガールフレンドがいたが、コールマンの家族がアフリカ系アメリカ人だと知った彼女が彼の元を去ってしまうという苦い経験があった。のちに白人の妻と結婚するときには、両親は死んで家族はいないと嘘をついた。家族とも絶縁状態となった。彼にとっては、家族を含むすべての過去と訣別してでも、自分がアフリカ系アメリカ人であることは隠し通すべき秘密だったのだ。

この映画の原作は『ヒューマン・ステイン』（フィリップ・ロス著）である。コールマンが生涯隠し続けたステイン（＝しみ・汚点）とは、彼がアフリカ系アメリカ人であるということだった。アフリカ系アメリカ人であることが「汚点」とは！　それがアメリカの圧倒的な価値観なのだ。現代アメリカ社会において、アフリカ系アメリカ人として生きることのストレスは、アフリカ系アメリカ人に生まれた人にしかわからない、わたしたちの想像を絶する苛酷なものなのだ。

マイケル・ジャクソンの自己憎悪と整形――アフリカ系アメリカ人の劣等感の深淵

アフリカ系アメリカ人研究の第一人者コーネル・ウエストは、マイケル・ジャクソンの整形に、アフリカ系アメリカ人のSelf-Loathing（自己憎悪）を見ている。

マイケル・ジャクソンは、言わずと知れたアメリカ・ポップス界の巨人である。一九八二年にリリースしたアルバム『Thriller』は、七千万枚を超える世界最高の売り上げを記録し、アルバム全九曲の中からシングルカットされた七曲すべてが全米チャートのトップ10に入った。ミュージシャンとしてすべてを達成したと言える。その頃のマイケル・ジャクソンは、褐色で精悍な顔つきのアフリカ系アメリカ人青年だった。だが、彼は、いつの間にか顔を整形し、顔の色も白くなっていた。その後も、ヒット曲を次々と飛ばしたが、ジャクソン5や『Thriller』の頃のマイケル・ジャクソンとは別人になってしまった。

マイケル・ジャクソンの整形は、彼が、白人の物差しに基づいて自己を評価していることを暴露している。この時代の最も偉大なエンターテイナーの一人であるにもかかわらず、それでもマイケル・ジャクソンは、白人の美的レンズを通して自分を見、自分の中にあるアフリカ系アメリカ人的要素の価値を劣ったものと感じたのだ。マイケル・ジャクソンの整形・白人化は、アメリカ社会で成功したアフリカ系アメリカ人の間に蔓延している「自己憎悪」の正直で可視的な例証である。

（Cornel West, Race Matters, Vintage）

アメリカで、いや世界で最も成功したアフリカ系アメリカ人の一人と言えるマイケル・ジャクソン。だが、そのマイケル・ジャクソンが自らの中にある「自己憎悪」を露わにし、それをあのように目に見える形にしたのだ。アメリカ社会には、アフリカ系アメリカ人を、あのマイケル・ジャクソンさえも自己憎悪させる深淵がある。

※マイケル・ジャクソンの白人化は、vitiligo〈異常性白斑〉という後天性の難治性皮膚疾患だというのが定説になっている。だが、ここでは、アフリカ系アメリカ人研究の第一人者、アフリカ系アメリカ人に最も近いところにいて、アフリカ系アメリカ人のさまざまな問題に最も精通したコーネル・ウェストのコメントを尊重し、一つの見解として取り上げた。

リズム&ブルース、ヒップホップのスター、ローリン・ヒルは、一九九三年、日本でゴスペルブームの火付け役となった映画『Sister Act 2』（天使にラブソングを2）に出演し、「Joyful, Joyful」を歌って踊り人気を博した。一九九八年には、アルバム『The Miseducation of Lauryn Hill』が大ヒットとなり、グラミー賞五部門を受賞した。しかし、大スターになったローリン・ヒルも、アフリカ系アメリカ人であることへの不安を語っている。

わたしは、わたしの中にあるさまざまな恐怖心に立ち向かわなければならなかった。また、劣等感や不安感、この西洋文化の中で、若くて才能があるアフリカ系アメリカ人であることへの不安、その悪魔に取り憑かれたような恐怖心を克服しなければならなかった。

一九六〇年代から一九七〇年代に活躍したアフリカ系アメリカ人のテニスプレーヤー、アーサー・アッシュ。アフリカ系アメリカ人男性として初めて全米オープン、全豪オープン、ウインブルドンで優勝した名プレーヤーだ。一九八〇年代には、デビスカップ・アメリカ代表の監督としてジョン・マッケンローやジミー・コナーズらを率いて指導力を発揮した。ニューヨークの全米オープンテニスの会場フラッシング・メドウズのセンターコートは「アーサー・アッシュ・スタジアム」と命名されている。

アッシュは、心臓のバイパス手術時の輸血によりHIVに感染し、49歳のときにエイズで死去している。だが、アッシュは、自伝『Days of Grace: A Memoir』の中で、エイズによる健康の悪化も苦しかったが、自分の人生における最大の苦しみは人種差別によるものだったと述懐している。

> 人種問題はエイズ以上に厄介な重荷だった。わたしの病気は生物学的な要因があり、わたしたちがコントロールできないものだった。だが、人種差別は完全に人間によって作られたもので、従って、それは人を傷つけ、際限なくストレスを与えるものだ。
>
> アフリカ系アメリカ人であることは、わたしが負わなければならなかった最大の重荷である。アメリカにアフリカ系アメリカ人というマイノリティとして生きること、それは今でも、わたしにとって、わたしの回りに絡みつく過度の重荷のように感じられる。

テニス界の頂点に立ったアッシュをして「耐えきれない」と言わしめたものが、アフリカ系アメリカ人への人種差別だったのだ。アメリカ社会をアフリカ系アメリカ人として生きることの背負いきれないほどの重荷とストレスは、わたしたちの想像をはるかに越えている。

英語の中に忍び込む人種差別――「黒」が持つ意味とは

アメリカにおける白人からアフリカ系アメリカ人への人種差別を考えるとき、見逃されてはならないのが英語ということばの暴力だ。ほとんどのアメリカ人が日常的に使っている英語という白人の価値観によって作られた言語の中に人種差別が忍び込んでいるのだ。英語は白人に優越感を与え、アフリカ系アメリカ人に劣等感を植えつけ自己憎悪させる――。マルコムXは刑務所でそのことに気がついた。

たとえば白人が作った言語の英語には、Black（ブラック）のついたことばが多く、それらはほとんどすべて否定的な意味に使われている。black market（闇取引）、black dog（憂鬱）、black eye（不評）、black hand（暴力団）、black mark（汚点）、black money（不正な金）、black sheep（厄介者）、black water（汚水）、black-hearted（邪悪な）、blacken（汚す）、black list（ブラックリスト）、black mail（恐喝）、black deed（悪意にみちた行為、嘘）など数え上げたら切りがない。そもそもblackということば自体が否定的な意味合いを帯びている。Blackには「黒ずんだ・暗黒の、（真っ黒に）汚れた、光明のない・暗澹とした、不吉な、むっとした・険悪な、腹黒い・凶悪な」などの意味があり、それらがブラック＝アフリカ系アメリカ人の代名詞となっているのだ。

それでは、White（ホワイト）はどうか。Whiteは「善意の、悪意のない、無害な、罪のない、潔白な、道徳的に好ましい、名誉ある、フェア」など肯定的な意味合いに満ちている。white lie（悪気のない嘘）、white hat（正義の味方）、white hope（成功が期待される人）、make one's name white（汚名をそそぐ）、white paper（白書）、そして極めつけはWhite House（ホワイトハウス）だ。だから、"Two blacks do not make a white"（他人の悪事が自分の悪事の言い訳にはならない）となるのだ。

たとえば、アフリカ系アメリカ人が、こんな会話を耳にしたとする。「あいつは彼女をblack mail（恐喝）した」「彼はblack list（ブラックリスト）に載っている危険なやつだ」「彼らはblack market（闇取引）で不正に儲けている」。それが、そこにいたアフリカ系アメリカ人に対して直接語られた会話でなくても、アフリカ系アメリカ人は間接的に自分たちの持っている black-ness（黒人性）を否定され、傷つけられ、無意識に自分に対して否定的なイメージを抱かされるようになる。毎日の生活の中で自分の黒人性を否定されるような瞬間に遭遇し続けるのだ。それは、アフリカ系アメリカ人の心を傷つけ、ボクシングのボディーブローのようにじわじわとダメージを与えていく。アフリカ系アメリカ人が劣等意識を抱いたり、自己憎悪したりするようになるのは当然の結果なのだ。

また、「Boy」ということばは、アフリカ系アメリカ人が忌み嫌うことばだ。Boy は「少年」という意味だが、「Oh Boy!」と言って、驚いたり、感心したりするときの感嘆詞としてよく使われる。今でも、わたしの周りにいるアメリカ人がこのことばを発することがある。

二〇〇三年、金城学院大学で働いていたとき、アトランタにある姉妹校アグネス・スコット大学から交換プログラムで白人のデニス・マッキャン教授が来校された。リズム&ブルースの女王アレサ・フランクリンが大好きという、アフリカ系アメリカ人の音楽や文化に理解のあるデニス・マッキャン教授の専攻はキリスト教倫理ということで、大学礼拝やキリスト教学のクラスで話していただいた。

わたしの学生時代、大学だけが白人の学生とアフリカ系アメリカ人の学生が出会うことができる場所でした。わたしは、大学に入って、生まれて初めてアフリカ系アメリカ人の学生たちと出会いました。一人のアフリカ系アメリカ人の学生と親しくなり、ランチタイムを一緒に過ごしました。わたしは彼の思慮深い話に感銘を受けました。わたしは彼の話に驚き、感心するたびに「Oh, Boy!」（へえ、そうなんだ。すごいね！）と何度も感嘆の声を上げました。するとそれまで温厚だった友人が顔色を変えて言いました。

「もう、それ以上、ぼくの前で Boy と言うのをやめてくれないかい。Boy とは、白人がアフリカ系アメリカ人であるぼくたちをこども扱いしたり、召使い呼ばわりしたりする差別的なことばなんだよ。ぼくたちは、人生の中で白人にそんなふうに侮辱され続けてきた経験をもっているんだ。Boyは、ぼくたちアフリカ系アメリカ人が最も聞きたくないことばなんだ」

わたしはショックを受けました。アフリカ系アメリカ人にとってBoyが何を意味するか何も知らないで、それをアフリカ系アメリカ人の友人の前で愚かにも連発していたのです。わたしは自らの無知を恥じました。でも、その経験が、白人であるわたしに人種差別を受けてきたアフリカ系アメリカ人のことを知るきっかけを与えてくれたのです。

キング牧師も少年の頃、その「侮辱の言葉」を経験している。キング少年が父親の運転する車に乗っていたとき、若い白人警官に止められた。警官は彼の父親を「おい、そこのボーイ」と呼び、アトランタの大教会の牧師をこども扱いしたのだ。キング少年は、そのとき父親が血相を変えて「わたしはれっきとした大人だ。ボーイではない。侮辱するな」と不快感を露にしたことを鮮明に覚えている。

奴隷制の時代、奴隷のアフリカ人男性は老人になっても「ボーイ」と呼ばれていた。アフリカ系アメリカ人を意図的に「ボーイ」と呼んで蔑むのはその名残だろう。つまり、アメリカ社会は、奴隷時代から現在に至るまで、奴隷のアフリカ人とその子孫であるアフリカ系アメリカ人男性を、ずっと「ボーイ」という蔑称で呼び続けてきたということだ。「ボーイ」は、アフリカ系アメリカ人に対する白人のことばによる暴力だ。また、アフリカ系アメリカ人の前で、「Oh, Boy」を発することは、たとえそれが無意識的なものであっても、アフリカ系アメリカ人を傷つける白人社会のことばの暴力なのだ。

アフリカ系アメリカ人はこうして今も、白人の価値観によって作られた言語による暴力、英語による人種差別に日夜さらされ続けている。

第十四章

マルコムXの金字塔的偉業！　むき出しの事実を語ったイスラム教徒

わたしは、あなたがたのところに来て、耳障りのいいことを語るような人間ではない。あなたがたが好むと好まざるとにかかわらず、わたしはあなたがたに真実を語るのだ。

（マルコムX）

マルコム・リトルからマルコムXへ「新しいアフリカ系アメリカ人」となって得られた本当の自由

一九四〇年代、アフリカ系アメリカ人のジャズ・ミュージシャンたちは、お互いを「man」と呼び合い始めた。なぜなら、彼らはいつも白人から「boy」と呼ばれ、侮辱されていたからだ。「わたしはボーイではない。わたしは一人の人間（man）だ」。アフリカ系アメリカ人にとって、白人から何と呼ばれるかではなく、自分を何と呼ぶかは極めて重要な問題だ。それは自分がいったい誰なのかを、社会に向かって、自分の尊厳をかけて表明することだからだ。

キング牧師は、「I Have a Dream」スピーチの中で、自分たちアフリカ系アメリカ人のことを「The Negro」「Negro people」（ニグロ市民＝黒人）と呼んでいた。当時はそれが当たり前の時代だった。「Negro＝ニグロ」が過去において「奴隷」と同義であることへの疑問を持つ者はいなかった。

だが、キング牧師と同時代を生きたマルコムXはそれを嫌った。奴隷から解放され、自由になったはずの人間が、自らを「ニグロ＝奴隷」と呼ぶとは何事かと。マルコムXは、アフリカ系アメリカ人が「The

Negro」「Negro people」ということばを自ら使うことをアフリカ系アメリカ人の文化的無知だと断じた。それはアフリカ系アメリカ人がMental Slavery（精神的奴隷制）の中に自ら身を置くことに他ならなかった。マルコムXは、「African」（アフリカ人）、「Black」（黒人）、「Afro-American」（アフリカ系アメリカ人）という呼び方を好んだ。

さらに、マルコムXは、その姓名Xが象徴しているように、アフリカ系アメリカ人の名前の問題にも踏み込んでいった。


他の民族は身体的な奴隷制で苦しんだ。

だが、歴史上、アフリカ系アメリカ人以外に、その文化と歴史を取り去られた民族はいない。

わたしたちは失われた民族だ。

わたしたちは、わたしたちの名前を知らない。

自分たちの言語も知らない。

自分たちの故郷も知らない。

自分たちの神や宗教も知らない。

わたしたちは奴隷主から与えられた奴隷の名前を使っている。


アフリカ系アメリカ人は、先祖たちがアフリカで名乗っていた名前を知らないで、奴隷主から与えられた奴隷の名前を使っている。その問題性に気づいたのがネイション・オブ・イスラムであり、マルコムXだった。

マルコムXの本名はMalcom Little（マルコム・リトル）である。リトルという姓は、彼の先祖が奴隷時代、奴隷主の名前からもらったものだった。マルコムは刑務所を出所し、ネイション・オブ・イスラムのエライジャ・ムハンマドに師事するようになったとき、エライジャ・ムハンマドから、すでに失われてしまったアフリカのファミリーネームを象徴する「X」の名を授かった。そのときからマルコムは奴隷主からつけられた「リトル」と訣別し、「マルコムX」と名乗るようになったのだ。ネイション・オブ・イスラムでは、エライジャ・ムハンマドが、改宗したアフリカ系アメリカ人に姓名を「X」に改名することを勧めていて、姓名Xを名乗る信者は他にも多くいた。

マルコムに「X」の名を授けたエライジャ・ムハン

マドも、本名はエライジャ・プールで、テンプル・オブ・イスラムのウォレス・ファードに師事していたとき、「エライジャ・ムハンマド」と改名していた。プロボクシング・ヘビー級チャンピオンだったカシアス・クレイも、マルコムXと出会い、ネイション・オブ・イスラムに加わったとき、「カシアス・X」に改名、最終的に「モハメド・アリ」となっている。

自らを「Negro people」と呼んだキング牧師と異なり、アメリカの多くのイスラム教徒たちは、先祖が奴隷主からつけられた奴隷の名前を捨て、新しい名前で、新たなアイデンティティをもって人生を歩み直したのだ。「マルコムX」という改名は、マルコムXの渾身のサウンド・オブ・フリーダム、自由への叫びだった。マルコムXの改名の意義は測り知れないほど大きい。マルコムXは、今や奴隷名を放棄し、白人の精神的支配から自由になり、自尊心をもって生き、自分のアイデンティティを自分で決定することができる人間、すなわち「新しいアフリカ系アメリカ人」の代名詞となったのだ。これはキング牧師でさえなしえなかった金字塔的偉業だ。なぜなら、マルコムXが体現した「新しいアフリカ系アメリカ人」として生きることこそが、現代を生きるアフリカ系アメリカ人にとって最も重要な指針となったからだ。

「自分自身を愛せ!」——最終的に自らを解放するのは自分だけだった

マルコム・リトルがマルコムXと改名したとき、それは、マルコムXが白人に支配されていた過去から訣別し、アフリカ系アメリカ人として自分自身を愛し、自分を肯定して生き始めることを意味した。

「あなたがたの敵を愛するな、自分自身を愛せ」

マルコムXがアフリカ系アメリカ人に対して語った中で最も重要なことばの一つがこれである。

自己憎悪。自己嫌悪。劣等意識——。それがアフリカ系アメリカ人のコミュニティの最大の問題だった。彼はゲットーの中であまりにも多くのアフリカ系アメリカ人の自己憎悪を見てきた。失業、不完全雇用、荒廃した住宅、ネズミの住処となった安アパートに溢れる人々、麻薬の売人、薬物中毒者、アフリカ系アメリカ人同士の犯罪、警官の暴力。そんな汚物にまみれたゲットーに住んでいて、自分をhuman-being（まともな人間）と考えることは不可能なのだ。アフリカ系アメリカ人にとって自分自身を愛することは最も難しいことだった。

アフリカ系アメリカ人は洗脳されている。洗脳された人間だけが、自分を嫌悪し、自分たちの敵（白人）を愛する。

白人の心を変える努力をする代わりに、わたしたちは、アフリカ系アメリカ人同胞の心を変え、彼らが自分自身を肯定することができるようにしなければならない。もしアフリカ系アメリカ人が自分自身を受け入れられるようになれば、彼らは自分たちの抱える問題を解決することができるようになるのだ。

アフリカ系アメリカ人が、白人に対して劣等感を抱き、白人のようになりたいと思っている限り、彼らは白人に対して受動的で非暴力的でありながら、アフリカ系アメリカ人同士で憎み合い、殺し合うようになるのだ。それはまさにマルコムXが実際に体験してきたことだった。「アフリカ系アメリカ人には連帯感がない」と言われたように、マルコムXが心を痛めたのが、奴隷制の最も有害な遺産として、アフリカ系アメリカ人が疎遠で、仲違いし、傷つけ合うことだった。それが北部のゲットーの現実だった。

マルコムXの使命は、そのようなアフリカ系アメリカ人を、自らを奴隷化する心理的呪縛の墓場から引き上げることだった。そうすることによって、アフリカ系アメリカ人は、自分たちの存在を肯定し、自分自身や他者を大切にし、愛によって連帯することができるのだ。

アフリカ系アメリカ人の視点で歴史を教えたネイション・オブ・イスラムは、精神的盲目だったマルコムXの目を開かせた。マルコムXは、白人の歴史書において、歴史が「白人色に脚色されている」（whitened）ことを知った。そして、地球上でアフリカと呼ばれる最初の大陸から人類が出現してきたこと、動物以下の扱いを受けてきた黒人である自分が偉大な大陸に生きた「最初の人類」の子孫であり、白人種など他の人種は大陸が枝分かれする中で派生した二次的な産物だったという歴史的事実を学んだ。

自分がnobody（価値のない人間）ではなく、somebody（価値ある人間）であることを知ることはなんと心躍ることであっただろうか。それはblackness（黒人性）の肯定であり、自己肯定であり、奴隷のアフリカ人とその子孫アフリカ系アメリカ人を「人間ではない」「劣等な人種」と定義してきた西洋白人文明への切り返しだった。

最も深い罪と無知の暗闇の中で、西洋社会のゴミ溜めの中で、失われ、死んで、埋葬されていたようなわたしは、今や、しっかりと自分の足で立つことができるsomebody（価値ある人間）になったのだ。

イエスはどんな肌の色をしていたか？——「黒人イエス」論で白人キリスト教を論破

ネイション・オブ・イスラムは、白人のキリスト教も白人色に脚色されていることを指摘した。

「金髪で碧眼《へきがん》のイエス像」に象徴されるように、神、イエス、処女マリア、天使、そして聖書の中のすべての英雄たちは白人として描かれている。そして、悪魔、罪はしばしばブラックで表現される。マルコムXは、牧師であった父親が「わたしの罪を洗い流してください。そうすれば、わたしは雪よりも白くなります」と賛美歌を歌っていたのを覚えていた。

白人キリスト教は、アフリカ系アメリカ人が自らの黒人性を蔑み、白人を称賛するようにさせる。白人を基準に、白人ではない他のすべての者を裁く基準として機能してきた。つまり、白人はキリスト教を用いて、アフリカ系アメリカ人に自分自身を憎悪するように教えてきたのだ。その中心的価値観が「白人イエス」だった。

映画『マルコムX』の中にこんな場面がある。

マルコムが服役している刑務所に白人のキリスト教の牧師がやってきた。所謂「教誨師《きょうかいし》」である。その牧師は用意していた説教を語った後、囚人たちに「何か質問があるか」と聞いた。するとそこにいたマルコムが立ち上がり、「イエスはどんな肌の色をしていたのか」と牧師に質問した。「イエスはヘブライ人のはずだ。ヘブライ人はどんな肌の色をしていたのか。へブライ人は白人ではなかった」とマルコムが言うと、牧師は慌てて、壁に掛かっている「白人イエス」の絵を指差しながら「神は白人だ。それは明白だ」と答えた。するとマルコムはすかさず切り返した。

金髪で青い目をしたイエス。その白人イエスのイメージは歴史的に間違っている。歴史が教えていることは、イエスが生まれた地域の人々は有色人種だったということだ。その証拠に、（新約聖書の）ヨハネの黙示録一章十四～十五節に「その頭、その髪の毛は、白い羊毛に似て、足は炉で精錬された真鍮《しんちゅう》のように輝き」と書かれている。イエスは白い肌ではなかったことは明らかだ。

それを聞いた白人の牧師は「それは面白い意見だ」と言っただけで、反論できなかった。囚人マルコムは、刑務所の中で、自分を教え諭しに来た白人牧師を打ち負かしたのだ。歴史的事実に基づいて、「金髪で碧眼の白人イエス」の誤謬《ごびゅう》を指摘し、白人が差別する黒人と同じ肌の色の「黒人イエス」論を展開することは、白人キリスト教をギャフンと言わせるに十分だった。

アフリカ系アメリカ人は、白人によって教えられる「白人色に脚色された」宗教ではなく、自分たち自身による宗教的アイデンティティが必要だった。ネイション・オブ・イスラムという黒人の宗教と神が、マルコムXのような境遇の人間を、死と無知と恥辱の墓場から生き返らせることができたのだ。

白人の慈愛を一蹴したマルコムX――アフリカ系アメリカ人にとって主役は誰なのか？

マルコムXは、ネイション・オブ・イスラムの使者としてさまざまなところで語った。ニューヨークのネイション・オブ・イスラムのモスクだけでなく、テレビ番組や多くの大学で学生や教員たちを前にして、マルコムXは雄弁に語った。アイビーリーグのハーバード大学、エール大学、コロンビア大学、ブラウン大学、コーネル大学の他、シカゴ大学、カリフォルニア大学バークレー校、ミシガン州立大学など錚々たる大学がマルコムXを招き、彼の話を聞きたがった。一九六〇年代、マルコムXは引っ張りだこだった。八年生（中学二年生）で中退し、高校さえ出ていない無名のアフリカ系アメリカ人が、白人の知識人たちと堂々と渡り合い、彼らを論破することなど、誰が想像し得ただろうか。「わたしの大学は刑務所だった」と言ったマルコムXだが、驚くべきことに、彼は誰の前でも臆することなく語ることのできる知識と経験と力量を持っていた。

なぜマルコムXが注目されたのか。それは彼が社会に対して真実を語ったからだ。それもお飾りではないむき出しの事実、誰も聞きたくないような事実を真っ正面から語ったからだ。それは、エリック・クラプトンが、ロバート・ジョンソンの作品、ショーウインドーに飾られているお飾りのような音楽ではなく、感情をむき出しにした赤裸々な音楽、ブルースに圧倒されたのに似ている。

わたしは歴史という権威の下で語っている。歴史の記録は証明している。白人という集団は何一つ善いことをしたことがないということを。白人は、わたしたちの父や母たちを絹とサテンの地から盗み、彼らを奴隷船の船底に押し込んで、この地に連れてきた。わたしが間違ったことを言っているかい？

わたしたちが一人の白人を悪魔と呼ぶとき、わたしたちはある個人について話しているのではない。わたしたちは、白人集団の歴史的記録について語っているのだ。

アフリカ人に対する白人の犯罪は、人類の歴史の中で最悪のものだ。その身体的残虐行為たるや、世界で最もすさまじい犯罪だ。あなたがたは、クリスチャンと呼ばれる白人たちの犯罪の極悪さと恐怖をよく知らない。聖書の中にさえ、これほどひどい犯罪は見当たらない。

一億人が犠牲になったのだ。あなたがたの祖父母、わたしの祖父母たちは、白人によって殺されたのだ。わたしたちの先祖、一千五百万人を奴隷にするために、その途上で白人は一億人のアフリカ人を殺したのだ。わたしがあなたがたに、あの当時、白人たちの靴に踏みつけられ、こん棒で粉々にされて大西洋の海底に沈んでいる、わたしたちの先祖たちの傷だらけの身体と血と骨を見せることができたらいいのだが。白人にレイプされ、妊娠しているアフリカ人女性が重い病気にかかったら、彼女は海に投げ捨てられた。サメたちが、奴隷船についていくと腹一杯になれることを知っていたくらいだ。なぜ、奴隷船の上で、白人によるアフリカ人女性へのレイプが始まったのか。青い目をした悪魔たちは、アメリカ人の地に連れてくるまで待てないほど肉欲にまみれていたのだ。文明化された人間なら、そのようなどん欲な乱交パーティー、色欲、殺人を決して知らないだろう。

記者がマルコムに聞いた。「黒人は白人を憎んでいるのか」。マルコムはこう答えた。「それは強姦された被害者に、強姦した奴を憎んでいるかと聞くようなものさ。つまり、オオカミが羊にオレが嫌いかと聞くのと同じだ。白人は、他の誰かが憎悪しているからといって、それを非難できるような道徳的な立場にはない」。

マルコムXは、アフリカ人とその子孫であるアフリカ系アメリカ人に対する白人の身体的残虐行為を真っ正面から語った。世界で最もすさまじい犯罪に対し、「わたしが間違ったことを言っているかい？」と白人に問い返すマルコムX。耳障りのいいことばではなく、むき出しの真実を語るマルコムXに誰もが圧倒され、反論できなかった。

映画『Malcom X』の中にこんなシーンがある。コロンビア大学に招かれたマルコムXが会場に入って行こうとしたときだった。本を抱えた白人の女子学生が近寄ってきて言った。

あなたのスピーチを読んで、あなたが言っていることは正しいと思っています。わたしの先祖が間違ったことをしましたが、わたしは善い人間です。それでお聞きしたいのですが、わたしのような偏見のない白人になにかできることはありますか。

するとマルコムXは「Nothing」（何もない）と言い放ち、彼女の横を通り過ぎて行った。

マルコムXは、実際にあるレストランで、一人の若い白人女性とそのようなやり取りを交わした経験があった。マルコムXが「あなたにできることはなにもない」と言うと、その女性は泣きながら立ち去っていったという。『マルコムX自伝』の中で、マルコムXはそのやり取りから十二年後、あのとき、彼女に「Nothing」と言ったことを後悔していると述懐しているが、その後悔の部分は、マルコムXが暗殺された後につけ加えられたもののようだ。監督スパイク・リーが演出し、この映画の中でも特に印象的なシーンとなったように、あの時代とあの状況の中で、マルコムXが彼女に言ったことばが「赤裸々な真実」であり、後になって、マルコムXがそのことばを翻《ひるがえ》すとは思えない。

この映画のシーンを観たひとりのアフリカ系アメリカ人がコメントしている。

> 彼女はマルコムXの前に出るべきではなかった。もし本当にマルコムXのメッセージに共感し、何かしたいのなら、自分の家に帰り、自分たちのコミュニティで自分たち白人がお互いを大切にしているように、アフリカ系アメリカ人を大切にする努力をしてみたらどうだ。白人だけれども自分は違う（アフリカ系アメリカ人に偏見がない）と言いたいがために、マルコムXに取り入ろうとするな。彼女はアフリカ系アメリカ人のためでなく、自分のために行動しているにすぎない。
>
> Nothing、白人のあなたにできることはなにもない！

画像30：「あなたにできることはなにもない」と白人の女子学生に伝えるマルコムX
https://www.youtube.com/watch?v=ArHhMabjWwg

白人に対する痛烈な一撃。あの女性のような、自分にはアフリカ系アメリカ人に対して偏見がないと自惚《うぬぼ》れている白人への「むき出しの事実」だ。

映画『マルコムX』が一貫して伝えているマルコムXのメッセージは、アフリカ系アメリカ人は白人の助けを必要としていないということだ。アフリカ系アメリカ人が、マルコムXのように、自尊心をもって立ち上がることが重要なのだ。それがマルコムX魂だった。

マルコムXは「救い主になろうとする白人」をきっぱりと拒絶する。「アフリカ系アメリカ人を助ける、慈愛に満ちた白人の救世主」の出る幕などないのだ。主役はアフリカ系アメリカ人なのだ。

メディアの捏造で「暴力主義者」に仕立て上げられたマルコムX

マルコムXはアフリカ系アメリカ人のゲットーの世界に身を置いてきた。そこには貧困、麻薬、アフリカ系アメリカ人同士の犯罪、警官の暴力があった。白人警官たちはゲットーでアフリカ系アメリカ人を滅多打ちにするのだ。

マルコムXは、アフリカ系アメリカ人への白人警官の暴力に対する自衛について語っている。

白人が黒人に犯したすべての暴力を考えれば、黒人に非暴力であると期待することは犯罪である。白人の警官にわたしたちのために見張ってもらうことを期待することは、きつねに鶏小屋の番をしてもらうようなものである。自分たちが自衛する以外に誰が守ってくれるのか。むろん警官が守ってくれるはずがない。わたしたちは必要なら、いかなる手段の自衛をも講じる。

マルコムXは、ここで、あまりにもひどい白人警官の暴力に対するアフリカ系アメリカ人の正当防衛の必要性を語っているだけだが、白人エリートが支配するメディアは、このマルコムXのことば尻を捕らえ、彼を「暴力主義者」と決めつけた。「いかなる手段も講じる」と語るマルコムXはアフリカ系アメリカ人に暴力を煽る危険人物というわけだ。マルコムXのアメリカ社会における圧倒的なイメージは「イスラム過激派」となった。

しかし、マルコムXはイスラム過激派ではなく、

「イスラム穏健派」だった。事実、マルコムXはネイション・オブ・イスラムに入信して以来、暴力行為を行ったり、回りの人々に暴力を煽ったりしたことは一度もなかった。過激な言葉、お飾りではない真実のことばで、アフリカ系アメリカ人に対する白人の犯罪、そのむき出しの事実を真っ正面から語り、行動してきただけだ。しかし、白人にとって好ましからざる人物となったマルコムXはメディアから総攻撃を受けた。「暴力主義者」、「イスラム過激派」――。マルコムXのイメージは、メディアを支配してきた白人たちが捏造したものである。それは白人メディアによるイスラム穏健派マルコムXへの暴力だった。

> メディアは、罪のない人々を犯罪者に、犯罪者を罪なき者にする力をもっている。マスコミは、犯罪者を犠牲者に、犠牲者を犯罪者に見せかける力をもっている。もし、あなたがたが注意深くなかったら、新聞は、あなたがたが抑圧されている人々を憎み、抑圧している人々を愛するように仕向けるだろう。

ジェイムズ・H・コーンは、「マルコムXはキング牧師より宗教的な人間だった」とマルコムXの宗教性を評価している。

キリスト教とイスラム教の違いはあるが、それぞれの宗教の倫理観に鑑みて、キング牧師はその倫理に違反していた。キング牧師には、各地に大勢の愛人がいたのである。公民権運動の押しも推されぬリーダーということで、取り巻きも見て見ぬ振りをしていたのだろうが、現代の倫理基準で言うならば、どんなに偉大で有名な牧師でも姦淫（不倫）を犯した場合、その牧師はその職を追われることになる。片やマルコムXは、ネイション・オブ・イスラムの厳格な倫理コードに忠実に従い、礼拝を欠かさず、断食をし、施しを行い、姦淫を犯さず、禁酒禁煙を徹底し、豚やコーンブレッドなどを一切口にしなかった。マルコムXはイスラム教徒の鏡となるような discipline（規律）をもって潔癖な生活に徹し、アフリカ系アメリカ人が自尊心をもって生きるとはどういうことかを体現した、尊敬に値する「イスラム穏健派」だったのだ。

ネイション・オブ・イスラムとの訣別――キング牧師とマルコムXの交差点

ネイション・オブ・イスラムのエライジャ・ムハンマドはマルコムXを自分の息子のように愛した。幼くして父親を失ったマルコムXにとっても、エライジャ・ムハンマドは父親のような存在だった。出所後もエライジャ・ムハンマドから多くを学んだマルコムXは、すぐに頭角を現し、ネイション・オブ・イスラムのナンバー2となって活躍した。マルコムXが加わったネイション・オブ・イスラムは大きく勢力を広げていった。

だが、信頼していたエライジャ・ムハンマドの不倫事件を契機に、マルコムXのネイション・オブ・イスラムに対する失望感が深まった。ネイション・オブ・イスラム側も、マルコムXがリーダーのエライジャ・ムハンマド以上の名声を得るようになったことを快く思わなくなっていた。こうして、マルコムXはネイション・オブ・イスラムと訣別するのである。

ネイション・オブ・イスラムとの訣別は、マルコムXにとって大きな転機となった。絶対視していたネイション・オブ・イスラムへの失望は、マルコムXにイスラム教をより大きな世界の中で学ぶ視点を与えた。マルコムXは、聖地メッカやアフリカ、ヨーロッパ諸国への旅に出かけた。彼はそれらの経験を通して、白人イスラム教徒と出会い、すべての白人が悪人ではないことに気づかされた。白人との分離を説き、かつては黒人と白人の結婚も認めなかったマルコムは軟化し、公民権運動への参与も視野に入れるようになった。一線を画していたキング牧師にも接近し始めた。

わたしはキング牧師と同じように自由を求めている。

重要なことは、わたしたちが二人とも同じことを信じていることである。つまり、平等、平和、アフリカ系アメリカ人のための正義。わたしたちの手段は異なるが、同じ闘いの中にいるのだ。

ネイション・オブ・イスラムとの訣別によって開かれた広い視野は、マルコムXをより柔軟なイスラム教徒としての生き方へと導こうとしていた。これまでは悪夢が彼の代名詞だったが、マルコムXは夢を見始めたのかもしれない。

しかし、マルコムXが変化の兆しを見せ始めた矢先の一九六五年二月二十一日、彼はニューヨークのハーレムで暗殺された。マルコムXに反感をもったネイション・オブ・イスラムによる犯行という見方が強いが、真相はいまだにわかっていない。マルコムXは、ネイション・オブ・イスラムを装ったアメリカ国家に殺されたのかもしれない。キング牧師が暗殺される三年前のことだった。


ジェイムズ・H・コーンは、もしキング牧師とマルコムXが生きていたら、二人はお互いをより理解し、歩み寄り、アフリカ系アメリカ人の地位向上のために協働したのではないかと言う。二人が死んだ後のアフリカ系アメリカ人は、キング牧師だけでなく、マルコムXをも自らの教師として、自分たちの将来を考え、行動していくべきだと説いている。

ジェイムズ・H・コーンのことばを象徴する交差点がニューヨークにある。それはハーレムのW 125 St.とLenox Ave.の交差点だ。W 125 St.の標識の下に「Dr. Martin Luther King Jr. Boulevard」（ドクター・マ

画像31：キング牧師とマルコムXの交差点　ニューヨーク・ハーレム

画像32：キング牧師とマルコムX
https://www.dallasnews.com/news/2018/01/14/martin-luther-king-jr-met-malcolm-x-just-once-and-the-photo-still-haunts-us-with-what-was-lost/

ーティン・ルーサー・キング・ジュニア通り）と表示され、Lenox Ave. の標識の下に「Malcom X Boulevard」（マルコムX通り）と表示されている。

一九六〇年代に相次いで暗殺されたマルコムXとキング牧師。だが、彼らは死んだのではない。彼らの渾身のサウンド・オブ・フリーダム、自由への叫びは今もアフリカ系アメリカ人の胸の中に息づいている。現代を生きるアフリカ系アメリカ人たちの目標とする道は、この二人の思想と行動が交差するところにあるのだ。

第十五章

ヒップホップ・ジェネレーションの光と陰——現代にまで至る奴隷制

若者たちの世代は、わたしたちアフリカ系アメリカ人の破滅か、それとも希望ある未来か、そのどちらかを選択する岐路に立っている。もし、若者たちが黒人の文化を抱きしめ、その土台の上に立ち、その遺産を引き継ごうと努力するなら、彼らはわたしたちの希望ある未来になるだろう。だが、もし、若者たちが彼らの黒人性に背を向け、彼らの父や母を軽蔑し、もっぱら自己礼讃の物語と彼ら自身の音楽だけに没頭し、彼らが実際にこの社会の脅威となるような、自己を憎悪する否定的なことばを語りながら、それでも自分たちには未来があると想像するなら、彼らはわたしたちアフリカ系アメリカ人の希望ある未来ではない。彼らはわたしたちアフリカ系アメリカ人にとって破滅なのだ。

マウラナ・カレンガ

ヒップホップ・ジェネレーションのジレンマ

公民権運動の時代が終わり、キング牧師とマルコムXという巨大な指導者を失ったアフリカ系アメリカ人は、新しい世代を迎えた。バカリ・キトワナは、それを「ヒップホップ・ジェネレーション」と呼ぶ。一九六五年から一九八四年の間に生まれたアフリカ系アメリカ人たちの世代である。

ヒップホップは、ラップ、DJ、グラフィティ、西アフリカに起源を持つブレイクダンスが融合されたアフリカ系アメリカ人の斬新な文化だ。コーネル・ウェストが「アフリカ系アメリカ人が到達した最高の芸術」と称賛したように、ヒップホップは、公民権運動後のアフリカ系アメリカ人が成し遂げた最大の文化的偉業である。ヒップホップ・ジェネレーションは、こうしたアフリカ系アメリカ人の若者による巨大なヒップホップ・カルチャーを生み出した歴史的な世代なのだ。

一九九八年、ヒップホップは、ロックやカントリーを抜いて、アメリカで最も売れる音楽になった。ヒップホップは、これまで見えない存在だったアフリカ系アメリカ人の若者に公共の場にアクセスするための主要な道筋を開いた。それは、ヒップホップが登場する前までの長い間、彼らが持ち合わせていなかったものだった。ラップ・アーティストたちは、この世代の主要な代弁者となり、アフリカ系アメリカ人の若者の可視性を最高レベルにまで引き上げた。アフリカ系アメリカ人のラッパーが何か社会的または政治的発言をすると、それがメディアに大きく取り上げられるようになったのだ。

ヒップホップは、現在もアフリカ系アメリカ人の若者の文化を形成する支柱となっている。ラッパー、プロスポーツ選手やエンターテイナーに見られるヒップホップ・カルチャーは、当時の白人の若者たちの間にAfro-Africanization（アフロ・アフリカニゼーション）を引き起こした。誰もがアフリカ系アメリカ人のラッパーたちに憧れ、彼らの歩き方、話し方、服装、身振りを真似るようになったのである。

しかし、ヒップホップ・ジェネレーションはアメリカに生きるアフリカ系アメリカ人として、最も難しい状況下に置かれている。ヒップホップ・ジェネレーションは、法的な人種隔離政策による拘束が解かれた最初の世代だ。確かに、アフリカ系アメリカ人は公民権運動前の時代に比べて、ずっと包括的な社会に生きている。だが、アフリカ系アメリカ人の若者にとって、平等と人種統合の約束は、持続的な経済的人種隔離と不平等な現実を前にして、もはや幻想でしかない。公民権運動が終わって四十年間、達成されることが期待された平等な社会に向けての具体的な進展はほとんど見られていない。むしろ、ヒップホップ・ジェネレーションには、制度化された人種差別がより強化された形で重くのしかかっており、民主主義と人種統合が実現したとされる「表のアメリカ」と、未だに人種差別と人種隔離が解消されていない「裏のアメリカ」という矛盾の狭間に置かれているのである。

そのような困難な状況の中から生まれてきたヒップホップ。「裏のアメリカ」で苦闘するアフリカ系アメリカ人の若者たちが生み出した文化的快挙。だが、ヒップホップ・カルチャーは、アフリカ系アメリカ人にとって諸刃の剣だ。ヒップホップ・カルチャーは、アフリカ系アメリカ人の若者を力づける一方、彼らを傷つけ、毒しているのだ。ラップは、エミネムの映画『エイトマイル』に見られるように、アフリカ系アメリカ人のリアルな生活の場から生まれたPoetry（詩歌）だ。ゲットーの中で日常的に発せられるアフリカ系アメリカ人のことばによる物語だ。ゲットーのありのままの姿が歌われる。だから、反知性主義、無知、無責任な子育て、犯罪的ライフスタイル、女性蔑視、ドラッグ、暴力など、反社会的な歌詞が満載で、アフリカ系アメリカ人の自己憎悪を娯楽として売る結果にもなっている。ヒップホップ・カルチャーは、皮肉にも、ヒップホップが売れれば売れるほど、それをつくり出したアフリカ系アメリカ人の劣等性を印象づける結果となっているのだ。

ポスト公民権運動の時代は難しい時代だ。なぜなら、公民権獲得のようなアフリカ系アメリカ人が結集すべき具体的な共通の大きな目標がもはやない。ヒップホップ・ジェネレーションの時代は経済的人種隔離の時代であり、アフリカ系アメリカ人の苦境は「個人の資質の問題」と見做されるからだ。

ヒップホップ・ジェネレーションが生み出したラップという最先端で最も売れる音楽。ラップ・アーティストたちの成功と高額の収入は、アフリカ系アメリカ人の間に一握りのエリートをつくり出し、持てる者と持たざる者の更なる格差を生み出している。ヒップホップ・ジェネレーションは、アーティストやエンターテイナー、プロスポーツ選手の超エリートが躍動する時代だが、それは宝くじに当たった者だけが享受することができる特権であって、大多数のアフリカ系アメリカ人はゲットーを抜け出すことができず、その中で呻き苦しむのだ。

アフリカ系アメリカ人の少年たちはＮＢＡ入りを夢見て、そして挫折する

一九九二年、わたしはアメリカのミシガン州にあるウエスタン神学大学に留学した。その前年、ミシガン大学の男子バスケットボール部は全米大学バスケットボール選手権で準優勝していた。「Fab Five」（ずば抜けて素晴らしい五人組）と言われた、ガードのローズとジャクソン、フォワードのキングとハワード、そして全米一のセンターのウェバーの一年生五人組でいきなり決勝進出という偉業を成し遂げたのだ。五人ともアフリカ系アメリカ人のプレーヤーだった。どんなに強いチームでも一発勝負のトーナメントで行われる全米選手権でベスト４まで行くのは至難の業なのに、それを一年生五人でいとも簡単にやってのけたのだ。

そして翌年の全米選手権。勝負は時の運。ミシガン大学はノース・カロライナ大学に惜敗し、またも準優勝に甘んじたものの、全米の大学の中で最高峰の実力をいかんなく発揮した。大学で二年を終えた段階で、ウェバーがＮＢＡからトップで指名され、プロ入りした。エースのウェバーを欠いた四人組は三年時に全米選手権の準々決勝で、優勝したアーカンソー大学に敗れた。三年時が終わった段階で、今度はローズとハワードがＮＢＡから指名され、大学を去っていった。

卒業までミシガン大学に残ってプレーしたキングとジャクソン。キングはＮＢＡから指名されたが、一方、ジャクソンは指名されなかった。ジャクソンも堅実な大型ガードで当然プロ入りするものと思っていた。大学一年時でいきなり全米トップ校となり、二年連続準優勝したチームの不動のレギュラーがＮＢＡに行けないとは――。これには驚かされた。

そう考えると、二〇〇四年、日本人初のＮＢＡプレーヤーとなった身長わずか一七三センチの田臥勇太《たぶせゆうた》がいかに優秀かつ幸運な選手だったかがわかる。田臥は、フェニックス・サンズで四試合に出場、十七分プレーし、七得点をあげた。実際にプレーした時間は短かったが、それはミシガン大学の準優勝メンバーだった一九八センチの名ガード・ジャクソンがなし得なかったことだ。ＮＢＡに入ってプレーするのはラクダが針の穴を通るよりも難しいのだ。

一九九四年の映画『Hoop Dreams』は、将来のＮ

ＢＡ入りを夢見る二人のアフリカ系アメリカ人の少年の姿を素描したドキュメンタリーだ。舞台はシカゴのゲットー。アフリカ系アメリカ人の貧困層が住むスラム街だ。十四歳のウィリアムとアーサーは、バスケットボールで活躍し、将来ＮＢＡに入り、貧困から抜け出そうと夢見る。ＮＢＡのスター選手だったデトロイト・ピストンズのアイゼア・トーマスの卒業した名門高校からスカウトされ、将来を嘱望されるようになる二人。高校時代には有名大学が何校もスカウトに来て、どの大学に進もうかと迷うほどだった。順調に行けば、二人ともバスケットの強豪大学に入って活躍し、卒業後はプロ入りかと思わせた。だが、一人は怪我で、もう一人は複雑な家庭環境の問題を抱えて挫折し、ＮＢＡ入りは夢に終わる。

アメリカには、そんな夢破れたアーサーやウィリアムが無数に存在するのだ。ある人は、「スポーツで活躍するアフリカ系アメリカ人の高校生がプロにスカウトされるチャンスは、地上に落ちてくる隕石に当たるようなものだ」と言う。

なぜ夢を見すぎるのか？――アフリカ系アメリカ人を洗脳するメディア

アメリカではメディアの影響力は絶大だ。アフリカ系アメリカ人で、ハーバード大学の入学担当官のデイビッド・エバンスは、テレビの視聴者は、最も成功したアフリカ系アメリカ人男性はスポーツ選手かエンターテイナーだと洗脳されているが、それは間違ったロールモデルだと力説する。

エバンスは、彼の行う入学説明会にはアフリカ系アメリカ人の女子生徒は来るが、男子生徒は来ないと言う。現在のアメリカでは、アフリカ系アメリカ人のこどもが生活する家庭の過半数が女性によって支えられ、アフリカ系アメリカ人のこどもたちを教える学校の教師はほぼ全員が女性だ。アフリカ系アメリカ人の男の子たちは、日常生活の中で「家庭を守り、学校で教育者となっているアフリカ系アメリカ人男性」のロールモデルと出会うことがない。

アフリカ系アメリカ人の少年たちのロールモデルは多様ではなく、むしろ限定されている。というのも、テレビに出てくるアフリカ系アメリカ人男性の成功者のイメージは、スポーツ選手かエンターテイナーのどちらかなのだ。エバンスは読者に「あなたはマイケル・ジョーダン、ボー・ジャクソン、マジック・ジョンソン、ハンマー、プリンス、エディ・マーフィ、マイク・タイソンを知っているか」と問う。おそらくアフリカ系アメリカ人の少年や若者たちは、その全員を知っているだろう。彼らこそが少年たちの憧れのヒーローだからだ。スポーツ選手、ミュージシャン、コメディアンがアフリカ系アメリカ人男性の「三大ロールモデル」なのだ。

だが、この極端にステレオタイプ化されたロールモデルがアフリカ系アメリカ人の若者たちをダメにしている。なぜなら、テレビに登場するスポーツ選手、ミュージシャン、コメディアンなどのヒーローたちは宝くじに当たったような人たちだからだ。彼らをロールモデルにしている限り、アフリカ系アメリカ人の少年たちに未来はないと言っても過言ではない。

白人の少年たちも、スポーツ選手、ミュージシャン、コメディアンや映画俳優に憧れ、自分もそうなりたいと思うことがあるだろう。だが、メディアでは、白人男性にはそれ以外にも多くのロールモデルがあり、自分に合った現実路線を進むことができる。

アメリカの商業化されたテレビ文化は、貧しいアフリカ系アメリカ人の若者たちを一攫千金の罠に誘い込み、しっかりとした教育を受け、堅実な人生設計をすることを阻んでいるのだ。

(The Wrong Examples: TV viewers think most successful black males are athletes or entertainers, David L. Evans, NEWSWEEK, March 1, 1993)

ラッパー、カニエ・ウェストの「奇妙な果実」――現代にも続く奴隷制

二〇一三年にラッパーのカニエ・ウェストが、ニーナ・シモンの「奇妙な果実」をサンプリングした「Blood on the Leaves」を発表した。

サンプリングは、ヒップホップがつくり出した最も進歩的な音楽の形だ。DJたちがレコードを使って新しい音楽、新しいサウンドを創造したことに端を発し、ヒップホップ・アーティストが他のアーティストの曲から一部を切り取り、それを自分の楽曲の中に再構築する画期的なアートだ。アフリカ系アメリカ人の過去の音楽に敬意を表しつつ、それを自分の歌、自分のサ

ウンド、自分のストーリーとして再構築する試みだ。

今や、ブルース、ジャズ、リズム&ブルース、ロックなど、あらゆるジャンルの音楽がサンプリングされ、ヒップホップの中に取り入れられ、ヒップホップをより豊かなものにしている。そんな最先端の音楽を創造するヒップホップのスター、カニエ・ウェストが「奇妙な果実」をサンプリングしたのだ。「奇妙な果実」を歌うニーナ・シモンの悲痛な呻きが曲の全編を通してウェストの語りの背後から聞こえてくる。

ウェストと一緒に曲作りに関わったエロン・ルットバーグはこう語っている。


この曲のストーリーは、プロバスケットボールのスター選手と現代の奴隷制とを同一線上に見るところから始まっている。現代アメリカ社会で、すべてを手に入れたかに見えるスター選手が、それにもかかわらず、自分が切望している自由を手に入れることができないで「現代の奴隷」になって苦悩しているというパラドックスがこの曲のモチーフになっている。


NBAには、コービー・ブライアントやレブロン・ジェームズなど高校卒業後すぐにプロ入りしたアフリカ系アメリカ人のスター選手がいる。だが、二〇〇五年の労使協定で、これまで可能だった高校卒業直後のプロ入りを禁止し、指名条件を「十九歳以上で、高校を卒業してから一年以上経過した者」と変更した。実質的には「大学に一年以上在籍した者」ということだ。大学でまず一年は勉強し、人生に必要な最低限の訓練を受けてこいというわけだ。NBAにアフリカ系アメリカ人プレーヤーが占める割合は七〇%から八〇%と他を圧倒している。しかし、その多くが貧困層出身で、十分な教育を受けないまま、大金を摑まされ、その大金を失い、人生をも失ってきた。NBAはアフリカ系アメリカ人の若者にとって魔物だ。その反省の上に立ったルール変更だった。

NBAプレーヤーの平均キャリアは約五年、平均サラリーは約六億円、平均生涯獲得賃金は二十九億円だ。だが、引退後には地獄が待っている。引退後、約五年でプレーヤーの六〇%が自己破産、五十歳までには九〇%が自己破産するのだ。アメリカで最も人気のあるスポーツ、アメリカン・フットボールのNFL

(National Football League) では、選手の平均キャリアは三年半、平均サラリーは二億円、生涯獲得賃金は六億円だ。だが、NBAプレーヤーと同様、引退後、七八％が二年を待たずに破産するか、経済的に困窮するようになるのだ（二〇〇九年 スポーツ・イラストレイテッド誌)。

ゲットーから一生抜け出せないアフリカ系アメリカ人は不幸だ。だが、信じられないことに、ゲットーから抜け出して、夢のNBAスター選手になったアフリカ系アメリカ人の人生も悲惨なのだ。宝くじに当たったような幸運に見えるバスケットボールのスターも、現代アメリカ社会の奴隷制の蟻地獄の中にはまり込み、自由を求めて苦悩している。バスケットボールのスター選手の人生の中にも奇妙な果実があって、そこから血が滴り落ちている。いや、NBAのスター選手自身も木に吊るされている奇妙な果実なのだとカニエ・ウエストは訴えているのだ。

エンターテイナーやミュージシャンたちにも同じことが言えることだろう。ゲットーの住人はもちろん、NBAのスターであっても、アフリカ系アメリカ人はexpendable（使い捨て可能な消耗品）なのだ。巨大な物質主義、商業主義の現代アメリカン・カルチャーは、アフリカ系アメリカ人の若者たちを飲み込み、奴隷化している。

第十六章

新しいリンチの時代――警察と法も味方にならない閉塞の時代へ

通りでは戦争が繰り広げられている。誰一人安全ではないんだ。おまえは走って逃げる。だが、いつまでも隠れていることはできない。

モブ・ディープ

「奇妙な果実」は、最後の人種差別主義者が死ぬまで歌われ続ける

一九三九年にビリー・ホリデイが歌った「奇妙な果実」。醜悪な人種隔離政策の真っただ中で、白人によるアフリカ系アメリカ人のリンチ、公開処刑の現実を告発した伝説的なジャズ・ナンバーだ。ビリー・ホリデイは一九五九年に他界したが、一九六五年、公民権運動時代の終わりにニーナ・シモンがこの曲をカバーして歌った。これも強烈な印象を残した。公民権運動の時代にも、白人によるアフリカ系アメリカ人へのリンチは現在進行形だったのだ。

驚くべきことに、「奇妙な果実」は今でも過去の歌ではない。所謂「リンチの時代」は終わったように見える現代でも、ラッパーのカニエ・ウェストをはじめ、多くのアーティストがこの曲をカバーしたり、サンプリングしたりしている。

一九七二年　Diana Ross（ダイアナ・ロス）
一九八〇年　UB40（ユービー・フォーティ）
一九八二年　Robert Wyatt（ロバート・ワイアット）
一九八七年　Siouxsie and Banshees（スージー・アンド・バンシーズ）

一九九四年　Tori Amos（トーリ・エイモス）
一九九四年　Sound of Blackness（サウンド・オブ・ブラックネス）
一九九五年　Jeff Buckley（ジェフ・バックリー）
一九九六年　Cassandra Wilson（カサンドラ・ウィルソン）
一九九七年　Archie Shepp（アーチー・シェップ）
一九九八年　John Martyn（ジョン・マーティン）
一九九九年　Cocteau Twins（コクトー・ツインズ）
一九九九年　Abbey Lincoln（アビー・リンカーン）
二〇〇三年　James Carter（ジェームス・カーター）
二〇一〇年　Dee Dee Bridgewater（ディー・ディー・ブリッジウォーター）
二〇一〇年　John Legend（ジョン・レジェンド）
二〇一三年　Kanye West（カニエ・ウェスト）
二〇一四年　Sting and Gil Evans（スティング&ギル・エバンス）
二〇一四年　Annie Lennox（アニー・レノックス）
二〇一四年　Marietta Simpson and Tyron Cooper（マリエッタ・シンプソン&タイロン・クーパー）
二〇一五年　Jill Scott（ジル・スコット）
二〇一五年　Jose James（ホセ・ジェイムズ）
二〇一七年　Jade Novah（ジェイド・ノヴァ）
二〇一八年　Dominique Fils-Aime（ドミニク・フィス＝エメ）
二〇一九年　Rapsody（ラプソディ）
二〇二〇年　C.S. Armstrong（C.S. アームストロング）

ビリー・ホリデイの死後、「奇妙な果実」は一九六〇年代にニーナ・シモンがカバーして以来、一九七〇年代から二〇二〇年代まで途切れることなく継続してカバー曲が発表されてきた。しかも、レゲエ、ジャズ、ロック、ゴスペル、リズム&ブルース、ヒップホップなどさまざまなジャンルから、実に七十人を超えるアーティストがカバーしたり、サンプリングしたりしている。

金城学院大学のサンフォード・テイボーン宣教師は、当時住んでいたバージニア州ではリンチは公民権法成立後も頻発していたこと、また二〇〇〇年頃にもアメリカ各地でリンチが現実に起こっており、自分たちアフリカ系アメリカ人はそのことに神経を尖らせていると証言している。「奇妙な果実」は、過去の歌ではない。現在の歌なのだ。アフリカ系アメリカ人が今もなおリンチされ続けているからだ。だから、さまざまなアーティストが「奇妙な果実」を歌い継いできたのだ。そして、今や「奇妙な果実」は、現代のヒップホップ・ジェネレーションの歌である。ラッパーたちが「奇妙な果実」をカバーし、サンプリングし、自らのことば、自らの曲として歌っているのだ。

「奇妙な果実」を書いたエイベル・ミーアポルの息子マイケル・ミーアポルが、この「奇妙な果実」の現代化現象についてコメントしている。

「奇妙な果実」が遠い過去ではなく、現代社会にとって意味のある歌であるという事実は、悲しむべき現実だ。わたしたちは、一九六四年、一九六五年にジム・クロウ法を殺したはずだったのに。最後の人種差別主義者が死ぬまで、「奇妙な果実」は歌われ続けるだろう。そして、最後の人種差別主義者は今確かにアメリカに存在しているのだ。

二〇一八年、あのバスボイコット運動があったアラバマ州モンゴメリーにLegacy Museum and National Memorial for Peace and Justice（平和と正義のための国立記念碑）が建てられた。これはモンゴメリーの旧奴隷市場跡地にあり、記念碑には天井の梁から八百一の柱が垂れ下がっている。八百一の柱は、全米で実際にリンチが行われた郡の数を表し、それぞれの柱にはリンチの犠牲となった人々の名前が刻まれている。天井から垂れ下がった柱は、ポプラの木に垂れ下がった「奇妙な果実」を連想させる。だが、リンチが行われた郡は八百一に留まるのだろうか。リンチは、もはや過去のものなのだろうか。

二〇一八年、ペンシルベニア州フィラデルフィアのベテル墓地に、アフリカ系アメリカ人の赤ちゃんの人形が、首にロープを巻かれて木に吊り下げられているのが発見された。このベテル墓地には、一八〇〇年代初めに、およそ八千人の奴隷のアフリカ人の男女とこどもの遺体が棄てられ、埋められていた。その後、一八〇〇年代半ばまで、白人の業者によってゴミ捨て場として使用されていた。この年、市民の要請を受けて、市長がベテル墓地を奴隷制の負の歴史を記憶するための市の歴史的記念物とする計画を発表していた。そんな矢先に、何者かがアフリカ系アメリカ人の赤ん坊の人形を吊るし首にして、歴史的な場を再び血なまぐさいリンチの場所に変えてしまったのだ。

アメリカには今も潜在的にアフリカ系アメリカ人に対する激しい憎悪が存在し、一触即発状態だ。少しでも奴隷のアフリカ人やアフリカ系アメリカ人に対する白人の罪責が指摘されるなら、その激しい憎悪が爆発するのだ。

二〇二二年三月、連邦政府でエメット・ティル反リンチ法が成立した。エメット・ティルは、一九五五年にミシシッピ州で白人のリンチによって惨殺された十四歳のアフリカ系アメリカ人の少年だった。アイダ・ウェルズがマッキンリー大統領に直訴してから実に一三三年を経て、ようやく、リンチがヘイト・クライムとして認知され、取り締まりと処罰の対象となったのである。驚くべきことは、二〇二二年までアメリカではリンチは犯罪ではなかったということだ。リンチがアメリカ社会の現在進行形の問題であることを、この反リンチ法が如実に示している。

わたしたちは、公民権法が成立し、人種隔離政策が撤廃された後も「法律は変わっても人の心は変わらなかった」（サンフォード・テイボーン宣教師）ことを知っている。現代アメリカ社会の奥底には、いまだにアフリカ系アメリカ人をリンチしようとする人々の憎悪が存在している。「奇妙な果実」は現代にも蘇り、これからもさまざまなアーティストによって歌い継がれていくだろう。

画像33：ベテル墓地に吊るされたアフリカ系アメリカ人の人形
https://www.pennlive.com/daily-buzz/2018/08/black_baby_doll_hanging_in_noo.html

四十一発の銃弾――アフリカ系アメリカ人というだけの理由でリンチする警察国家の暴虐

一九九一年、アフリカ系アメリカ人のタクシー運転手を白人警官がリンチする「ロドニー・キング殴打事件」が起きた。ロサンゼルスの路上で速度違反で捕まったロドニー・キングは、そこにいた四人の白人警官に車から引きずり出され、すさまじい暴行を受けた。八十一秒間の間にこん棒で五十六回殴られ、スタンガンを二発撃たれ、ほお骨を骨折、頭蓋骨九か所にひびが入り、眼球が破裂、くるぶしを骨折、顔を二十針縫うという大怪我を負わされた。殺されなかったのが不思議なくらいの重傷だった。折しもそこに居合わせた通行人がカムコーダーでその一部始終を撮影していた。映画『マルコムX』の冒頭に映し出されるシーンだ。

わたしが初めてアメリカに留学したのは、そのリンチ事件があった翌年だった。無抵抗のロドニー・キングに一方的に暴行を加えた四人の白人警官に対する判決が出る直前、テレビは彼らの集団暴行の生々しい映像を連日のようにニュースで報じていた。無防備なアフリカ系アメリカ人を容赦なく殴打する白人警官たち。アメリカのすべての人が四人の白人警官の有罪を信じて疑わなかった。しかし、判決は無罪だった。怒り狂ったアフリカ系アメリカ人たちはロサンゼルスのダウンタウンを火の海にした。無罪判決を出した司法も、さすがに裁判をやり直し、最終的に四人の白人警官に有罪判決が言い渡されたのだった。これが現代の警官の暴虐（Police Brutality）の代名詞となったリンチ事件だ。

シカゴのサウスサイドのゲットーに住む『Our America』の著者リアレン・ジョーンズは語る。

ロドニー・キングが警官に殴られる映像を見たとき、ぼくは腹が立った。それはぼくにとって珍しい事件ではなかった。ぼくは路上で警官たちが人々を殴るのを何度も見てきたからだ。またアフリカ系アメリカ人が一人やられたかという感じだ。警官は拳や棍棒で滅多打ちにするんだ。この事件の映像も近くにいた白人が撮ったものだ。ゲットーでいったい誰がカムコーダーを持っているだろうか。もしアフリカ系アメリカ人がカムコーダーを持っていたら、あなたは毎日十五件のロドニー・キング事件を見ることができるだろう。

画像34：警官がロドニー・キングを滅多打ちにする
出典　映画『マルコムX』から

一九九九年二月にも、白人警官の暴力を象徴する事件が起きた。西アフリカ・ギニア出身の露天商アマドゥ・ディアロがニューヨーク市ブロンクスの自宅アパート前で、白人私服警官四人に撃たれ、死亡したのだ。警官たちは、ディアロに向かって至近距離から四十一発も発砲し、そのうちの十九発の銃弾が彼の身体を射抜いた。彼は武器を持たず、犯罪にも関与していなかった。

警官たちは「彼がレイプ容疑者に似ていたので追跡した。追いつめたとき、銃らしきものを出したので自衛のために発砲した」と証言した。四十一発も撃ち込んでおいて自衛のためにやったとは笑わせる。警官たちはディアロを殺した後も撃ち続けたのだ。

翌年に行われた裁判では、裁判長が評決に向かう陪審員に「ディアロの視点ではなく、危険と恐怖に直面した警官の視点から事件を考察するように」と指示し、全員が白人の陪審員たちは警官四人に無罪を言い渡した。

ディアロの四十一発殺人事件は決して稀有な出来事ではない。一九九三年、二十四歳のアフリカ系アメリカ人男性アーチー・エリオットは、メリーランド州で殺された。彼は手錠を後ろ手に掛けられていたにもかかわらず、二人の警官に銃弾十四発を撃ち込まれた。一九九五年、二十二歳のラテン系アメリカ人のルディー・ブキャナンは、アリゾナ州で十三人の警官によって八十九発の銃弾を撃ち込まれて死亡している。

このようなアフリカ系アメリカ人やマイノリティに対する白人警官の過剰な暴力や銃の使用は何を意味す

るのか。あのリンチの時代に遡ってみると、現代の白人警官の暴虐が、人種隔離政策の時代の白人大衆のアフリカ系アメリカ人に対するリンチと驚くほど酷似していることに気づかされる。一九一八年、ジョージア州で数百人の暴徒たちにリンチされ、木に吊るされたアフリカ系アメリカ人の妊婦メアリー・ターナー。暴徒たちの怒りを買った彼女の体には数百発の銃弾が撃ち込まれた。それから八十年経ったアメリカで、白人警官たちが無防備なディアロに至近距離から四十一発もの銃弾を撃ち込んだのだ。殺した後も、これでもかと撃って、撃って、撃ちまくる。ニューヨークの四人の白人警官たちのメンタリティは、メアリー・ターナーをリンチし、蜂の巣にしたジョージア州の暴徒たちのメンタリティによく似ている。

一八九〇年、ジョージア州オーガスタで、ある朝、銃弾で蜂の巣にされたアフリカ系アメリカ人の死体が通りに転がっていた。近所に住む白人の住民が加害者らしき白人の一人に「なぜ、殺したのか」と聞くと、彼は「それは、あいつがニガーだったからさ」と答えた。アフリカ系アメリカ人を殺すことには合理的な理由など何も必要なかった。そのアフリカ系アメリカ人が何をしたか、しなかったかに関係なく、彼がアフリカ系アメリカ人だというだけで銃弾の標的になるのだ。アメリカ社会では、今も「アフリカ系アメリカ人狩り」という白人による「ゲーム」が続いている。

アメリカのプア・ホワイト（白人労働者階級）のために歌い続け、吠え続けてきた白人のシンガー・ソングライター、ブルース・スプリングスティーンは、二〇〇〇年、ニューヨークのマディソン・スクエア・ガーデンで行われたコンサートで、「American Skin (41 Shots)」（アメリカン・スキン：四十一発の銃弾）を歌った。ニューヨークでディアロを蜂の巣にした四人の警官の無罪評決への激しい批判が込められている。「American Skin (41 Shots)」は、アフリカ系アメリカ人など有色人種がただ普通に生活しているだけで警官に射殺されるアメリカ社会の暗部を告発している。ブルース・スプリングスティーンは、アメリカで人種差別による事件や殺人が起こるたびに、今もこの曲を歌い続けている。警官という「法」による、アフリカ系アメリカ人などマイノリティへの過剰な暴力を告発するバラード。果たして、スプリングスティーンがこの曲を歌う必要がなくなる日は来るのだろうか。

現代アメリカにおける警官によるアフリカ系アメリカ人への暴力は、過去の白人一般市民によるアフリカ系アメリカ人へのリンチと連動している。一九三〇年代から白人一般市民によるリンチ数は減少していったが、それは都市部における警察権力の拡大の時期と一致している。すなわち、アフリカ系アメリカ人に対する暴力は、白人至上主義者たちのリンチから警官という「法」によるリンチに取って代わったのである。それはアメリカにおけるブラック・ホロコーストとも言いうるものである。公民権運動の時代、キング牧師はアフリカ系アメリカ人に非暴力運動を促し、人種隔離政策の撤廃と投票権法の獲得にエネルギーを費やしたが、白人側の暴力（警官の暴力問題）を重要課題としなかった。しかし、マルコムXはすでに、アフリカ系アメリカ人にとっての大きな脅威、警官の暴力を次のように最重要課題として問題視していた。

わたしたちが警官の暴虐について語るのは、警官の暴虐が実際に存在しているからだ。なぜそれが存在しているのか。なぜなら、わたしたちは、警察権力が市民生活の隅々まで監視・統制する、この異常な「警察国家」に生きているからだ。

アメリカは、異常な警察国家だ。Racial Profiling（レイシャル・プロファイリング）がまかり通っている。ニュージャージー州でＢＭＷに乗っていたアフリカ系アメリカ人の歯科医は、四年間に百回以上、ハイウェイパトロールに止められている。現代アメリカ社会では、警官がアフリカ系アメリカ人の運転する車を止めて一方的な捜査を行う。これがレイシャル・プロファイリングだ。これは警官のアフリカ系アメリカ人に対する人種差別と暴力の一形態なのだ。運転手がアフリカ系アメリカ人であるという理由だけで警官が車を止める。アフリカ系アメリカ人がＢＭＷなど高級車に乗っていると盗難車だと決めつけて車を止める。アフリカ系アメリカ人が通りを歩いていると、怪しい奴だということで捕まえる。アメリカで車を運転しているアフリカ系アメリカ人はみなSuspect（容疑者）なのだ。アメリカの町を歩いているアフリカ系アメリカ人はみな「容疑者」の烙印を背負っているのだ。アフ

画像35：白人を守り、アフリカ系アメリカ人を監視するレイシャル・プロファイリングの現実を風刺したアート　Alex L Art, PATREON.COM/ALEXLARTWORK
引用元：https://www.facebook.com/photo.php?fbid=10100437477775731&set=pb.290000799.-2207520000&type=3

リカ系アメリカ人の若者は、警官に止められ、ハラスメントを受ける確率が最も高いのだ。

アフリカ系アメリカ人の親は、息子が家を出るとき、彼が警官によって撃ち殺されないように神に祈る。アフリカ系アメリカ人の若者たちが、他の誰よりも、警官によって傷つけられるリスクが大きいことを経験してきているからだ。アフリカ系アメリカ人であれば、誰もが、自分の家族、学校の友人、隣人の中に、警官の暴力の犠牲になった人がいる。アフリカ系アメリカ人は、警官に止められたとき、変に動いたり、反抗的な態度を見せると撃たれることを知っている。

> わたしの両親はわたしに口を酸っぱくして言う
> もし警官に止められたら、急な動きをしてはいけない
> 言い返してはいけない
> すべて警官が言う通りにするのだ

> 白人の居住地域に車で入ったとき、パトカーがすぐ尾行してきた。わたしがその地域を出るまで、警官はわたしの車を監視し続けた

> 通りを歩いていて、パトカーがわたしについて来るとき、わたしは極度に緊張し、危険を感じる。わたしの手は汗ばみ、アドレナリンが溢れ出してくる。今すぐにでも起こりうる危険な状況にわたしの身体が対応できるように。

「リンチ絵はがき」を集めた『Without Sanctuary』の中で、作家のヒルトン・アルスが語っている。

もちろん、この写真集の中でリンチされた人々と今のわたしには大きな違いがある。わたしは死んでいないし、リンチされたり、焼かれたり、鞭打ちされたり、石をぶつけられたりしていない。だが、わたしは（この現代社会において、白人や警官に）見つめられ、鋭い視線を浴びている。それは「監視されている」という不安な経験で、わたしを監視する視線がわたしに危害を加えようとすることを感じる。鋭い視線で「監視されている」ことは、dead nigger（黒人の死体）になる前触れなのだ。その視線に晒されることによって、この写真集の中のリンチのシーンのように、白人が発する「ニガー」の意味するところと、なぜ白人たちがそのことばを使うのかがよく理解できるようになってきた。以前はわたしにとってリンチは比喩的なものだったが、今は、リンチはわたしにとってリアルな現実だ。「ニガー」はslow death、ゆっくりとした死、ゆっくりと、やがていつか殺されることを意味する。そして、今、有色人種であるわたしは、四六時中、その「ゆっくりした死」の不安と恐怖を感じながら生きているのである。

これが、アフリカ系アメリカ人が生き延びるために日々くぐり抜けなければならない「人種差別の国アメリカ」の現実である。町を歩くとき、白人が見る風景とアフリカ系アメリカ人が見る風景は全く違うのだ。アフリカ系アメリカ人がアメリカ社会を生きるときの不安、緊張、ストレス、恐れは、わたしたちには到底想像することができないレベルのものだ。

一九五九年五月、アフリカ系アメリカ人でジャズ・トランペッターの巨匠Miles Davis（マイルス・デイビス）が、ニューヨークのジャズクラブ・バードランドに出演中、休憩時間に店の前に立っていた。そこへ白人警官がやってきて、マイルスに「そこをどけ」と命令した。マイルスは「どうしてだ。わたしを知らないのか。わたしはこのクラブで演奏しているマイルス・デイビスだぞ。そこに〈マイルス・デイビス・クインテット〉と名前が出ているだろう」と答えた。しかし、警官は「おまえがどこで働いているかなんて知ったことか。そこをどけ。どかないと逮捕するぞ」と言って、マイルスを棍棒で殴りつけ、逮捕したのだ。マイルスの頭から血が流れた。この逮捕が違法なものであることが証明されるまでに二か月を要した。「ジャズの帝王」と言われ、当時のジャズ界で最も有名で、最も影響力のあったマイルスでさえ、警官の暴力の餌食になったのだ。「おれはジャズの帝王のマイルス・デイビスだぞ」は通用しないのだ。

警官の前では、アフリカ系アメリカ人男性はすべて「容疑者」である。警官が「法」なのだ。どんな肩書きや収入や業績があっても、アフリカ系アメリカ人は、公共の安全を守るために雇用された警官によって、ハラスメント、逮捕、傷害、殺害のリスクに晒されている。アフリカ系アメリカ人は社会への潜在的な脅威として、警官に止められ、ボディーチェックされ、嫌がらせを受け、威嚇され、暴行を受ける運命にあるのだ。アフリカ系アメリカ人の人生は、その肌の色によって日々危険に晒されている。

それでもなお、ニュージャージー州知事は、レイシャル・プロファイリングは治安維持のために当然のことだと、その重要性を強調している。

警官のアフリカ系アメリカ人への暴力を許容する社会

アメリカでは、奴隷解放から一九六〇年までの間に五千件以上のリンチがあったと言われているが、そのほとんどは正式に裁判にかけられることもなく、公的に記録されてもいない。人を殺しても罪に問われる心配がないのだから、リンチする者たちには何の恐れもなかった。行政は、リンチは「市民の意志の表れ」だということで、リンチの犯罪性を取り上げなかった。

警官という「法」によるアフリカ系アメリカ人への暴力もその流れを引き継いでいる。つまり、現代アメリカ社会において、もし警官がアフリカ系アメリカ人に暴力をふるったり、殺したり、逮捕したり、刑務所に入れたとき、それはアフリカ系アメリカ人が何か悪いことをしたからだという白人のコンセンサスがあるのだ。だから、警官がアフリカ系アメリカ人など有色人種を殺し、起訴されたとしても、ほぼ百%無罪となるのだ。

警官によるアフリカ系アメリカ人など有色人種への暴力や殺人を許容するアメリカ人のメンタリティはメ

ディアによって作られている。実際は全体の七〇％の逮捕者は白人であるにもかかわらず、メディアは、アメリカの犯罪はすべてアフリカ系アメリカ人か有色人種によって引き起こされるかのような情報操作を行っている。アフリカ系アメリカ人は、生まれながらにして、ハリウッド、テレビ、新聞などすべてのメディアを敵に回しているのだ。

警官に四十一発を撃ち込まれて殺害されたディアロ。でも、撃ち殺した警官は当然のように無罪だった。それが白人陪審員のコンセンサスなのだ。だから警官は平気で何十発も撃ち込むのだ。ディアロの罪は、彼が黒人だったことだ。何かを食べにいこうと夜アパートを出たこと、そこで警官と出くわしたこと、それが彼の罪なのだ。それが現代アメリカ社会の真相だ。アフリカ系アメリカ人に対する警官の残虐行為は、アメリカ合衆国の誕生と共に始まった奴隷制と同様、リアルで、組織的で、壊滅的なものだ。アフリカ系アメリカ人を人間以下と見做す社会のシステムと白人のコンセンサスが続く限り、アフリカ系アメリカ人に対する警官の暴力は永遠に続く。

ロドニー・キングをリンチした白人警官やアマドゥ・ディアロを殺害した白人警官が無罪となったように、アメリカでは、現在でも、アフリカ系アメリカ人を殺害した白人が有罪になることはほとんどない。白人の容疑者を守り、アフリカ系アメリカ人の被害者に冷酷なのがアメリカの司法だ。そうであれば、その逆も然りである。アフリカ系アメリカ人が逮捕され、ひとたび容疑者になったら、たとえ罪を犯していなくても、無罪判決を勝ち取ることは極めて困難だ。アメリカは、アフリカ系アメリカ人の冤罪で満ちている。

ボブ・ディランが、一九七六年、アルバム『Desire』を発表した。その冒頭の曲が「Hurricane」だ。ハリケーンは、ボクサーでウェルター級チャンピオンだったルービン・カーターのリングネームだった。カーターはアフリカ系アメリカ人で、一九六六年、ある殺人事件の容疑者として有罪判決を受け、終身刑となり、服役していた。しかし、彼は一貫して無実を主張し続け、一九七四年には自伝『第16ラウンド』（The Sixteenth Round: From Number 1 Contender to Number 45472, Rubin "Hurricane" Carter）を出版し、無実を社会に向かって訴えた。ボブ・ディランもこの本を読み、実際に刑務所にカーターを訪ねて、彼の無実を確信したという。ボブ・ディランは、この曲で渾身の思いを込めてハリケーンの冤罪とアフリカ系アメリカ人を貶めるアメリカの不法を告発し、冤罪で人生を奪われかけたハリケーンのサウンド・オブ・フリーダム、自由への叫びを代弁したのだ。

一九九九年、映画『The Hurricane』が封切られた。一人のアフリカ系カナダ人の少年が偶然ルービン・カーターの自伝『第16ラウンド』と出合い、心動かされる。少年は、カーターに手紙を書き、実際に刑務所まで会いに行く。カーターの無実を確信した少年は、彼の家族と共にカーターの無実を証明するために奔走し、最後には連邦裁判所の無罪判決を勝ち取るという実話に基づいたストーリーだ。もちろん、ボブ・ディランの歌う「Hurricane」が映画を盛り上げている。

一九九九年、イリノイ州知事に就任したジョージ・ライアンは、州内での死刑に関して、実にその三分の一が冤罪や不当な量刑であったことが発覚したことを受け、二〇〇一年に死刑執行を一時中断した。その後、設置した死刑諮問委員会の調査・勧告を受け、二〇〇三年、死刑囚一六七人すべての減刑、恩赦を決定した。イリノイ州知事の決断は大きな驚きをもって受けとめられたが、まともな裁判がなされず、冤罪や不当な量刑が起こっているのはイリノイ州だけではないだろう。ハリケーンが逆転無罪となったのは稀なケースで、実際は多くのアフリカ系アメリカ人が有罪になり、処罰され、処刑されている。この状況は、リンチ全盛の時代と何ら変わっていない。アフリカ系アメリカ人にとって、現在のアメリカの司法は、かつて白人至上主義者たちが法的な手続きを経ないでアフリカ系アメリカ人を断罪し、処刑していった不法な私刑の現代版でしかないのだ。

スタンリー・トゥッキー・ウィリアムズの処刑は是か非か？

スタンリー・トゥッキー・ウィリアムズも冤罪を訴え続けたアフリカ系アメリカ人だった。ロサンゼルスのギャング団クリップスのリーダーだったウィリアムズは、一九八一年、四人を殺害した容疑で逮捕された。ウィリアムズは一貫して無実を訴え、状況証拠なども不十分だったが、全員白人の陪審員は彼に有罪判決を下した。

そこからウィリアムズの死刑囚としての日々が始まった。逮捕される前から、ウィリアムズは次第にギャング仲間とも距離を置くようになっていたが、彼の意志を越え、ギャング団クリップスは南カリフォルニアに大きく勢力を広げていった。ウィリアムズは二〇〇四年、自伝『Redemption: The Last Testament of Stanley Tookie Williams』を出版している。Redemption とは償いという意味だが、彼は刑務所内で「償い」、すなわち暴力に満ちたギャング時代の自分を回顧し、反ギャング活動を始めたのだ。刑務所にいながら、ギャング団同士の大きな抗争を収めるなど存在感のある役割を果たした。彼のギャングからの改心とその後の極めてすぐれた人格者としての言動は、窃盗などの罪を犯して服役した後、出所し、別人のようになってアフリカ系アメリカ人のために献身し、人々から尊敬を集めたマルコムXを彷彿とさせる。出版した『Redemption』も、『マルコムX自伝』に優るとも劣らない自叙伝で、アフリカ系アメリカ人男性の転落と再生を赤裸々に描いた名著だ。

獄中のウィリアムズは、友人のバーバラ・ベンセルと協働し、こどもたちのためにギャングに関する絵本を出版した。将来あるこどもたちが自分と同じ轍を踏まないようにと、『Gangs and the Abuse of Power』、『Gangs and Your Neighborhood』、『Gangs and Violence』、『Gangs and Wanting to Belong』、『Gangs and Your Friends』などを相次いで出版した。これら「ギャング防止絵本」九冊は、現在、こどもたちの必読本としてアメリカの公立学校、図書館、青少年更正施設に置かれている。また、ヨーロッパとアジアやアフリカの一部の地域でも高い評価を受けている。このギャング防止活動は大きな反響を呼び、ウィリアムズはノーベル平和賞に四回、ノーベル文学賞に三回ノミネートされた。二〇〇四年には、テレビ映画『クリップス』(Redemption: the Stan Tookie Williams Story)も放映され、ウィリアムズへの支援の輪が広がり、彼の支援者たちによる多数の減刑嘆願書が提出された。

だが、二〇〇五年、カリフォルニア州のアーノルド・シュワルツェネッガー知事の下、ウィリアムズは処刑された。果たしてウィリアムズは本当に殺人者だったのだろうか。なぜアフリカ系アメリカ人のウィリアムズの裁判の陪審員は全員白人なのか。ウィリアムズがアフリカ系アメリカ人ではなく、白人であれば、彼は死刑を免れただろう。

民営刑務所という奴隷制――囚人を使った巨大ビジネスの闇

アメリカの刑務所はアフリカ系アメリカ人で溢れている。アフリカ系アメリカ人の男性は、アメリカの人口のわずか七%だが、刑務所人口のほぼ半分を占めている。二十一世紀に入り、囚人は二百二十万人に膨れ上がり、アフリカ系アメリカ人の囚人は白人の五倍と突出している。刑務所とはアフリカ系アメリカ人が行くところなのだ。

アメリカには多くの民間刑務所がある。州政府や連邦政府からの委託を受け、囚人一人当たり三十四ドルを受給し、労働法の適用されない囚人を道路建設などの公共事業に無給で貸し出している。囚人は四十四人がひしめき合う大部屋に押し込まれ、一日十二時間労働を強要される。病気や怪我をしても何の補償もなく捨てられる。民間刑務所は、寝返りも打てない船底に押し込まれ、病気になったら海に投げ棄てられた奴隷船の状況と何ら変わりがない地獄の様相を呈している。囚人を使い捨ての雑巾のように扱い、時給わずか九ドルの刑務官に五十人の囚人を独りで管理させ、利潤のみを追求する民間刑務所は、年間二億ドル以上の利益をあげる巨大ビジネスとなっている。

この悪名高い民間刑務所と囚人労働は、奴隷制が生み出したものだった。南北戦争後、奴隷が解放され、綿花のプランテーションなどで労働力が不足したが、奴隷制の廃止を決めた合衆国憲法修正第十三条には抜け穴があり、犯罪者であれば奴隷労働に従事させることができたのだ。アメリカは奴隷制を手放した代わりに、囚人に労役を課し、奴隷のように酷使できる道を残していたのだ。南部諸州はプランテーションを購入し、二十世紀初めからそれらを刑務所として運営し始めた。所謂「刑務所プランテーション」だ。刑務所プランテーションは、その後一世紀も続き、囚人を奴隷のように酷使し、ただ働きさせて利益を上げてきた。それが一九八〇年代に「民間刑務所」に化けて現在に至っているのだ。

奴隷解放とは名ばかりで、刑務所プランテーションに名を変えて、アフリカ系アメリカ人の奴隷化は延々と続いてきた。刑務所プランテーションとそれに続く民間刑務所での生活環境、労働環境は、奴隷時代のプランテーションよりも劣悪で、生きた財産だった奴隷より、囚人の死亡率のほうが圧倒的に高いのだ。囚人の命は軽い。民間刑務所にとって、囚人は単に補助金を引き出す道具でしかない。アメリカの歴史を貫いて、アフリカ系アメリカ人の奴隷化と利益の追求はセットになっている。

警察国家アメリカは、レイシャル・プロファイリングによって、夥しい数のアフリカ系アメリカ人やラテン系アメリカ人らを逮捕、有罪にし、刑務所に送り込む。そして、民間刑務所が彼らを奴隷のようにただ働きさせ、大きな利益を得ようと手ぐすね引いて待っているのだ。

(American Prison: A Reporter's Undercover Journey into the Business of Punishment, Shane Bauer, Penguin Press, 2018)

マイケル・ジャクソンの慟哭はアメリカ社会を変えたか？

一九九六年、マイケル・ジャクソンの「彼ら」に対する怒りが爆発した。「彼ら」とは、アフリカ系アメリカ人らマイノリティを差別し、彼らを不当に扱う警官、それを後押しする政府や司法機関を指す。「They Don't Care About Us」がそれだ。マイケル・ジャクソンの「彼ら」に対する怒りは、その「刑務所バージョン」のビデオに凝縮されている。マイケル・ジャクソンはこの曲で、不当に扱われ、傷ついているアフリカ系アメリカ人らマイノリティの怒りを代弁している。

一九九一年の警官によるロドニー・キング殴打事件がきっかけになったとも言われるように、刑務所バージョンには映画『マルコムX』同様、冒頭からロドニー・キングを袋叩きにする白人警官たちの映像が映し出される。マイケル・ジャクソンの怒りは、なによりもまず白人警官の暴虐（Police Brutality）に向けられる。それと相まって、アメリカ内外で起こっている壮絶な暴力の世界が次々と映し出される。刑務所で手錠をかけられ、怒りに燃える囚人、それがマイケルだ。マイケルとともに、他の囚人たちも怒りに燃え、机を叩き、激しく抗議する。だが、周りで棍棒をもって監視している白人の警備員は無表情で、彼らのことなどなにも気にしていない。

この曲は、マイケル・ジャクソンの慟哭である。一九八二年の「スリラー」のときとは別人のようなマイケル・ジャクソンが刑務所で怒りを爆発させている。ニューヨーク・タイムズは「ジャクソンは彼自身のことを警官の蛮行の犠牲者、憎悪の犠牲者と呼んでいる」と報じている。マイケル・ジャクソンは「糾弾され、攻撃され、傷つけられている人の声」そのものなのだ。この曲は、アフリカ系アメリカ人への終わりのない人種差別に対するマイケル・ジャクソンの魂の叫びである。警官という「法」によるアフリカ系アメリカ人や有色人種への不当な差別と暴力、そして、政府や司法という社会のシステムがいかに間違った形で彼らを痛めつけ、傷つけ、殺し続けているかを激しく告発する、彼の渾身のサウンド・オブ・フリーダム、自由への叫びなのである。

だが、この「刑務所バージョン」のビデオを観た人たちが異口同音に語っている。

わたしの愛するマイケル・ジャクソン、残念だけど、何も変わっていないよ。

マイケル・ジャクソンが歌っていることのすべてが今起こっている。

この曲は色あせていない。今日の社会状況にもそっくりあてはまる。なんと悲しい現実なのだろう。

今日、この曲は、マイケル・ジャクソンが歌っていたときより、よりリアルになっている。

(https://www.youtube.com/watch?v=t1pqi8vjTLY)

マイケル・ジャクソンの必死の訴えから三十年を経ても、世界は何も変わっていない。今日も、アフリカ系アメリカ人が警官の不当な暴力に晒されている。だが、彼らはアフリカ系アメリカ人のことなど何も気にしていないのだ。

最終章
Still I Rise! 困難をしなやかに乗り越えて立ち上がる！

わたしの仕事は、跳ね返るように困難から回復することだから、わたしは人生を「華麗なるダンス」と呼ぶ

ビル・ジョーンズ

トゥーパック・シャクールが促すアフリカ系アメリカ人の再起力

二〇〇四年、すでに他界していたラッパーの巨人、トゥーパック・シャクールの「Ghetto Gospel」がリリースされた。この曲は、ラッパーのエミネムによって制作され、トゥーパックのラップに合わせて、エルトン・ジョンが一九七一年に発表した曲「Indian Sunset」の一節がサンプリングされている。「Indian Sunset」は、白人によって敗北寸前となった、武器を持たないアメリカ先住民の物語を歌った曲だった。

ゲットーはアフリカ系アメリカ人にとって地獄だ。だが、トゥーパックはゲットー・ゴスペル、そのゲットーのただ中に希望の福音を灯そうとする。そして、自分のメッセージに共感する者はみな諸手をあげて歓迎するよとゲットーの若者たちを抱きしめ、立ち上がらせるのだ。

「ゲットー・ゴスペル」は、ヒップホップ・ジェネレーションの賛歌であり、ゲットーに生きる者へのゴスペル（福音＝良い知らせ）である。トゥーパックは、疎外されたコミュニティに生きる数百万人の若者たち

が直面する闘い、ゲットーの中で若者たち一人一人が直面する苦闘に光を当て、平和と希望の道筋を指し示す。それは多くのアフリカ系アメリカ人の若者たちの琴線にふれ、彼らを個人の成長の欲求とよりよき明日への責任に目覚めさせる。

トゥーパックは、ゲットーの若者たちに変化のときが来たことを告げる。変化はゲットーの内部から起きなければならない。若者たちの内部が変化しなければならない。若者たちはやり直せる。一度倒れても、また立ち上がれる。ゲットーの若者たちにそうなってほしい。若者たちが暴力と犯罪の連鎖を断ち切り、ギャングや貧困のサイクルの犠牲者、つまり、二度と新たな奴隷になることがないように促すのだ。

「ゲットー・ゴスペル」は、ヒップホップ・ジェネレーションを象徴するAnthem of Resilience（レジリエンスの賛歌）だ。レジリエンスとは「困難をしなやかに乗り越え、回復していく力、再起力」だ。ヒップホップには、そして、ヒップホップを創造したアフリカ系アメリカ人の若者たちには、再起力、苛酷な現実をしなやかに、したたかに乗り越え、回復していく力があるのだ。「ゲットー・ゴスペル」、それはトゥーパックの渾身のサウンド・オブ・フリーダム、自由への叫びであり、アフリカ系アメリカ人の若者たちを再び立ち上がらせ、ゲットーという呪縛から解放させる福音なのである。

ここに天国がある！――自由を垣間見て立ち上がるアフリカ系アメリカ人の教会

キング牧師の時代に代表されるように、かつてアフリカ系アメリカ人の教会と牧師・指導者は、彼らのコミュニティの中心だった。公民権運動の活動は教会を拠点に行われ、人々は賛美歌やゴスペルを歌い、祈りによって社会活動へと送り出されていった。だが、ヒップホップ・ジェネレーションは、公民権運動の時代に比べて、アフリカ系アメリカ人の教会の役割が弱まった時代である。ヒップホップの中には、多くのキリスト教の信仰に基づいた歌があるが、ヒップホップ・ジェネレーションを全体的に俯瞰《ふかん》すると、歌はより世俗的な方向に進み、若者たちの教会離れが顕著になっている。

しかし、アフリカ系アメリカ人にとって、アフリカ系アメリカ人の教会の存在の重要性は以前にも増して大きくなっているように思われる。それを強く感じたのが、二〇〇二年にニューヨーク・シティにあるケイナン・バプテスト・チャーチの礼拝に出席したときだった。

ニューヨークのハーレムにあるアフリカ系アメリカ人の教会。この教会に出席することを強く勧めてくださった梶原寿さんは、この教会のワイアット・T・ウォーカー牧師の『深き森に宿る魂：ゴスペルの源流をたどる』を翻訳して出版するなど、ウォーカー牧師と旧知の仲だった。

ここはアフリカ系アメリカ人の労働者階級の教会。礼拝堂はきらびやかでもなく、極めて質素な作りだった。礼拝堂に案内されると同時に礼拝が始まり、鮮やかな赤のガウンを身に纏ったクワイアのメンバーが左右の通路から列をなして登場し、音楽に合わせて歌い、手拍子をしながら次々に講壇に上がっていくのは壮観だ。ソプラノ、テナー、アルトに分かれた男女混成のクワイアメンバーは軽く百人を超えていた。

中央に座るウォーカー牧師を取り囲むようにして講壇を占拠するクワイアの重量感に圧倒される。そこから始まる礼拝はクワイアの独壇場だった。みんなで賛美歌を歌うとき、みんなが献金を捧げるために講壇まで順次出ていくとき、みんなで手をつないで礼拝を締めくくるとき、会衆はクワイアと共に立ち上がって、手拍子し、足を踏み鳴らし、踊りながら神を賛美する。何と言ったらいいのだろう、それは天国にいるような体験だった。生まれてからこのときまで、日本、アメリカ、韓国、フィリピンなどでほぼ毎週のようにさまざまな教派の教会の礼拝に出席してきたが、天国を体験したのはこれが初めてだった。もし地上に天国があるとしたら、まさにここだ。この瞬間、この空間だ。ケイナン・バプテスト・チャーチの礼拝で、あのクワイアや会衆と共に神を賛美したら「これからの一週間、いろいろ辛いことがあるだろう。でも、きっと乗り越えていける。日々の苦しみや憂いを吹き飛ばせる」と断言できる。

公民権運動の時代、ウォーカー牧師はキング牧師の片腕だった。あのバーミングハムの闘争にもキング牧師と共に参加していた。ウォーカー牧師は、礼拝後、車でニューヨーク市から一ドルで購入した低所得者住宅に案内してくれた。かなり大きな住宅群だった。市が貧困層支援に実績があるケイナン・チャーチとウォーカー牧師を信頼して、ぜひ有効活用してほしいとその住宅の管理と運営を委託したのだ。

高齢者や貧困・差別の中にいる人へのたゆみない福祉活動。そんな地域の真っただ中にある教会。礼拝に出席している会衆もクワイアのメンバーも、みんなその労働者階級のコミュニティの中に生きている。そんなコミュニティが日曜日一緒に集まって共に神を賛美する。だからそこに天国が垣間見えるのだ。たとえ彼らに困難な現実があったとしても、また一週間やっていけるのだ。ゴスペル音楽は今を生きるアフリカ系アメリカ人たちの社会の中での生きざまと深く繋がっている。

アフリカ系アメリカ人にはゴスペルがある。昔、奴隷のアフリカ人たちが一緒に集まり、スピリチュアルを歌い、スピリチュアルを踊り、スピリチュアルに力づけられ、自由を垣間みることによって、日々の苛酷な労役を持ちこたえていったように、今でもアフリカ系アメリカ人たちは教会というコミュニティに集まり、ゴスペルを共に歌い、踊り、天国を垣間見ることによって、厳しい現実を乗り越えている。若者たちの教会離れがあるといっても、依然としてアフリカ系アメリカ人の教会はアフリカ系アメリカ人の生活の中心にある。アフリカ系アメリカ人のサウンド・オブ・フリーダム、自由への叫びを誰も奪うことはできない。アフリカ系アメリカ人は、今日も天国を垣間見、まだ得ていない自由を先取りしながら、困難な現実へと出て行き、また教会へと戻っていくのだ。

何度でも立ち上がる!——サウンド・オブ・フリーダムはまだ続く

アフリカ系アメリカ人の女性で、作家、詩人、社会活動家のマヤ・アンジェロウが、一九七八年に、詩集『And Still I Rise』を発表した。その中の一編が「Still I Rise」である。アメリカ史上、最も有名で、最も重要な詩の一つだ。

汚く、ねじ曲げられた嘘で
わたしを歴史に記し、こき下ろしてもかまわない
汚い泥の中にわたしを踏みつけようがかまわない
それでも、わたしは、埃のように、舞い上がる

わたしの生意気さが気にくわないの？
なぜ陰気な顔で当惑しているの？
わたしが、部屋で石油を掘り当てたかのように、
颯爽と歩いているから？

月のように、太陽のように
潮の満ち引きのように確かに
希望が飛び跳ねるように
わたしは立ち上がる

わたしが傷ついている姿を見たいの？
意気消沈して、目を伏せているのを
肩を落としてむせび泣いているのを
わたしの魂の叫びも枯れ果ててしまう様子を

わたしの傲慢さがあなたを怒らせたの？
そんなにひどく受けとめないで
わたしが、裏庭で金を掘り出したかのように、
得意げに笑っているから？

わたしに罵詈雑言を浴びせてもかまわない
わたしを視線でねじ伏せてもかまわない
わたしを憎悪で殺そうとしてもかまわない
それでも、空気のように、わたしは舞い上がる

わたしが魅力的なのが気に入らないの？
そんなに驚きなの？
わたしが、あたかもスカートの隙間から
ダイアモンドをちらつかせるように、
軽やかに踊っていることが。

忌まわしい（奴隷の）歴史から訣別して
わたしは立ち上がる
苦痛が立ちこめたような（奴隷制の）過去を
乗り越えて
わたしは立ち上がる
わたしは黒い大海。（奴隷船での）腫れ上がった
傷にも耐え抜いて、
大西洋を跳び越え、アメリカに辿り着いた力強い
生存者の一人

（奴隷制の）恐怖に満ちた夜を離れ

わたしは立ち上がる
驚くほど綺麗な朝焼け（奴隷解放）とともに
わたしは立ち上がる
先祖が与えてくれた贈り物を携えている、
このわたし
わたしは、奴隷だった先祖の夢であり、
希望なのだ

わたしは立ち上がる
わたしは立ち上がる
わたしは立ち上がっていく

（*Poems:* Maya Angelou, Bantam Books, 1986, pp.154-155.）

この詩で、マヤ・アンジェロウはアフリカ系アメリカ人（女性）を代表している。抑圧者は、マヤ・アンジェロウをひどく悪意のある嘘でこき下ろし、激しい憎悪をもって泥の中に押しつけ、彼女を心身共に屈服させようとする。それでもマヤ・アンジェロウは、大胆不敵に意気揚々と立ち上がる。そんな彼女の態度に、抑圧者は怒り、当惑する。彼女が、抑圧に屈服することを拒否し、颯爽と歩き、軽やかに踊り、得意げな笑みを浮かべるからだ。アフリカ系アメリカ人の存在と身体は劣等な存在と見なされている。だが、マヤ・アンジェロウは、その負のイメージに敢然と挑戦する。アフリカ系アメリカ人は魅力的で美しいのだ。石油のようにゆたかでダイアモンドのように輝いているのだ。彼女の生きる喜びと揺るがない自尊心は、抑圧者への抵抗と勝利のしるしである。マヤ・アンジェロウは喜びと誇りをもって、奴隷制の悪夢から「立ち上がり」、抑圧への抵抗のために力強く「立ち上がる」。その姿は、抑圧されてきた奴隷たちの究極の夢と希望となるのだ。この一編の詩の中に、奴隷のアフリカ人とアフリカ系アメリカ人の歴史のすべてと、そのサウンド・オブ・フリーダム、自由への叫びが凝縮されている。

一九七八年に発表された「Still I Rise」は、過去の詩ではない。今でも実に多くの人々に引用され、朗読される、二十一世紀を生きるアフリカ系アメリカ人のサウンド・オブ・フリーダム、自由への賛歌である。

南アフリカ共和国で、反アパルトヘイト運動に身を投じたネルソン・マンデラは、国家反逆罪で二十七年間もの獄中生活を強いられた。一九九〇年に釈放されたマンデラは、一九九四年、南アフリカ共和国の大統領に就任した。彼はその就任演説でマヤ・アンジェロウの「Still I Rise」を朗読した。それはすべての憎悪と抑圧の上に力強く立ち上がる人間の不屈の精神を示すものだった。「Still I Rise」は、地獄の底から起き上がってきたマンデラ自身の、そしてアパルトヘイト撤廃を待ち望んでいた人々のサウンド・オブ・フリーダム、自由への賛歌となって南アフリカ共和国の大地に響き渡ったのだ。

「Still I Rise」は、ヒップホップ・ジェネレーションにも受け継がれた。一九九五年、ラッパーのトゥーパック・シャクールはマヤ・アンジェロウと出会い、彼女の不屈の魂に心動かされた。彼は、一九九九年、マヤ・アンジェロウの「Still I Rise」に因んで、オリジナルのラップナンバー、「Still I Rise」を歌っている(2Pac and Outlawz)。二〇〇九年には、トリニダード・トバコ出身の女性ラッパー、ニッキー・ミナージュもミックステープで彼女のオリジナル曲「Still I Rise」を歌っている。他にも多くのラッパーたちが、自らの楽曲の中でマヤ・アンジェロウに言及している。カニエ・ウェストは「わたしたちアーティストや詩人は、マヤ・アンジェロウの足跡を辿り、彼女の不屈の精神を現代社会の中に再構築していく使命を負っている」と語っている。ヒップホップ・ジェネレーションのラッパーたちは、さまざまな形で、マヤ・アンジェロウのアフリカ系アメリカ人としてのスピリットを自分たちのものとし、現代社会の中で自分たちの新たな「Still I Rise」を創造し続けるのだ。

（A Brief History of How Maya Angelou Influenced Hip Hop, Nolan Feeney
https://time.com/125901/maya-angelou-rap-hip-hop/）

「Still I Rise」は、テニス界にも響き渡った。

二〇一六年、アフリカ系アメリカ人で、世界ランキング一位の女子テニス・プレーヤー、セリーナ・ウィリアムズは、ウィンブルドンの決勝、ドイツのアンゲリク・ケルバーとの対戦を前にして、自分の人生に最も影響を与えてきた詩を公の場で朗読した。それはマヤ・アンジェロウの「Still I Rise」だった。「アメリカにおいて、マヤ・アンジェロウがアフリカ系アメリカ人として経験してきた苦難、彼女がわたしたちの世代のために、耐え忍び、くぐり抜けてきた困難の上にわたしたちは立っている。わたしたちのために道を切り開いてくれたアフリカ系アメリカ人の先人たちに感謝の気持ちでいっぱいだ」とセリーナは語り、決勝戦を前にして、浮き沈みのあった彼女の人生を、その詩が支え続けてきたことを告白している。

(Serena Williams recites Maya Angelou poem before Wimbledon finals

https://andscape.com/features/serena-williams-recites-maya-angelou-poem-before-wimbledon-finals/)

二〇一七年にも、セリーナは「Still I Rise」を語った。ルーマニアの男性テニス・プレーヤーで元世界チャンピオンだったイリ・ナスターゼが、セリーナ・ウィリアムズと白人の婚約者のアレクシス・オハニアンとの間に生まれてくるこどものことを「ミルクの混ざったチョコレート」と表現したのだ。セリーナは「わたしと生まれてくるこども、そして、わたしの同胞に対して、ナスターゼのような辛辣な人種差別発言をする人々が存在する社会にわたしたちが生きていることを思い知らされた。たいへん失望している」と怒りを露わにした。そして、毅然として「Still I Rise」を朗読したのだ。グランドスラム大会二十三勝。女子テニス・プレーヤーとして、すべてを達成したかに見えるセリーナ。だが、決定的なことは、彼女がアフリカ系アメリカ人だったことだ。ナスターゼの差別発言は氷山の一角だった。セリーナは、ナスターゼと同じルーマニア人のテレビ番組のホストから猿と比較されたことがある。二〇一二年、セリーナがウィンブルドンで優勝した後、一人の記者が彼女を「ゴリラ」と呼んだ。セリーナは、二〇一八年、全米オープン決勝で大坂なおみと対戦した。試合中にアンパイアからコート・バイオレーションを取られたセリーナは不満をあらわにし、結局、試合にも敗れた。オーストラリアのHerald Sun紙は、その模様を風刺画にして掲載した。太った、唇が大きく分厚い(アフリカ系アメリカ人差別の定番の表現)、醜いアフリカ系アメリカ人のセリーナらしきプレーヤーがコート上で地団駄を踏んで、テニスラケットを荒々しく踏みつけている。コートの向こうでは大坂なおみらしき女性プレーヤーが細身の白人女性のように上品に描かれている。セリーナは勝ち続けても叩かれ、負けたときは、このときとばかりにこき下ろされたのだ。セリーナのテニス人生とは、人種差別の刺すような痛みに晒され続けた苛酷な日々だったのだ。だが、それでもセリーナは立ち上がり続けた。「わたしの生意気さが気にくわないの？　なぜ陰気な顔で当惑しているの？」「わたしに罵詈雑言を浴びせてもかまわない。わたしを憎悪で殺そうとしてもかまわない。それでも、空気のように、わたしは舞い上がる」と、マヤ・アンジェロウの思いと自分の思いを重ね合わせ、敢然と立ち上がり続けたのだ。「Still I Rise」は、二十一世紀のテニスの女王、セリーナ・ウィリアムズが白人の価値観が完全支配するテニス界に向かって、そして、全世界に向かって叫んだ渾身のサウンド・オブ・フリーダム、自由への叫びだったのだ。

画像36：いら立った、不格好な、唇の分厚いアフリカ系アメリカ人女性セリーナ・ウィリアムズが地団駄踏んでラケットを破壊する風刺画　Herald Sun, 2018.9.11
https://www.bbc.com/news/world-australia-45487873

(Serena and the other stars inspired by Maya Angelou
https://www.bbc.com/news/newsbeat-39709840)

マヤ・アンジェロウの「Still I Rise」は、抑圧者に対するアフリカ系アメリカ人の大胆不敵な反逆の歌、スピリチュアルそのものである。アフリカ人がアメリカに奴隷として連れて来られてからこのかた、彼らは抑圧者に反逆し続けてきた。この詩が発表されてから五十年、抑圧者は依然アフリカ系アメリカ人たちを屈服させようとしている。アフリカ系アメリカ人は未だに得られていない自由を求めてもがき続けている。それゆえ「Still I Rise」は、現代アメリカ社会に生きるすべてのアフリカ系アメリカ人の詩なのである。それが、今でも多くのアフリカ系アメリカ人がこの詩を口ずさんでいる由縁である。

アメリカでは、二〇二二年から四年間、「アメリカ人女性のクォーター・プログラム」が始まった。これは女性の参政権を保障した憲法修正第19条の制定百周年を記念して、アメリカ史においてアメリカに多大な貢献をした女性を称え、二十五セント硬貨にその名を刻むというものだ。二〇二二年に選ばれた五人の女性の中の一人がマヤ・アンジェロウだった。アフリカ系アメリカ人女性で初めて硬貨となったマヤ・アンジェロウ。その硬貨には、両手を広げ、鷲のように舞い上がるマヤ・アンジェロウの颯爽とした姿が刻まれている。マヤ・アンジェロウのサウンド・オブ・フリーダム、自由への魂の叫びが、アメリカの歴史の中に永遠に刻まれたのである。

画像37：2022年、アフリカ系アメリカ人女性で初めて25セント硬貨となったマヤ・アンジェロウの自由への叫びが全米に響き渡る。
https://www.npr.org/2022/01/10/1071965134/maya-angelou-quarter-mint-shipped-first-black-woman

奴隷のアフリカ人とその子孫であるアフリカ系アメリカ人の歴史は、アメリカの歴史そのものだ。奴隷のアフリカ人とその子孫であるアフリカ系アメリカ人たちは、何度も倒されたが、そのたびに立ち上がってきた。誰も彼らを屈服させることはできなかった。それがアメリカの歴史だ。たとえ、どんな差別や抑圧に押しつぶされそうになっても、彼らはその都度立ち上がり、颯爽と歩き、軽やかに踊り、得意げに笑い、おどけたブルースを歌い、スピリチュアルやゴスペルで神に祈り、ジャズで訴え、メロウなリズム&ブルースに酔いしれ、今やヒップホップという創造的快挙を成し遂げた。それがアメリカの歴史だ。

アフリカ系アメリカ人たちが立ち上がろうとすると

き、そこにはいつも彼らの魂の歌、サウンド・オブ・フリーダムがあった。サウンド・オブ・フリーダムが彼らを立ち上がらせてきた。サウンド・オブ・フリーダムの系譜、それがアメリカの歴史だ。誰もアフリカ系アメリカ人からサウンド・オブ・フリーダムを取り去ることはできなかった。彼らこそがアメリカのすべてのサウンドの主なのだ。

アメリカの歴史は物語る。アフリカ系アメリカ人の魂を永遠に鎖につないでおくことはできないと。アフリカ系アメリカ人は立ち上がってきた。サウンド・オブ・フリーダムを歌いながら、何度も、何度も。アフリカ系アメリカ人はこれからも立ち上がっていくだろう。魂から湧き上がるサウンド・オブ・フリーダムを歌いながら。何度でも、何度でも！

参考文献

A People's History of the United States, Howard Zinn, The New Press, 1980

The Sounds of Slavery: Discovering African American History through Songs, Sermons, and Speech, Shane White and Graham White, Beacon Press, 2005

Without Sanctuary: Lynching Photography in America, James Allen, Hilton Als, John Lewis, Leon F. Litwack, Twin Palms Publishers, 2005

Canaan Land: A Religious History of African Americans, Albert J. Raboteau, Oxford University Press, 1999

Resurrection Song: African-American Spirituality, Flora Wilson Bridges, Orbis Books, 2001

Stride Toward Freedom: The Montgomery Story, Martin Luther King, Jr., HarperCollins, 1958

Why We Can't Wait, Martin Luther King, Jr., Signet Book, 1963

The Autobiography of Malcom X, Alex Haley, Ballantine Books, 1964
（『マルコムX自伝』アレックス・ヘイリィ　河出書房新社、１９９３）

She Would Not Be Moved: How we tell the story of Rosa Parks and the Montgomery Bus Boycott, Herbert Kohl, The New Press, 2005

Warriors Don't Cry: A Searing Memoir of the Battle to Integrate Little Rock's Central High, Melba Pattillo Beals, Washington Square Press, 1994

Stony the Road: Reconstruction, White Supremacy, and the Rise of Jim Crow, Henry Louis Gates, Jr., Penguin

Press, 2019

Slavery by Another Name: The Re-Enslavement of Black Americans from the Civil War to World War II, Douglas A. Blackmon, Anchor Books, 2009

Jesus and the Disinherited, Howard Thurman, Abingdon Press, 1976

Days of Grace; A Memoir, Aurthur Ashe & Arnold Rampersad, Ballantine Books, 1993

Skin Deep: How Race and Complexion Matter in the "Color-Blind" Era, Cedric Herring, Verna M. Keith, Hayward Derrick Horton, University of Illinois Press, 2004

Race Matters, Cornel West, Vintage Books, 1993

Our America: Life and Death on the South Side of Chicago, LeAlan Jones and Lloyd Newman, Pocket Books, 1997

Redemption: The Last Testament of Stanley Tookie Williams, Stanley Tookie Williams, Milo Books, 2004

Faces at the Botom of the Well : The Permanence of Racism, Derrick Bell, BasicBooks, 1992

The White Man's Burden: Historical Origins of Racism in the United States, Winthrop D. Jordan, Oxford University Press, 1974

Homegoing: a novel, Yaa Gyasi, Vintage Books, 2016

Poems: Maya Angelou, Bantam Books, 1986

Killing Rage: Ending Racism, Bell Hooks, Owl Books, 1995

Bone Black: Memories of Girlhood, Bell Hooks, Owl Books, 1996

The Black Christ, Kelly Brown Douglas, Orbis Books, Maryknoll, 1999

Memoir of a Race Traitor, Mab Segrest, South End Press, 1994

Police Brutality: An Anthology, Jill Nelson, Norton, 2000

The Hip Hop Generation: Young Blacks and the Crisis in African-American Culture, Bakari Kitwana, Basic Civitas Books, 2002

Stonewall: The Riots that Sparked the Gay Revolution, David Carter, St. Martin's Press, 2004

The Color Purple, Alice Walker, Pocket Books, 1982

Black Pearls for Parents: Meditations, Affirmations, and Inspirations for African-Amercian Parents, Eric V. Copage, Quill, 1995

藤井 創（ふじい はじめ）
1958年11月19日生。同志社大学文学部社会学科卒、東京神学大学大学院修了、日本キリスト教団牧師。アメリカのWestern Theological Seminary, San Francisco Theological Seminary, Yale Divinity School, Overseas Ministry Study Centerに学ぶ。Doctor of Ministry（牧会学博士）。1996年～2008年、金城学院大学教授・宗教主事。2008年～2015年、酪農学園大学教授・宗教主任。2017～2018年、Silliman University Divinity School客員教授。著書に『世紀末のアメリカとキリスト教』『アジアの風に吹かれて』『おりておいで！：現代の若者に問いかけるショートメッセージ』（新教出版社）、『倒れてもよいのです：現代の若者に語りかけるショートメッセージ』（キリスト新聞社）、『DS民主党・DS中国共産党・DSバチカン』（ヒカルランド）などがある。
フィリピン・ドゥマゲッティ市在住。

今なお止むことのない

奴隷制と人種差別から生まれた黒人音楽

圧政の歴史　サウンド・オブ・フリーダム

第一刷　2025年4月30日

著者　藤井　創

発行人　石井健資

発行所　株式会社ヒカルランド

〒162-0821 東京都新宿区津久戸町3-11 TH1ビル6F

電話　03-6265-0852　ファックス　03-6265-0853

http://www.hikaruland.co.jp　info@hikaruland.co.jp

振替　00180-8-496587

本文・カバー・製本　中央精版印刷株式会社

DTP　株式会社キャップス

編集担当　川窪彩乃

ISBN978-4-86742-493-3

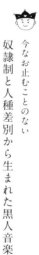

深い眠りの中に漂い夢を奏でる太極律ピノア

Recording 2024.09.12

静かで穏やかなピアノの音が、夢の中にいるような感覚を与えます。ゆっくりとしたメロディが心を落ち着け、深いリラクゼーションを感じさせる美しい作品です。

recording:Hi-Ringo studio:Hi-Ringo Yah!2024.10.19

無敵のマントラ

Recording 2024.10.19

空海の師匠の師匠が唱えた無敵のマントラ「オンシュダシュダ」3回唱えればいやなことを消してくれるという

recording:Hi-Ringo studio:Hi-Ringo Yah!2024.11.16

アノからノアへ倍音の方舟ピノア

Recording 2024.11.16

ピアノの倍音が豊かに響き、神秘的で壮大な感覚を生み出します。音の広がりが、心を穏やかに包み込みながら、深い意味を感じさせる美しい作品です。

**地球の2025年の
情報空間を書き換えたよ！**

ココカル調奏®ピノアby Hi-Ringo

地球の2025年の情報空間を書き換えたよ！

Recording 2024.12.25

このCDに込められた音の波動が、あなたの内側から世界をチューニング。聴くたびに新しいエネルギーと共鳴し、変化の流れが広がっていく。

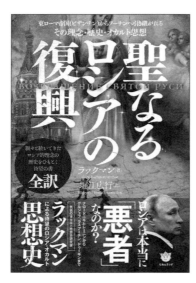

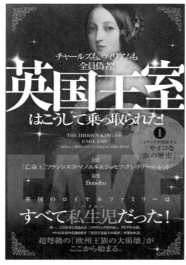

ヒカルランド　好評既刊！

地上の星☆ヒカルランド　銀河より届く愛と叡智の宅配便

やっとわかった シュタイナーの本質【上】
目に見えないからと言って、それがないとは言えない！
著者：板野肯三
四六ハード　本体2,300円+税

やっとつかめた シュタイナーの本質【下】
ミカエルストリーム／円卓の騎士の現代的意味
著者：板野肯三
四六ハード　本体2,300円+税